大 转 型
中国经济发展方式变革之路

李仁虎 著

中国言实出版社

图书在版编目(CIP)数据

大转型：中国经济发展方式变革之路 / 李仁虎著.
—北京：中国言实出版社，2015.4
　ISBN 978-7-5171-1232-7

Ⅰ.①大… Ⅱ.①李… Ⅲ.①中国经济－经济发展－
研究 Ⅳ.①F124

中国版本图书馆CIP数据核字（2015）第065363号

责任编辑：廖小芳

出版发行	中国言实出版社	
	地　址：北京市朝阳区北苑路180号加利大厦5号楼105室	
	邮　编：100101	
	编辑部：北京市西城区百万庄大街甲16号五层	
	邮　编：100037	
	电　话：64924853（总编室）64924716（发行部）	
	网　址：www.zgyscbs.cn	
	E-mail：zgyscbs@263.net	
经　销	新华书店	
印　刷	三河市祥达印刷包装有限公司	
版　次	2015年5月第1版　　2015年5月第1次印刷	
规　格	710毫米×1000毫米　1/16　15.5印张	
字　数	251千字	
定　价	48.00元　　ISBN 978-7-5171-1232-7	

　　站在新的历史起点上，党的十八大以来，党中央、国务院作出全面深化改革的战略部署，2013 年我国经济保持了 7.7% 的平稳较快增长，2014 年中国经济保持着合理的发展速度，达到 7.4%。2013 年我国第三产业占 GDP 比重达到 46.1%，比上年提高 1.5 个百分点，比第二产业比重高出 2.2 个百分点。三产首超二产，标志着我国经济社会发展水平达到新阶段，意味着我国产业结构和消费结构升级到了新水平。

　　中国经济无疑是一种独特的市场经济，邓小平给这个市场经济戴上了一顶帽子——中国特色社会主义市场经济，它既不同于传统的社会主义计划经济，也不同于西方的资本主义市场经济。它是市场经济，但是在社会主义政治和经济体制框架内运行，且政府发挥着重要作用。

　　在影响中国未来的政治、经济、文化、军事、法律等诸多因素中，什么是决定性的因素？毫无疑问是经济。经济是整个社会的基础，经济这个基础从根本上决定着中国其他方面转型的条件、时机和方向，但在政治和经济这一对社会的基本关系中，政治对经济具有反作用，政治反过来对经济的转型具有牵引作用，并在一定程度上具有决定性的作用，它决定着经济转型进程和成效。

　　中国经济转型正朝着市场化方向迈进，政治转型正朝着民主和法治化方向迈进，文化和思想转型正朝着自由、平等方向迈进。摆在中国人面前的道路是方向性的，不会像 20 世纪的后 50 年有各种尝试的可能，有跌倒了再爬起来的机会，也不会是单项的改革就能取得突破性的成果，系统性的转型是唯一的选择。这种转型充满着变数，不会像 20 世纪后 20 多年那样顺利，但中国人不希望出现灾难性的局面。问题的核心在于，在中国成功转型为现代国家的进程中，怎样才能避免出现灾难？

　　我们希望中国能够进行成功的转型，而不是转变。所谓转型，是指事物的结构形态、运转模型和人们观念的根本性转变过程。转型是主动求新求变的过程,是一个创新的过程。20 世纪 90 年代初,研究拉美权威主义政治向民主政治转型的学者施米特,曾提出了"转型学"(transitology)这一概念。转型不是改革、变革,更不是改良。改革的本意是指在原有体制基本框架下,对原有体制不符合经济基础和生产力发展的因素、机制进行的一种改良、修正,以获得更大的制度性效率的行为,其基本特点是不对原来的体制进行根本性改变。而转型是指对原来体制的一种根本性改变,放弃原有体制的基本框架,重构新的体制模式和运行机制的过程。转型是制度的创新和变迁,是具有明确价值指向的制度变迁,是整体的制度变迁,而不只限于某个政治的或经济的或文化的或法律的领域。西方学者一般认为,中国所经历的制度变迁的目标至少可以概括为两个方面,即社会政治变革和经济体制变革,两者共同构成完整的制度变迁内容。前者至少可以细分为三个方面:民主、法治与社会自治。经济体制变革也可细分为三个方面:放开价格,使价格能够充分发挥资源配置的信号作用;私有化,包括对既有国有企业的私有化改革以及新兴私人企业的培育,从而形成能够与政府抗衡的强有力的私人部门,并更有效地利用资源;符合市场要求,保证其正常运转的一系列制度和法律法规。

诺贝尔经济学奖获得者道格拉斯·诺斯认为:"制度框架由三部分组成:(1)政治结构,它界定了人们建立和加总政治选择的方式;(2)产权结构,它确定了正式的经济激励;(3)社会结构,它包括行为规范和习俗,它确定了非经济中的非正式激励。"①西方学者普遍认为,只有当所有这些制度都实现较为根本的变迁,从而确立了与转型之初条件不同的宪法的制度体系,转型才算完成。概括起来说,转型的过程就是立宪的过程。不同的变迁模式,应当是不同的立宪模式。诺斯说:"一个社会的正式制度结构由广义上的宪法体系组成,也就是说,确定政治、经济博弈方式的正式制度结构本身是有意设计出来的。"

20 世纪 70 年代末,中国突破传统的计划经济的体制藩篱,朝着市场经济体制转型,这是一次经济上伟大的长征,是经济体制上的一次方向性的、根本性的重大变革,是思想上一次大激荡、大解放、大觉醒。中国经济在经过了河边地带、山谷地带和丘陵地带的漫长跋涉之后,再经过沼泽地带的艰难探索,

---

① [美]道格拉斯·诺斯:《理解经济变迁过程》,钟正生、邢华等译,中国人民大学出版社,2008年1月,第 46 页。

将进入平坦、美好的平原地带。那里的经济将是一个自由的、平等的、法治的经济，是一个基本或完全成熟的市场经济。此时，我们正在沼泽地带的后半段，即连接平原地带的过渡带艰难地迈进。这一过程将始终伴随着利益调整、阶层分化、社会矛盾、和平崛起中的国际挑战等一系列比以前更复杂、更难解决的问题。

中国正处于由计划经济向市场经济转变的体制型转型的过程中，同时也处于由农业社会向工业社会的社会型转型过程中。在由生产力和生产关系调整起根本性推动作用的双转型中，体制型转型起到了先导作用，并在社会型转型过程中起决定性作用，社会型转型随着体制型转型的演进而演进。体制型转型既有开始时，也有结束时，但社会型转型却有开始时，没有结束时，随着工业化的内涵和外延不断丰富延展，工业社会的形态也在不断地扩展丰富。相对体制转型而言，社会转型是一个更为广泛、深远、持续和漫长的过程，社会转型必然涉及经济、政治、文化、法律和军事、外交等各个方面，旧有的力量必然和新生的力量产生交锋、冲撞、冲突。对于中国这个有着悠久农业社会和文化传统的大国来说，向工业社会转型必将是人类历史上一次伟大的波澜壮阔的巨变。

经济自身面临着艰难转型，前30年那种以牺牲环境为代价的高能耗、高污染、高排放的发展模式，日益暴露出持续高速发展给当代人和子孙后代留下的恶果，水、空气、土壤等污染日盛，每年摧残着千百万人的健康，吞噬着百余万人生命，践踏着无数人的身体和心灵的栖息地。在经济跑步前进中，社会治理滞后产生了每年百余万人的非正常死亡，也在向世人发出严重的警示。

我们生活在一个奔跑的时代，一个随时可能被病魔侵袭和夺去生命的时代。亡羊补牢，犹未为晚。在对已经付出沉重代价的反思中，中国共产党逐渐找到了一条正确的道路，那就是转变经济发展方式，走科学发展、可持续发展、节约资源发展、环境友好发展、创新发展之路，在转向集约型的基础上，逐步实现产业结构优化升级、促进收入分配公平合理、提高生活水平和生活质量、保护和改善生态环境等经济发展总体方式的转型，它不是单一转变，而是综合的整体的转变。它把社会公平正义和改善民生作为转型的出发点和落脚点。它让当代人和子孙后代享受蓝天、青山、绿水，让人们记得住乡愁。这一转型的活力来自于全面深化改革，根本动力来自于人民群众对幸福美好生活的向往和追求。

经济转型能否成功，取决于全面深化改革能否取得实效。必须全面深化经济体制改革，这是转变经济发展方式的关键。必须实施创新驱动发展战略，科技创新是提高社会生产力和综合国力的战略支撑，是实现经济发展方式转变的根本保证，要摆在国家发展全局的核心位置。必须推进经济结构战略性调整，这是加快转变经济发展方式的主攻方向，必须以改善需求结构、优化产业结构、促进区域协调发展、推进城镇化为重点，着力解决制约经济持续健康发展的重大结构性问题。必须推进城乡发展一体化，解决好农业农村农民问题是全党工作重中之重，城乡发展一体化是解决"三农"问题的根本途径。必须全面提高开放型经济水平。

全面深化改革能否成功取决于经济体制改革，经济体制改革是全面深化改革的重点，经济体制改革的核心是处理好政府与市场的关系。习近平总书记在《切实把思想统一到党的十八届三中全会精神上来》一文中指出，提出建立社会主义市场经济体制的改革目标，这是我们党在建设中国特色社会主义进程中的一个重大理论和实践创新，解决了世界上其他社会主义国家长期没有解决的一个重大问题。他说，坚持社会主义市场经济改革方向，核心是处理好政府和市场的关系，使市场在资源配置中起决定性作用和更好发挥政府作用，这是我们党在理论和实践上的又一重大推进。市场决定资源配置是市场经济的一般规律，完善社会主义市场经济体制必须遵循这条规律，由生产者自由自主地决定生产经营活动，所有的生产者不管是国有还是民营其地位一律平等，在市场自由平等地竞争，由市场决定交易，由市场决定价格，由市场决定企业的盈亏和生死存亡。

在资源配置中，市场起决定作用，市场唱主角，就必然意味着政府起辅助作用，唱配角。政府的作用主要定位于调节、监管和引导。政府要明确权力边界和角色定位，要进行自身改革，严格依法行政，该管的事一定要管好、管到位，该放的权一定要放足、放到位，坚决克服政府职能错位、越位、缺位现象。

市场经济是法治经济，市场经济离不开法治，依靠人治的经济不是市场经济。法治与人治是根本相对立的，是不同的治国理念。人治强调个人权力在法律之上，而法治理念正好与其相反。要法治就不要人治，要人治就没有法治。

市场经济必须建设法治政府。没有法治政府就没有市场经济，没有法治政府，市场经济的发展必然产生障碍和阻力，必然会在沼泽地带停滞僵持。市场经济需要市场经济法律制度，没有健全的市场经济法律制度，就不可能有完善的市场经济体系。市场经济以自由为基础，自由是市场经济的前提，没有人的自由就没有市场经济。

发展市场经济必须进行政治体制改革，不进行政治体制改革行不行？答案是否定的。根据唯物史观的基本原理，生产力发展到一定的阶段，必然要求生产关系的调整，而生产关系的调整必然要求上层建筑调整。经济基础决定上层建筑的产生，决定上层建筑的性质，决定上层建筑的变革。经济基础发生改变，上层建筑或慢或快也要发生变革。同一社会形态内经济基础的量变和部分质变，决定了上层建筑要发生相应的量变或部分质变。一种性质的经济基础为另一种性质的经济基础所代替的根本质变，决定着全部庞大的上层建筑的根本变革。上层建筑并非被动地适应经济基础的变化，而是对经济基础存在着反作用，一方面，上层建筑与阻碍和反对与之相适应的经济基础的力量进行斗争，维护和促进经济基础的形成、巩固和发展；另一方面，上层建筑固守制度和思想，成为阻碍经济基础发展的力量。经济基础要求上层建筑同自己相适合，以利于自己的发展；上层建筑必须符合经济基础及其发展的需要，否则就不能长期存在下去。

正像西方对中国经济改革的分析和预测从来都是站在自己的观点一样，中国经济体制改革后的经济运行显然并没有完全按西方普遍的市场经济的模式来进行，中国的政治体制改革或政治转型也将同经济一样，具有自己独特的路径和方式。十八大报告明确指出，我们既不走封闭僵化的老路，也不走改旗易帜的邪路，而是要坚定不移高举中国特色社会主义伟大旗帜，坚定不移地走中国特色社会主义道路。但不管怎样，转型是必然的，就像中国的经济由计划经济到商品经济再到市场经济，从不完全的市场经济逐步走向基本完全的市场经济，这是一个必然的逻辑发展。中国的政治必然要建立一个与市场经济体系相匹配的政治体系。

政治、经济、文化是社会结构中最基本、最重要的三足。政治形态建立在经济形态基础之上，同样，文化亦如此。任何文化总是产生于一定的生产力和生产关系之上，一定的生产力和生产关系都必然产生与之相适应的文化。文化建立在经济基础之上，小农经济和土地私有制产生了封建社会，工业化生产产生了资本主义社会。社会主义市场经济必然产生与之相适应的社会主义文化，新的社会主义文化必然对社会主义市场经济起到稳定作用。中国传统文化应该和必须抛弃与小农经济、计划经济相适应的等级文化、官本位文化、奴性文化、人情文化，确立与市场经济相适应的平等文化、自由文化、个性文化、法治文化、科学文化。

党的十八大为中国开启了两大新气象，经济上实行全面深化改革，政治上重拳整治党风。全面深化改革正在沿着顶层设计与摸着石头过河、大胆突破与积极稳妥相结合的路径，紧密有序地推进。整治党风政风从反对四风、出台八项规定开始，接着反腐利剑出鞘，"老虎""苍蝇"一起打。十八大以来，共有60多位副部级以上干部被立案调查和开除党籍，其中包括几只"大老虎"——原中共中央政治局常委周永康，原中共中央政治局委员、重庆市委书记薄熙来，原中共中央政治局委员、中央军委副主席徐才厚被开除党籍和立案审查。其力度之大、出拳之重、打击之狠，为建国以来特别是改革开放以来最严厉的反腐之举，昭示了中国共产党坚决清除腐败的决心和勇气。党风、政风、民风清风扑面，民心民意高昂振奋。

综观国际国内，我国面临的形势依然错综复杂，有利条件和不利因素并存。世界经济复苏存在不稳定、不确定因素，一些国家宏观政策调整带来变数，新兴经济体又面临新的困难和挑战。全球经济格局深度调整，国际竞争更趋激烈。我国支撑经济发展的要素条件也在发生深刻变化，深层次矛盾凸显，正处于结构调整阵痛期、增长速度换挡期，到了爬坡过坎的紧要关口，经济下行压力依然较大。停滞、僵持、震荡甚至倒退的可能性不能完全排除，向前、稳定、持续发展需要付出代价。这是一个充满着生机和希望的时代，一个布满荆棘的时代。

面对复杂的经济局势和预期，必须用新常态思维谋划实施中国经济未来。新常态之"新"，意味着不同以往；新常态之"常"，意味着相对稳定。新常态是指中国经济增速迎来换挡期，从前30多年的高速增长期向中高速和中速平稳增长期过渡进入常态。新常态有三个核心内容，即增长速度的新常态、结构调整的新常态、宏观政策的新常态。经济上的新常态思维就是，要改变过去那种高速增长的预期和制度安排为中高速和中速增长的预期和制度安排，要改变过去那种行业、产业、产品的结构性普涨为突出重点、突出质量、突出效益的增长，要改变过去那种行政性、急刹车式、大放大收、过于频繁的宏观调控为杠杆式的、定位精准式、设定经济运行合理区间的调控。

从旧常态到新常态，党中央、国务院转变经济发展方略。2013年4月，中共中央政治局常委会提出微观要活、宏观要稳、社会政策要托底方针，此后再三重申，传达避免过度刺激，避免竭泽而渔，避免频繁变动等内涵。本届政府的做法是主要依靠改革释放市场活力，强调消费对经济的拉动作用，而不再像以往那样强调投资的作用。2014年，国务院共出台了20多个文件政策，涉及简政放权、工商登记制度、户籍制度、医疗卫生体制、促进资本市场健康发展、扩大对外开放等20多个重要的领域或方面，通过制度改革激发市场活力、调整结构。

新常态并非坐等守成之态，并非按部就班之态。经济运行中的矛盾、问题和风险并没有因新常态的出现而消失，相反，在一些领域和环节甚至更加突出复杂，因而不能有丝毫的懈怠。从短期看，应谨慎观察新常态下的各种矛盾，既要保持政策定力、避免手忙脚乱，也要主动作为、相机抉择，实行更加务实的政策，防止经济运行偏离合理区间。从中长期看，应以科学的历史观、时空观和内外观，从战略性、系统性、整体性高度推进改革。在应对国内外复杂局势变化时要保持平常心、保持定力，绝不走宏观经济追求短时效果而急功近利、微观经济难测政策变动而无所适从的老路，保持宏观政策连续性和稳定性。

仔细观察分析中国的经济、社会、政治乃至对外关系，人们可以发现，从某种程度上说，新常态不但在经济领域里来临，而且几乎全方位地迫近中国的方方面面。2014年正好是中国改革开放35周年；再过35周年，恰好是2049年，亦即中华人民共和国建国100周年。无论是国内的经济问题、社会问题还是政治问题，抑或是对外关系中的许多矛盾，都在过去35年里经历了一个从量变到质变的过程。时至今日，这些问题都到了需要转型的临界点。在社会领域，贫富差距过大、阶层相对固化、群体事件高居不下、社保不健全等问题，都不可能一夜之间解决。在政治领域，民主建设，反腐常态化之后如何步入法治化，法治中国建设，意识形态多元化并管理较严，人权状态改善等问题，更为艰难复杂。在外交领域，中国和平崛起受到了一系列挑战，中美、中俄、中欧、中日以及中国和周边、双边、多边关系都需要确立新战略、新思维、新定位。中国经济的新常态大体上有了共识，现在需要在其他领域里对新常态的认知并形成共识。如果说把 1979 年至 2014 年的 35 年视为中国的旧常态，那么，2014 年至 2049 年的 35 年可看成中国的新常态。未来 35 年，将是中国在新常态中，以一种新思维、新战略、新路径引导中国进入发展的新阶段。

第一章

不能承受之重与壮士断腕

　　贫穷的中国一旦觉醒，经济发展的速度便令世界震惊，1978年，我国经济总量仅位居世界第十位；2008年超过德国，居世界第三位；2010年超过日本，居世界第二位，成为仅次于美国的世界第二大经济体。经济总量占世界经济总量的份额由1978年的1.8%提高到2012年的11.5%。奔跑速度一路领先的背后，是对能源的巨大消耗。中国扛着庞大的能源包袱，创造的价值只有世界平均水平的一半。人们一边享受着日益富足的生活，一边承受着日益严重的污染。

　　1949年以来，中国经济先后经历了河边地带、山谷地带、丘陵地带，眼下正在沼泽地带的后半段跋涉。经济体制改革突破艰难复杂，改革进入深水区，政府干预经济与不干预经济陷入两难，垄断行业改革艰难复杂，国有企业产权制度改革和混合所有制改革尚未取得突破，农村土地产权制度改革仅仅破题。

　　经济发展方式到了非转不可的时候。十八大报告提出，要加快完善社会主义市场经济体制和加快转变经济发展方式。以科学发展为主题，以加快转变经济发展方式为主线，是关系我国发展全局的战略抉择。深化改革是加快转变经济发展方式的关键。

　　李克强总理数次提出，要以壮士断腕的决心、背水一战的气概，冲破思想观念的束缚，突破利益固化的藩篱，以经济体制改革为牵引，全面深化各领域改革。

第一节 背负"三座大山"快跑

中国实行改革开放及经济起步之初，商品供给严重短缺，从吃穿用的生活日用品到材料设备的工业用品，从服装食品的生活资料到钢材煤电的生产资料都紧缺匮乏。短短 10 年、20 年、30 年，饥饿的中国经济像饥饿的人一样奋力向温饱、小康、富裕奔跑。在贫穷中迅速觉醒和迅猛奔跑中，日益壮大的经济体像一个永远也吃不饱的巨人，张着大口吞食着煤、电、水、钢铁、水泥。在快速生产巨量产品的同时，也排泄出巨量的污水、污气、污物，腐蚀着我们原本贫穷但却美丽的家园。衣食住行变得光鲜充足，物价水平也像芝麻开花一样节节攀高，生产力中最活跃的因素人的劳动成本即人力成本，在经过一段时间低缓的上涨后迅速上升。进入 20 世纪 90 年代，中国经济背负着高速度、高污染、高成本"三座大山"，在世界经济的丛林中追赶、赛跑。

在贫穷的丛林中，觉醒的中国人奔跑速度特别快。国内生产总值即 GDP 由 1978 年的 3645 亿元，跃升至 2012 年的 518942 亿元，33 年间我国 GDP 年均增长 9.8%，同期世界经济年均增速只有 2.8%。在长达 1/3 的世纪里，中国是世界上经济增长速度最快的国家。中国的经济总量居世界位次稳步提升，对世界经济增长的贡献不断提高。1978 年，我国经济总量仅位居世界第十位；2008 年超过德国，居世界第三位；2010 年超过日本，居世界第二位，成为仅次于美国的世界第二大经济体。经济总量占世界经济总量的份额由 1978 年的 1.8% 提高到 2012 年的 11.5%。人均 GDP 从 1978 年的 381 元，增长到 2012 年的 38420 元。

衡量一个国家的经济水平通常有两项指标，一是 GDP，二是恩格尔系数。GDP 即英文 Gross Domestic Product 的缩写，也就是国内生产总值。通常对 GDP 的定义为：一定时期内（一个季度或一年），一个国家或地区的经济中所生产出的全部最终产品和提供劳务的市场价值的总值。在经济学中，常用 GDP 和 GNP（国民生产总值，Gross National Product）共同衡量该国或地区的经济发展综合水平。这也是目前各个国家和地区常采用的衡量手段。GDP 是宏观经济中最受关注的经济统计数字，因为它被认为是衡量国民经济发展情况最重要的一个指标。一般来说，国内生产总值有三种形态，即价值形态、收入形态和产品形态。一国的 GDP 大幅增长，反映出该国经济发展蓬勃，国民收入增加，消费能力也随之增强。

恩格尔系数（Engel's Coefficient），是食品支出总额占个人消费支出总额的比重。家庭收入越少，家庭收入中（或总支出中）用来购买食物的支出所占的比例就越大，随着家庭收入的增加，家庭收入中（或总支出中）用来购买食物的支出则会下降。推而广之，一个国家越穷，每个国民的平均收入中（或平均支出中）用于购买食物的支出所占比例就越大，随着国家的富裕，这个比例呈下降趋势。恩格尔系数是国际上通用的衡量居民生活水平高低的一项重要指标，一般随居民家庭收入和生活水平的提高而下降。

改革开放以后，我国城乡居民家庭的恩格尔系数呈现不断降低的趋势，其中，城镇、农村居民家庭的恩格尔系数分别从 1978 年的 57.5%、67.7%，下降到 2012 年的 37.1%、40.8%。根据联合国粮农组织提出的标准，恩格尔系数在 59% 以上为贫困，50%—59% 为温饱，40%—50% 为小康，30%—40% 为富裕，低于 30% 为最富裕。

中国经济奔跑速度一路领先的背后，依靠的动力是对能源的巨大消耗。中国工程院院士、原能源部副部长陆佑楣在 2013 能源峰会暨第五届中国能源企业高层论坛上透露：2012 年我国一次能源消费量 36.2 亿吨标煤，消耗全世界 20% 的能源。根据美国公布的数据，2014 年 1 月 1 日全球人口将达到 71 亿 3757 万 7750 人。中国人口为 13 亿多人，占世界总人口的 18.3%。按能源消耗比和人口占比两者之比，我们多消耗了 1.7 个点。

中国扛着庞大的能源包袱，创造的价值只有世界平均水平的一半。单位 GDP 能耗是世界平均水平的 2.5 倍，美国的 3.3 倍，日本的 7 倍，同时高于巴西、墨西哥等发展中国家。中国每消耗 1 吨标煤的能源仅创造 14000 元人民币的 GDP，而全球平均水平是消耗 1 吨标煤创造 25000 元人民币的 GDP，美国的水平是 31000 元人民币的 GDP，日本是 50000 元人民币的 GDP。

一方面是能源消耗量大，另一方面是消耗的结构严重不合理。在我国能源消费结构中，煤炭占 68.5%，石油占 17.7%，水能占 7.1%，天然气占 4.7%，核能占 0.8%，其他占 1.2%。2012 年，我国消耗了全世界近一半的煤炭，火电则燃烧了全国一半的电煤。而发达国家的能源主要是石油、天然气、水能、核能等清洁能源，易污染的煤退于不足挂齿的地位。根据陆佑楣测算，在能源消费总量不变的情况下，如果中国单位 GDP 能耗达到世界平均水平，我国 GDP 规模可达到 87 万亿元；达到美国能效水平，GDP 规模可达 109 万亿元；达到日本能效水平，GDP 规模可达 175 万亿元。2012 年我国 GDP 总量为 51.9 万亿元，与世界平均能耗应达到的标准相差 35 万亿元。

中国的国情是人口多，底子薄，资源总量小。人均耕地、林地、草地面积和淡水资源分别仅相当于世界平均水平的 43%、14%、33% 和 25%，主要矿产资源人均占有量占世界平均水平的比例分别是：煤 67%、石油 6%、铁矿石 50%、铜 25%。来自国土资源部 2012 年的数据显示，过去 15 年间，我国石油、铁、铜、铝、钾盐等大宗矿产的进口量大幅攀升，对外依存度居高不下，至 2011 年为：石油 54.8%、铁矿石 53.6%、精炼铝 52.9%、精炼铜 69%、钾盐 52.4%。我国已成为世界上煤炭、钢铁、铁矿石、氧化铝、铜、水泥、铅、锌等大宗矿产消耗量最大的国家，石油消耗量仅次于美国居世界第二位。对外依存度是各国广泛采用的衡量一国经济对国外依赖程度的指标，是用一国进出口总额除以该国的 GDP。

这样的能耗，中国能长期承受吗？能承受得起吗？显然不能。据国土资源部统计，2012 年我国原油、天然气的剩余开采年限仅为 22 年和 45 年，铁矿、铜矿、铅矿、锌矿的剩余开采年限分别为 59 年、54 年、22 年和 26 年。如果没有资源新发现和进口，最多半个世纪，我国的机器、汽车、船舶、火车、飞机等所有现代化大工业设备将全部停运。

中国经济吃进去的是高能源，排泄出来的是高污染。根据环境保护部发布的《中国环境统计年报（2012 年）》：2012 年全国废水排放总量 684.8 亿吨，废水中化学需氧量排放量 2423.7 吨，氨氮排放量 253.6 万吨。全国废气中二氧化硫排放量 2117.6 万吨，氮氧化物排放量 2337.8 万吨，烟（粉）尘排放量 1234.3 万吨。一般工业固体废物产生量 32.9 亿吨，工业危险废物产生量 3465.2 万吨。气、水、土的污染范围和程度均居世界之首。全国大江大河有近 1/4 的监测断面超过劣 V 类水体水质，90% 的城市河段受到不同程度的污染，湖泊（水库）富养化严重。大气长期污染产生的雾霾长时间、大范围、高浓度笼罩着城市和乡村。中国现有耕地 20.27 亿亩。2011 年，环保部部长周生贤披露，中国受污染的耕地约有 1.5 亿亩。2014 年 4 月，环保部和国土资源部联合发布了全国首次土壤污染状况调查公报，状况更为严峻：全国土壤环境状况总体不容乐观，部分地区土壤污染较重，耕地土壤环境质量堪忧。如果大气和水体受到污染，切断污染源之后通过稀释作用和自净化作用也有可能使污染问题不断逆转，但是积累在污染土壤中的难降解污染物则很难靠稀释作用和自净化作用来消除。土壤污染一旦发生，则很难恢复，治理成本较高、治理周期较长。在不同土地利用类型土壤中，耕地土壤点位超标率最高，为 19.4%。其中，无机污染物主要为镉、汞、砷、铜、铅、铬、锌、镍 8 种；有机污染物主要为六六六、滴滴涕、多环芳烃。某些重金属污染的土壤需要 200—1000 年才能够恢复。

富裕起来的人们被迫生活在严重损害身体健康的雾都、雾乡，吃的是有害物通过土壤和水体进入动植物的食品，喝的是有害饮用水。水体污染从环境科学角度可分为病原体、植物营养物质、需氧化质、石油、放射性物质、有毒化学品、酸碱盐类及热能 8 类有害人体健康的污染。土污染大致可分为无机污染物和有机污染物两大类。无机污染物主要包括酸、碱、重金属，盐类、放射性元素铯、锶的化合物、含砷、硒、氟的化合物等。有机污染物主要包括有机农药、酚类、氰化物、石油、合成洗涤剂以及由城市污水、污泥及厩肥带来的有害微生物等。有害物通过"土壤→植物→人体"，或通过"土壤→水→人体"间接被人体吸收。水污染中，富营养化污染造成藻类大量繁殖，使水中缺氧，导致鱼类死亡。水中氮化合物的增加，对人畜健康带来很大的影响，轻则中毒，重则致癌。病原体污染物主要是指病毒、病菌、寄生虫等，病毒可引起病毒性肝炎、小儿麻痹症等；病菌可引起痢疾、伤寒、霍乱等；寄生虫可引起血吸虫病、钩端旋体病等。长期饮用被汞、铬、铅及非金属砷污染的水，会使人发生急、慢性中毒或导致机体癌变，危害严重。雾霾中存在着一种被称为 PM2.5 的细小颗粒颗粒物，此细小物极为有害，且非常容易通过呼吸进入人体。

环境污染已经到了无以复加的地步，环境污染的后果正吞噬着我们的山河、我们的民族。严重的海陆空立体污染让人无处躲藏，呼吸道疾病、恶性肿瘤疾病呈高发态势。2012 年联合国环境规划署公布的《全球环境展望 5》指出，每年有 70 万人死于因臭氧导致的呼吸系统疾病，有近 200 万的过早死亡病例与颗粒物污染有关。《美国国家科学院院刊》（PNAS）发表的研究报告称，人类的平均寿命因为空气污染很可能已经缩短了 5 年半。世界权威机构调查，在发展中国家，各类疾病有 8% 是因为饮用了不卫生的水而传播的，每年因饮用卫生不达标水至少造成全球 2000 万人死亡。世界卫生组织（WHO）发表的《全球癌症报告 2014》称，2012 年全球癌症患者和死亡病例都在令人不安地增加，新增癌症病例有一半出现在亚洲，其中部分在中国，中国新增癌症病例高居第一。2012 年中国癌症发病人数为 306.5 万人，约占全球的 1/5；癌症死亡人数为 220.5 万人，约占全球癌症死亡人数的 1/4。在肝癌、食道癌、胃癌和肺癌等 4 种恶性肿瘤中，中国新增病例和死亡人数均居世界首位。中国国家癌症中心发布的《2012 中国肿瘤登记年报》显示，全国肿瘤登记地区恶性肿瘤发病第一位的是肺癌，死亡第一位的是肺癌。据了解，肺癌从 20 世纪 90 年代中期起，就成了我国第一位的癌症。现在肺癌死亡率以每年 4.45% 的速度上升。2013 年年底，中国卫生部前部长、中华医学会会长、分子生物学家陈竺等专家，在国际医学界最权威的《柳叶刀》（The Lancet）杂志上撰文称，估计中国每年因室外空气污染导致的早死人数为 35 万—50 万人。这一数字远远低于《2010 年全球疾病负担评估》的数据：2010 年中国因室外 PM2.5 污染导致 120 万人早死。据相关统计，污染使全国每年约有 20 万—30 万先天残疾儿出生，加上出生后数月和数年才显现出来的缺陷，先天残疾儿童总数高达 80 万—120 万人，约占每年出生人口总数的 4%—6%。世界卫生组织 2007 年估计，空气污染每年在中国致死的人数为 65 万人以上。世界银行同年估计污染在中国每年致死 75 万人。

污染使企业和社会治理成本上升，污染造成的经济损失巨大。2000 年，国家环保局估计，环境问题所造成的损失将占我国 GDP 的 10%。世界银行在 2007 年发布的《中国环境污染损失》报告称，每年中国因污染导致的经济损失达 1000 亿美元，占 GDP 的 5.8%。2012 年，原国家环保总局副局长王玉庆表示，环境损失占中国 GDP 的比重可能达到 5% 至 6%。

由环境污染造成的群体性事件呈现大幅上升之势。据中央党校教授郭兆辉从有关部门获得的数字，2005 年全国环境污染群体性重大事件为 72 起，2011 年达到 927 起，年均增长 29%。

以劳动力成本为代表的中国综合经营成本全面持续攀升。中国原本低廉的劳动力成本在 20 世纪末开始出现较快增长。劳动力成本是指企业（单位）因劳动力、劳动对象、劳动手段、雇佣社会劳动力而支付的费用以及资金等，生产要素的投入构成中，劳动力成本是劳动核算体系的主要组成部分。2001—2010 年全国城镇单位就业人员平均工资（以下简称人均工资）从 10834 元提高到 36539 元，年均名义增速为 14.6%，实际增速为 12.4%。农业劳动力工资也一度快速上涨，小麦、大豆、稻谷、玉米雇工工资年均增长 9% 以上，苹果雇工工资增速达到 11.3%。中国二三产业普通劳动力主要由农民工构成，行业平均工资水平和农民工工资水平密切相关。同时，农民工工资对农业雇工工资也有重要影响。至 2011 年，外出农民工月平均工资已增长到 2049 元，与 2005 年的 875 元相比增长了一倍多。据统计，近年来我国劳动力成本每年增长约 10%，这使得我国劳动力要素的比较优势逐年降低。

石油是工业的血液。第二次石油危机结束后的 1986 年到 1997 年期间，国际原油价格基本在 20 美元 / 桶的低位平稳运行。2000 年年底至 2007 年年底，油价逐渐攀升，由 34 美元 / 桶上涨至 97 美元 / 桶。2008 年 2 月，国际油价首次突破 100 美元 / 桶，此后一直在高位运行。

钢铁业是基础工业，而铁矿石是钢铁的主要原料。从 20 世纪 80 年代开始一直到 21 世纪初国际铁矿石价格长期保持相对稳定，日本是国际铁矿石贸易的最大买家，在从 1980—2001 年期间长达 20 多年时间里一直主导国际铁矿石价格的制定。从 2004 年开始，中国超过日本成为国际铁矿石贸易的最大买家，"中国特需"开始成为影响铁矿石价格变动的主导因素，国际铁矿石价格也由此开始出现大幅上涨。由 2001 年的 20 美元 / 吨，上升到 2010 年的 170 美元 / 吨，10 年间上涨了 7.5 倍。

土地是最重要的劳动资料，城市土地价格一路高升。2003 年长三角地区城市地价综合（包括住宅用地、商业用地、工业用地）水平值（平均值）为 1356 元 / 平方米，2009 年上涨至 4126 元 / 平方米，短短 6 年间上涨了两倍多。

2004 年全国（105 个监测城市）城市总体地价为 1198 元 / 平方米，2009 年全国总体综合地价水平值为 2653 元 / 平方米，短短 5 年间翻了一番多。

汇率成本大幅上升。以加入世贸组织的 2001 年的汇率为界，当年的 12 月 31 日人民币对美元的汇率是 1:8.30，2013 年 12 月 31 日，人民币对美元的汇率是 1:6.09。再往前，总体来看，过去 20 年时间内，人民币对一揽子货币的升值大概接近 100%。2013 年以来，人民币对一揽子货币的升值幅度加快。主要原因是，2013 年人民币对美元小幅升值，但是由于美联储宣布退出量化宽松政策，导致美元对其他货币保持强势，这就使得人民币对其他货币有比较强的升值。人民币升值，出口产品的价格随之上升，关税也随之提高，在产品质量基本不变的情况下，竞争力必然下降。竞争力下降将导致对中国产品的需求减少，需求减少增加了中国以出口为主的企业的压力。

为保障职工、农民工的合法权益和人身安全，国家强制企业要为职工、农民工缴纳各种社会保险，客观上增加了企业的生产成本。生产成本上升对企业特别是传统生产企业（传统的生产企业基本都是微利企业）产生较大影响。纺织行业是中国传统的出口行业，也是微利行业，在纺织企业的成本中，原材料占主营业务成本的比例约为 60%—70%，人工成本约占 10%—15%，中国原材料价格 2008 年呈现出加速上涨的趋势。此外，2008 年 7 月 1 日起中国销售电价提高 0.0025 元 / 度，纺织行业仅此一项一年增加支出约 37.5 亿元。人力成本的上涨幅度每年在 15%—20%。据有关部门抽样调查，劳动力成本、原材料价格、环保等因素叠加到一起，使企业的综合成本上升了 20%—30% 左右。2006 年纺织行业整体利润率只在 2.5%—3.1% 之间。

背负着高成本，中国这个经济巨人要跑得快而好、拥有竞争优势决无可能。高成本快跑的结果是：高能耗、高污染、高排放的"三高"生产方式，迟迟得不到有效的扭转。"三高"治理无效，中国这个经济巨人就会生病。长期治理无效，病情就会加重。富裕是中国人的追求，但这种富裕必须是绿色的、健康的。

国人对污染的危害已经形成了共识，另一种危害每天都大量地发生在我们的身边，这种危害丝毫不亚于污染，这就是非正常死亡。有关学者根据各个部门、行业等有关统计数据得出结论，每年非正常死亡 320 万人，有的学者统计的结果是 230 万人。中国每年到底有多少人非正常死亡没有权威统计，或者权威部门有统计但未见公开发布。虽然没有全国性权威数字，但有关权威部门发布的相关方面的非正常死亡人数足以说明问题的严重性。

2006 年，新华社记者从在河北省唐山市举行的中国国际第四届现代救援医学论坛获悉，进入 21 世纪以来，中国因自然灾害、事故灾难、公共卫生和社会安全等突发事件每年造成的非正常死亡人数超过 20 万，伤残人数超过 200 万，经济损失超过 6000 亿元。公安部交通安全管理科研所所长王长君在 2013 中国道路交通安全论坛上说，我国每年道路交通伤亡事故大概在 20 多万人。2012 年，中国疾病预防控制中心与北京回龙观医院的调查结果显示，我国每年约有 25 万人死于自杀，200 万人自杀未遂。这些人中大多是 15—34 岁的青年人，面临着升学、就业、婚恋、生育、经济独立等现实问题。中国疾病预防控制中心公布的一项调查结果表明，意外伤害是中国 0—14 岁儿童的首位死亡原因，每年有超过 20 万的 0—14 岁的儿童因意外伤害而死亡，64 万名儿童因意外伤害致残。失、辍学儿童人数世界第一，因为贫穷导致自杀、家破人亡的案件数，世界第一。2004 年，卫生部下属的研究机构新探健康发展研究中心在一次研讨会上介绍，由不安全注射传播的肝炎和艾滋病使 39 万中国人提早死亡，造成 689 万寿命年的损失，直接医疗费用达到 1.42 亿美元。

交通事故、工伤事故、食物中毒事故、疾病传染、劳累致死、报复杀人、精神崩溃自杀……可爱的儿童，年少的学生，壮年的工人农民，他（她）们美好的生命被这些"杀手"无情残酷地剥夺、吞噬。有一些事故确实难以避免，但很多惨剧无疑是不应该发生的。毫无疑问，社会治理落后是造成这些人间悲剧的主因。如果我们的政府多一些公共服务和社会治理的支出，多一些教育和就业、卫生医疗、民生和福利等保障，多一些雪中送炭，那么就会有许多悲剧不会重演，许多悲剧不会发生，许多美好的生命就会和他人一样享受自由、阳光和空气。

第二节　沼泽地带现象

中国经济在丘陵地带千军万马竞相奔腾，挟着满身的自信和勇气向着远方绿色的原野一路飞奔，跑进里面才发现，那覆盖着绿色的平地边上有大大小小的水洼，看似坚硬的土层下面是泥淖。原来这是一片沼泽，在这片偌大的沼泽前方才是真正平坦的草原。而那片绿色的美丽的草原就是中国经济发展的诺亚方舟，也是中国社会发展的诺亚方舟。

1949 年以来，中国的经济可以分为四大地带，1949—1957 年，中国经济是河边地带，一切生机勃勃，风调雨顺，一切阶层的人们都为建设美好的明天而欢天喜地地劳动，自力更生，艰苦奋斗，外加苏联的帮助，社会主义新中国在抗美援朝作出巨大经济牺牲的同时，取得了较大成就，人民生活得到较大改善，1949 年农业总产值为 326 亿元，1952 年达到 461 亿元，高于解放前最高年份的 1936 年（408 亿元）；1949 年工业总产值为 140 亿元，1952 年达到 349 亿元，超过了解放前最高年份的 1936 年（281 亿元）。1952 年，中国工农业总产值为 810 亿元，比 1949 年增长 77.5%，比解放前最高水平的 1936 年增长 20%，在三年中年平均增长率为 21.1%。1957 年全国职工的平均工资达到 637 元，比 1952 年增长 42.8%，农民的收入比 1952 年增加近 30%。人均消费水平，1957 年达到 102 元，比 1952 年的 76 元提高 34.2%。文教、卫生、科学、艺术事业也有很大发展。1953—1957 年第一个五年计划超额完成，奠定了我国社会主义工业化的初步基础，提高了人民生活水平，显示了社会主义制度的优越性，并初步积累了社会主义建设的经验。

河边地带的特点是，全民、集体、民营、私有等多种所有制形式并存。农业沿袭传统生产方式，处于自给半自给社会，国家重点发展重工业。农民分得了土地生产热情高涨，工人当家作主创造了许多中国工业第一，城市手工业者和民族资本家安心发展生产经营。物质基础差，人民生活清贫，但社会稳定，欣欣向荣。

1958—1976 年是山谷地带，运动一波接着一波，斗争一浪高过一浪，国家贫穷，百姓潦倒，经济处于崩溃边缘。尽管物质贫乏，国家成功地制造出原子弹、发射了人造地球卫星，但这一点成绩还是太小太少，不足于掩盖错误和病症。如果经济正常发展，不仅应该有比原子弹、卫星上天更多更大的科技成果，而且全国人民的生活水平将会跨上小康、富裕的新台阶。

三年"大跃进"给国民经济造成了严重的损失，也影响以后两年经济的发展。1958—1962 年，社会总产值年平均下降 0.4%，农业净产值年平均下降 5.9%，轻工业年均下降 2%，国民收入年均下降 3.1%，社会劳动生产率年均下降 4.7%，居民消费水平年均下降 3.2%，在此期间只有重工业年均增长 3%。这 18 年，好日子只有 1961—1965 年五年时间。1961—1963 年是为期三年的经济调整期。与 1960 年相比，1962 年重工业产值下降了 58.6%，它在工农业总产值中所占的比重由 52.1% 降为 32.3%。到 1963 年 6 月，全国共减少职工 1887 万人，城镇人口压缩了 2600 万人。1963—1965 年，国民收入和社会总产值年平均增长率分别高达 14.7% 和 15.5%。"文化大革命"造成我国国民经济巨大损失。1977 年 12 月，据时任国务院副总理李先念在全国计划会议上估计，"文革"十年在经济上仅国民收入就损失人民币 5000 亿元。这个数字相当于建国 30 年全部基本建设投资的 80%，超过了建国 30 年全国固定资产的总和。"文革"期间，有 5 年经济增长不超过 4%，其中 3 年负增长：1967 年增长 -5.7%，1968 年增长 -4.1%，1976 年增长 -1.6%，整个国民经济几乎到了崩溃的边缘。

20 世纪六七十年代是世界经济发展的黄金时期，美欧加速发展，日本、韩国等迅速崛起。正是这一时期，热衷于政治运动的中国拉大了与世界发达国家的距离。

山谷地带的特点是，经济体制变成单一的全民所有制和集体所有制，工业为全民所有，农业为集体所有。用严格的计划手段管理经济，生产效率低下，生活日用品紧缺，重工业和军工行业有一定发展和突破。国家穷，百姓穷，大家都穷。人们的生活目标是吃饱穿暖，吃好、穿好、住好、用好都是梦想，除了国家的少数高级干部和特殊人员享受一定的物质分配给予之外，极个别人即使有钱也枉然，因为有钱也买不到东西。"大跃进"中国家正式公布的饿死的人数是 2000 万人。

　　1977—2007 年是丘陵地带，解放思想，实事求是吹响了改革开放的号角，改革开放拉开了经济发展的大幕。农村实行大包干，农村崛起乡镇企业，城市发展工商个体经济，国有企业开始扩大企业经营自主权、实行承包经营责任制等。从以阶级斗争为纲的"铁桶"里解放出来的人们，千军万马从事生产经营，经济一路快速高涨。1984 年 GDP 增长达到 15.2%，创造了 1977 年以来的最高纪录。期间只有三个低点，分别是 1981 年增长 5.2%，1989 年增长 4.1%，1990 年增长 3.8%，也是 1977 年以来 30 多年中的最低点。1981 年因为全国大面积严重受旱，1989 年和 1990 年都是因为"六四"学潮和思想上的混乱，改变了经济在原本轨道上正常运行的轨迹。1992 年邓小平南方谈话之后，经济呈爆发式增长，当年增长 14.2%，连续 4 年增长率超过 10%。"发展是硬道理"、"贫穷不是社会主义"、"三个有利于"、"社会主义也有市场"、"大胆地闯、大胆地试"等精神鼓舞着全国人大胆发展经济、大胆追求富裕。此后经济一直热气腾腾，持续高速运行，至 2007 年达到峰顶 11.9%。

　　丘陵地带的特点是，打破了计划经济体制，确立了社会主义市场经济体制，农业、工业和服务业全面持续快速发展，国家现代化水平明显提高，综合国力显著增强，由贫穷国家步入发展中国家行列。多数人摆脱了贫困，实现了温饱，继而达到了小康，少数人变成了富裕阶层，但仍有一定的（10%—20%）贫困人口。贫富差距开始显现并逐渐拉大。地区发展不平衡的差别逐渐加大。工业化过程中的环境污染、就业压力、资源紧缺等共性问题日益严重。

　　2008 年至今步入沼泽地带。沼泽地带的一个显著标志是，从 2008 年开始，GDP 增长呈现缓慢的波浪式下降走势，当年为 9.6%，2011 年为 9.2%，2012 年缓慢下降变成了陡然下降，增长率降到 7.8%，2013 年再降至 7.7%，2014 年下滑至 7.4%。这种走势有三个原因，第一，由美国开始继而波及全球的金融危机，给世界经济带来重创，这次危机距离上一次 1997 年亚洲金融危机时隔 11 年，这一次危机杀伤力强，波及范围广，延续时间长，至今欧洲仍在艰难地复苏。第二，美国和欧盟是中国两大出口主要市场，欧美经济下滑，进口大幅减少，中国经济受到重创，GDP 增长下滑到 7% 左右。为应对经济出现的较大下滑，恰巧又赶上当年发生了汶川大地震，中国政府作出了投资 4 万亿元的重大决策，主要用于基础设施建设，"铁公基"拉动了中国经济。这是 2008 年之后，中国经济仍然保持高速度的唯一原因。第三，恰恰是这 4 万亿元，随着项目开工、建设、收尾、完工，投资的拉动效应呈现递减之势，经过 5 年时间，许多工程的周期基本结束，到了 2012 年，投资的递减效应集中爆发。在我国 GDP 增长中，力量的来源有三，即投资、出口、内需，其中投资和出口的拉动作用大于内需。

沼泽地带的特点是，市场经济体制旧的改革政策释放的红利效应呈现递减状态，新的改革政策难以产生。经济体制改革需要由管理方式的一般性制度改革，过渡到不得不触及以产权为主的根本性制度改革，但如何改，改到什么程度，难度甚大。政治体制改革相对滞后，制约经济体制的推进和活力释放。国民经济体量稳步增大，居世界第二位。人均收入稳步提升，但在世界 200 多个国家和地区中仍处于下游水平。市场供给充足，表现为低水平产品过剩。贫富差距和地区不平衡进一步拉大。环境污染更为突出，水、气、土污染表现出日趋普遍性、全国性、严重性的特点。

沼泽地带是中国经济发展的必然过程，这一过程将长期存在，其原因是：

第一，短缺经济消除后的低水平过剩。"短缺经济"理论是匈牙利著名经济学家亚诺什·科尔奈提出的关于社会主义微观经济学的理论。它是指经济发展中资源、产品、服务的供给不能满足有支付能力的需求的一种经济现象。短缺经济是社会主义经济在原有体制运行中存在的普遍现象。造成短缺经济的根本原因是传统社会主义经济体制具有再生短缺的能力，其中利润刺激的削弱、企业的预算约束软化、臃肿的官僚机构、对企业的大量的行政控制等是造成短缺经济的真正原因。"短缺"是社会主义国家常见的现象。资本主义经济基本上是市场限制型的，即由市场决定生产，经常"供过于求"；社会主义经济基本上是生产限制型的，即生产决定供给，经济常"求过于供"。"短缺"根源是国家与企业存在着"父子"关系。社会主义企业存在着不断扩大再生产、追求产品数量的推动力。追求产品数量→囤积原材料→物资短缺，形成了一个互相加强、自行维系的过程。"投资饥渴症"，各级领导都力图为本部门争取尽可能多的投资份额，企业超支可以由国家财政补贴，投资风险主要由国家承担，这也是造成短缺现象的重要原因。

国家与企业间的"父子"关系一旦被打破，企业追求利润的原始本能得到释放，企业生产增加，社会服务增加。与此同时，供给的计划管制被打破，消费需求和生产需求得到释放。在产和需的释放和对接中，物价也逐渐放开，交易的供求信号和价格信号接近真实地反映了供需情况，于是生产和需求形成了良性互动，即生产出的产品和提供的服务是市场需要的，需求则推动着企业生产和提供服务。

利润最大化的目标总是使企业生产成本最低、技术要求最低、投入最少、最容易生产而收益最好的产品。在改革开放之初的短缺时代，从基本的生活用品到生产用品都处于紧缺状态，市场患上饥渴症，企业几乎生产一切产品都能赚钱。在市场饥渴下，企业生产出的产品技术含量低、做工粗糙、使用寿命短、资金投入少，具有劳动密集型的特点。由于社会不可能在短时间内提供充足的需求，所以低水平产品在相当长时间都拥有市场需求，并仍然有局部的阶段性的短缺。1988年8月19日，中央决定改革物价和工资制度，绝大多数商品价格放开，提高工资、适当增加补贴，物价随即大幅上涨，出现通货膨胀，人们开始抢购商品。表面上是通货膨胀，实质却是产品供给少或人们担心产品供不应求。这种"市场饥渴症"的反复强化了企业的生产行为，助长了企业生产低端产品的惯性。

第二，由收入和利润水平决定的产品消费层级。企业生产行为本身存在着惯性。改革开放之初，企业从人员技术低、素质低、管理差、资金少、设备差等客观条件，也只有在市场饥渴下，这些企业才能创立发展，如果在市场供给相对饱和的环境里，这些企业不会有生存立锥之地。企业生成的先天条件决定了发展路径，它只能在较差的条件下生产低端的产品。并非企业不想生产高端的、利润更高的产品，而是能力不及。而决定生产的消费市场恰好也刚从紧缺经济下解放出来，需求也是低端的，整个中国都是一个巨大的低端市场。于是，一个链条便形成：低端产品→低端需求→低端市场→低端产品。

正如一个人任何一个年龄段的成长都有一个时间段，不可能一年从幼儿变成儿童，两年变成少年，三年成为青年。市场需求和生产产品都有一个相对稳定成型的周期。消费者包括生产企业对原料和制成品、半制成品的消费都受着收入、社会保障和利润的决定性影响，在收入增长、社会保障增长和利润增长缓慢的决定因素下，对消费的需求也是缓慢、逐级提升，不可能跳跃式改变。

顺应市场需求，企业的产品也是缓慢、逐级提高品质、增加品种、开发新产品和新的消费形式。于是，这样的一个链条便形成：收入、社会保障和利润缓慢增长→产品逐级升级、开发新产品和新的消费形式→收入、社会保障和利润缓慢增长→产品逐级升级、开发新产品和新的消费形式。

收入、社会保障决定并和消费品的价格相适应，企业的利润和企业的原材料相适应。低收入、低社会保障对应低端商品，中者对应中等商品，高者对应高端商品。企业亦如此。2012 年世界银行对世界上 193 个国家和地区人均国民收入进行统计和分类，高人均国民收入水平国家的人均收入为不少于 12616 美元；较高人均国民收入水平国家的人均收入为 4086—12615 美元；较低人均国民收入水平国家的人均收入 1036—4085 美元；低人均国民收入水平国家的人均收入为不高于 1036 美元。在这 193 个国家和地区中，有 61 个属于高人均国民收入水平，99 个属于较高或较低（中等）人均国民收入水平，33 个属于低人均国民收入水平。2012 年中国人均 GDP 为 38354 元人民币（6100 美元），属于较高人均国民收入国家，排位第 94 名。2012 年，按照农村扶贫标准年人均纯收入 2300 元（2010 年不变价）计，年末农村贫困人口为 9899 万人。如果按照世界银行人均每天消费低于 1.25 美元的标准计算，中国的贫困人口总数超过 2.5 亿，高居世界第二位。这就决定了我国企业生产的产品现在是中低端，并将在相当长一段时间内仍是中低端。

第三，长期依靠低端廉价产品出口的惯性力量。中国拥有巨大的廉价劳动力市场，廉价劳动力市场是廉价产品的支撑力量，同时在政府的强力干预下，企业拥有廉价的土地资源，此外在政府的强力干预下，企业还享受了税收优惠。依靠这三大优势，在国际分工和国际贸易的竞争中，中国制造具有较大优势，并长期以廉价优势参与国际分工和国际贸易竞争。纺织品是我国出口产品的主要品种，一般企业的利润只有 5% 左右，8 亿件衬衫才能换一架波音飞机。一旦出口对象国的经济出现下降、进口减少，首先是减少一般性产品的进口，这些产品，人们在生活和生产中短期可以减少使用量或者不用。低端廉价产品本身的利润极低，如果在原来的低价上再降低价格出售，势必亏损。销售不畅，极易压仓，一旦压仓，资金周转就会出现问题，资金成本将抬高，会造成资金链断裂和亏损。由于相当多的企业主要靠银行贷款而不是自有资金来实现运转，市场一旦形势不好，银行将减少贷款、停止贷款、催要欠款。在资金紧张和销售亏损的情况下，企业靠欠薪、欠债渡过难关的时间，一般不过三个月或半年，之后便不得不停工关门或者倒闭。

伴随中国低端价廉产品的还有一个致命伤，这就是产品质量差，外观不美，内在质量粗糙，使用寿命短，使用不方便。差还在其次，更严重的是假冒伪劣产品充斥市场。以至于在许多国家，把中国的产品等同于假冒伪劣产品。消费者淘汰产品，首先是淘汰中国的产品。这是低端价廉产品的必然结果。这个结果如遇上金融危机必将集中爆发。

第四，经济体制改革突破艰难复杂。目前世界市场经济有五种主要模式：一是"野生植物型"——美国自由市场经济模式，亦称"个人资本主义"经济，强调市场经济主体间按市场规律展开相对完全的自由竞争，通过优胜劣汰配置资源。二是"人工培育的植物"——德国社会市场经济模式，强调公平竞争，注重社会保障和社会福利，强调国家对经济的宏观管理。三是政府主导型——日本市场经济模式，靠中央计划和市场机制共同协调经济。四是"从摇篮到墓地"——福利市场经济模式，以北欧国家为代表。五是市场社会主义——中国社会主义市场经济模式，在经济运行机制上，建立和完善国家主导型的市场经济运行机制，在充分发挥市场在资源配置中的基础和决定作用的同时，加强国家宏观调控，建立强市场和强政府的双强格局。中国发展市场经济，但并没有完全抛弃计划经济，仍处在从计划经济向市场经济转型的过程中，破除了计划经济的藩篱，步入了市场经济的轨道，但距基本成熟的或成熟的市场经济还有相当的路程，现在处在转型的后半段，这是最艰难最关键的时期。表现为：

政府干预经济与不干预经济陷入两难。中国经济发展是典型的政府主导型，即政府在发展经济过程中扮演着领导者、组织者和指挥者的角色，政府制定从宏观到中观乃至微观的经济政策，政府制定实施准入和审批制度，政府决定重要资源、重大资金、重大项目的分配。政府干预经济的优点是决策快、实施快、见效快，缺点是政策、分配欠公平、欠公正，偏袒国有企业、地区和部门利益，民营、个体企业和以民营、个体为主的合作、股份企业受到不公平、不公正待遇。地区和部门在资源、项目和资金的分配中也欠公平、公正。政府的决策和实施还存在着不科学、不合理，造成浪费甚至巨大的浪费问题。由政府权力决定的经济活动，还产生着大量的腐败。由于政府的干预，企业得到的土地、资金、信贷和缴纳的税收不在一个相同的标准线上，差距造成企业之间的竞争存在着不公正、不公平。市场的法则之一是公平交易，没有公平，市场就是一个发育不成熟的市场。

但离开政府的领导、组织、指挥，完全依靠市场发展经济，又遇到实际问题。这些问题主要有，市场法律不健全，政府作为维护市场秩序的仲裁者缺乏经验和完善的办法，监督部门依法监督能力不强，行业组织和有关部门的服务水平更低，市场体系中应有的中介机构既缺乏又经验不足。企业在相对不完善和缺乏可操作性的市场体系下，还不习惯按市场方式运作，而是习惯于找政府。在市场经济条件不具备的情况下，完全依靠市场发展经济，在现阶段此路不通。政府不干预不行，干预过头了也不行，边界在什么地方？干预的方式是什么？这需要几十年的探索和法律的逐步完善，才能走出一条成熟的道路。

垄断行业（企业）改革艰难复杂。改革开放以来，国家对国有企业进行了多轮改革，经过 30 多年的艰难推进，截至 2011 年年底，全国共有国有及国有控股企业（不含金融类企业）14.47 万户，资产总额 85.37 万亿元，所有者权益 29.17 万亿元，分别是 2003 年的 4.3 倍和 3.5 倍，可谓成绩巨大。在 2003 年国务院国资委成立之初，国务院国资委所管理的央企数量是 196 家，经过重组，截至 2014 年 1 月，国资委直接管理的央企数量是 113 家。加上保监会、银监会、证监会直接管理的金融央企，一共为 125 家央企。这 125 家国有央企都是巨无霸垄断企业。这些垄断行业（企业）有两大特点：一是基本上都是国有企业，二是都是关系国计民生的重点行业，主要有石油、水、电、天然气、公路、铁路、民航、电信、银行、证券、保险、国防等，承担着我国几乎全部的原油、天然气和乙烯生产，提供了所有的基础电信服务，发电量占全国的 50% 多，生产了全国超过 60% 的高附加值钢材、70% 的水电设备、75% 的火电设备。毫无疑问，国有企业在国民经济发展中起到了定海神针的支撑作用。在充分肯定功劳和成绩的同时，必须清醒地、理性地看到国企的另一面。这些企业具有垄断性，因为垄断缺少竞争，因为缺少竞争，盈利能力主要靠垄断获得，而不是靠决策水平、管理水平和经营能力。由于垄断性，并且公有性，长此以往，这些水平和能力必然下降。随着经济全球化的不断深化，这些分量重、体量大、对国家经济具有重要作用的企业，必然逐步在国际分工和国际贸易的大舞台上同台竞技，高下胜败取决于能力和水平。国有垄断企业不改革，生存的压力将越来越大。

从纯粹市场经济的角度出发，以产权经济学的视角，国有企业应该进行私有化改造。但中国的现实决定，在相当长的一段时间里，中国不会走国有企业私有化道路。这是社会主义制度所决定的。社会主义与资本主义在经济制度上的一个根本区别是，社会主义实行公有制（全民所有制，包括集体所有制），资本主义实行私有制。而国有企业是公有制的代表和主要实现形式。国有企业一旦实行私有化，社会主义经济制度的基础就消灭了、不存在了。因此，完善和发展社会主义制度，必须完善和发展国有企业。

这是共产党执政基础所决定的。国有企业是全民所有制企业，所有权应该归属全体人民，但实际领导者、管理者是共产党，对国有企业的掌控是共产党执政的经济基础，没有这个经济作基础，共产党执政的政治基础就会动摇。因此，加强共产党领导，就必须加强和壮大国有企业。从中共十五大、十六大、十七大、十八大报告到党出台的重大经济文件和国务院重大决策，都方向性地提出坚持"两个毫不动摇"，即毫不动摇巩固和发展公有制经济，毫不动摇鼓励、支持和引导非公有制经济发展。共产党必须掌控这些关系国计民生的垄断企业，它可以起到稳定经济基础的作用，调节和平衡经济发展的作用，巩固执政基础、地位和稳定社会的作用。

这是宪法所决定的。宪法规定：中华人民共和国的社会主义经济制度的基础是生产资料的社会主义公有制，即全民所有制和劳动群众集体所有制。国有经济，即社会主义全民所有制经济，是国民经济中的主导力量。国家保障国有经济的巩固和发展。

这是由中国的传统和现实情况所决定的。传统上，中国早在春秋战国时代的管仲和商鞅两大改革家的经济管控思想和做法，就奠定了中国两千多年来，国家直接办企业、直接控制企业、严格掌控重要的生活生产资料的经济基础。现实上，中国市场经济无论是法治环境、公平环境、诚信体系、行为意识等方面离市场经济的要求都有一定的差距。中国的国情是人口多、底子薄、差别大（地区和贫富差别）、面积大、发展中国家、社会主义市场经济、全国统一领导。在传统和现实两方面作用下，国有企业私有化，则必然有外国资本和国内私人资本掌控这些企业，那必将成为权力者的盛宴，必将导致权贵资本主义控制国民经济，中国必将陷入"拉美化"泥淖。

不改革或改革不深入，国有企业靠政策优惠获利仍将难以根本改变。国家行政学院教授许正中在题为《新常态下国有企业改革再定位》的报告中，从11个方面对国有企业和民营经济进行了对比分析：（1）就业水平。工业企业中，民营经济就业水平是提升的，现在占到81%。（2）资产和收入。民营经济资产的比例在提升，收入比例也是稳步增加的。特别是从2009年以后，民营经济收入的比例已经超过了国有经济。（3）平均资本回报率。国有经济实际只有民营经济的一半。（4）工业生产总值。1993—2014年，国营企业和民营经济的工业生产总值比较中，民营经济迅速提升。过去的国有经济工业生产总值非常大，但是到1999年，特别是2003年以后，民营经济超过了国有经济，从此国有经济的比例越来越小了。（5）经营成本。整个国有经济受到财政补贴5600亿，但民营经济几乎没有受到补贴。（6）真实信贷成本年利率。国有经济是1.6%，民营经济是4.7%。国有银行的贷款基本上是贷给国有企业的。（7）石油税费占油价比重。国有经济只有2%，民营经济占到12.6%，民营经济的这个占比还是很大的。（8）工业用地租赁成本。国有经济几乎没有，民营经济占3%。有效企业所得税，国有经济占10%，民营经济占到24%。（9）资产负债率。从2001年到2014年，民营经济资产负债率从过去的60%左右降到现在的53%，是逐步降低的。而国有经济的资产负债率却普遍是增加的。（10）流动负债的比率，用来衡量企业流动资产在短期债务到期以前，可以变为现金用于偿还负债的能力，流动比率越高，说明企业资产的变现能力越强。国有经济也是比不过民营经济的。（11）总资产周转率，是指企业在一定时期主营业务收入净额同平均资产总额的比率，是评价企业全部资产经营质量和利用效率的指标。民营经济现在已经是国有经济两倍多。许正中教授的结论是：我们的国有经济就单个来看，确确实实很伟大，膨胀很快。但是如果和民营经济，和国际相比，我们国有经济的实力是弱的。

在可以预见的将来，至少在新中国成立后的100百年即2049年之内，发展混合所有制经济将是国有企业发展的主方向，早在1993年党的十四届三中全会就提出了混合经济的思想，1999年十五届四中全会第一次将发展混合所有制正式写入中央文件，2013年中共十八届三中全会把发展混合所有制经济提到了一个新高度，提出了"三个允许"新的政策。

但混合所有制也像历史上的国有企业改革一样遇到了难题，之所以未能取得根本或重大突破进展，最主要原因是政府、国有企业和民营企业三方都各怀心思。在政府一面，担忧非公资本比例过大、过于集中，特别是形成鼎立之势，国有企业话语权、决策权减弱，将对国家掌控国有企业带来不利影响。一旦非公资本超过国有资本，且集中在一两户非公企业中，国有企业的话语权、决策权将发生根本性转变，将转移到非公资本企业手中，国家的掌控力将进一步弱化或非常有限。所以在政府一面，它既希望引入非公资本以改善国有企业的治理结构，又不希望非公资本进入过大、过于集中。在国有企业一方，多一个外来资本就多一份监督的力量，决策、管理的能力和难度都随之提高。从国有企业管理者本身来说并不希望混合，要混合也仅仅是一种形式，走过场，并不真心要混合。在民营企业一方，担心投入资本小，说话没有分量，没有话语权、决策权，自己投钱别人玩；投入资本大，国家不愿意，国有企业不愿意，对混合没有信心。

对重要的土地、林地、草场、水域、海洋等生产资料的改革艰难复杂。在由劳动者、劳动资料（生产资料）、劳动对象构成的生产力三要素中，土地（林地、草场、水域、海洋、荒漠）是工具、原料、设备、厂房等生产资料中最重要、最基础的生产资料，其他的一切生产资料都附着在土地这一生产资料之上。所以，土地被称为"万物之母"。土地产权制度的改革是最重要的改革。厉以宁认为，中国双重转型现在形成了结合或重叠，在双重转型中，必须把产权问题放在改革的首位。

中国的土地制度是全民所有制和集体所有制，这种土地制度表现出鲜明的政府垄断、二元分割、行政化配置三大特点。政府垄断是指国有土地的供给和从农村集体征用土地的权利是政府独家垄断。二元分割是指城市和农村是完全分离的，采取了完全不同的两种所有制制度。土地最主要的权利由土地所有权和使用权构成，其他权利都是附着于这两项基本权利之上的。我国土地所有权包括国家土地所有权和集体土地所有权；土地使用权包括国家土地使用权和集体土地使用权，国家土地使用权主要是出让土地使用权和划拨土地使用权两项，集体土地使用权主要是农地使用权和建设用地使用权两项；土地其他权利包括耕作权、抵押权、租赁权、借用权、地下权和地役权等。中国国有土地使用权是一种物权，也是一种他物权和用益物权，而集体土地使用权是一种用益物权和一种限制物权。

这种土地制度存在一系列弊端，城市土地管理存在着法律规定漏洞较多、土地资源浪费、使用效率低等诸多问题。农村土地管理存在着所有权空置（所有权空置的根源是产权所有权主体不清）、征收过程违法、低价征收和补偿费用过低等问题。此外，现行土地制度还产生了政府对土地财政的严重依赖。土地财政恶化了国民收入分配，抑制了民间投资。农民合法土地权益和耕地保护受到地方政府征地冲动的强烈挑战。现行土地制度成为高房价的推手，也导致权力寻租泛滥，贪腐猖獗。

改革的难点在于，农村土地所有权主体如何落到实处，如何与具体农民相结合？农民的三种权利即承包土地的经营权、宅基地的使用权、宅基地之上自建住房的房产权如何保证？与三种权利相对应的三个证件，即承包土地经营权证、宅基地使用权证、宅基地之上自建住房的房产证能否按规定发到农民手里？农村集体经营性建设用地怎样才能与国有土地同权同价？

解决上述问题，需要制定配套的法律法规，以便可以在具体实行的操作层面运用，否则政策只会停留在出台文件的悬空状态，没有实际意义。比如，十八届三中全会对于农村集体所有经营性用地的流转入市，规定要"在符合规划和用途管制前提下"，这个前置条件从根本上决定了农村经营性用地距离真正意义上的市场化还有一段很长的路要走。按照现行的制度安排，至少要符合土地利用规划、城市发展规划以及产业发展规划，这意味着经营性用地流转的范围实质上是受限的。在各地的试点方案中，针对这个限制通常把流转之后的用途划定为工业、商业和旅游等，对商品房开发依然是禁止的。

在农业用地向非农建设用地的转换环节，目前实行的征地和"土地招拍挂"机制没有改变，只是减少了征地的范围、提高了对农民的补偿，这意味着在交易环节，地方政府对土地市场的干预仍然较强。从产权经济学的角度看，三权三证的明确和颁发，只是保护农民土地不被低价滥征、确保流转过程中权利清晰的一种过渡性制度，并不是一项彻底的根本性制度安排。

第三节　觉醒后壮士断腕

中国经济在短短 30 年中追赶资本主义国家二三百年所取得的进步，在压缩式的发展空间里，人们在享受硕果、迅速变富的同时，也品尝到发展中产生的恶果，这些恶果也在短时间内呈压缩式集中爆发。所有发达国家在其工业化进程中都生产出农民失地、工人失业、社会失稳、结构失衡、环境污染、贫富分化等恶之花。

所有工业化国家都曾无一例外地遭受过污染的折磨。世界工业化最早的国家是英国，其首都伦敦的雾霾从 19 世纪开始就已初露端倪，1952 年 12 月 5 日—9 日，城市连续四天被浓雾笼罩，能见度极低，司机甚至需要人坐在引擎盖上指引才能开车。四天的浓雾造成 1.2 万人死亡，这是和平时期伦敦遭受的最大灾难。这一事件直接推动了 1956 年《英国洁净空气法案》的通过，英国政府通过推动家庭转向天然气等取暖、从大城市迁出火电厂、限制私家车、发展公共交通、建立节能写字楼、提高现有建筑能源利用率、利用新能源等方式，经过近 30 年努力，才甩掉了"雾都"的帽子。德国治理污染用了 30 年，日本用了 20 年。

中国在工业化过程中，同样没有逃脱这一铁律。国内环境污染日胜一日，国外批评指责不断，党中央、国务院清醒地认识到，必须转变经济增长方式。党中央领导层最早提出转变经济增长方式的是江泽民同志。1994 年 11 月在中央经济工作会议上，江泽民指出经济发展中的问题，提出：转变经济增长方式"是我国经济发展战略转变的核心内容和主要课题"，"转变经济增长方式不仅十分必要，而且完全可能。关键是要提高国民经济的整体素质和生产要素的配置效率，注重结构优化效益、规模经营效益和科技进步效益"。[1]

20世纪90年代沿袭80年代，经济持续高速向前，同时资源压力、环境压力日益显现。江泽民的讲话表明，中国发展经济的理念开始由重规模、重数量、重速度向规模与结构并重、数量与质量并重、速度与效益并重转变。在首次提出经济增长的新理念和以转变经济增长方式为核心的经济发展战略之后，江泽民不断丰富、发展转变经济增长方式的新思想、新战略。21世纪初年，江泽民说："我们一定要高度重视并切实解决经济增长方式转变的问题……正确处理经济发展同人口、资源、环境的关系，促进人和自然的协调与和谐，努力开创生产发展、生活富裕、生态良好的文明发展道路。"[2]

按照经济学的一般原理，经济增长可以靠增加投入、产业结构调整、技术进步和改善经营管理四种途径来实现。经济增长方式可以分为外延型增长和内涵型增长，或者称为粗放型增长和效益型增长。前者是指经济增长主要依靠增加要素投入和产业结构的变化而实现，在工业化初期和成长过程中，依靠增加投资（包括人力）、新建和扩大企业规模是实现经济增长的主要途径；后者是指经济增长主要依靠技术进步和改善经营管理降低消耗和成本来实现，在工业化后期或后工业化国家主要不是依靠企业和产品数量扩张，而主要依靠技术进步来实现经济增长。

从经济学的目标看，可将经济发展划分为两大类型：一是规模速度数量型或规模速度数量为主型，是以实现更多经济产出、更大规模、更快速度为重点的经济增长，实现方式包括主要依靠增加生产要素投入实现的外延扩张式的粗放型增长；二是结构质量效益型或结构质量效益为主型，是以追求经济发展质量全面提高为侧重点的经济发展，其内涵不仅包括单纯的经济增长，而且包括产业结构的优化和升级、经济运行质量和效益的提高，实现方式主要依靠提高生产技术水平实现的内涵提高式的集约型增长。

中国政府在发展经济中，并不是一味地追求粗放型增长。早在20世纪80年代初就提出提高效益的要求，1985年更是分析得相当深刻，指出"产品质

---

[1]　江泽民：《提高经济的整体素质和效益》,《论社会主义市场经济》，中央文献出版社2006年，第194—195页。

[2]　江泽民：《实现经济社会和人口资源环境协调发展》,《江泽民文选》第3卷，人民出版社2006年版，第462页。

量差、物质消耗高是我国经济的致命弱点，也是今后发展的巨大潜力所在"，《中共中央关于制定国民经济和社会发展第七个五年计划的建议》明确提出了转变经济增长方式的要求：坚持把提高经济效益特别是提高产品质量放到十分突出的位置上来，正确处理好质量和数量，效益和速度的关系。产品质量差，物质消耗高，经济效益低，是我国生产建设中长期普遍存在的痼疾，目前这个问题还远远没有解决。只有坚决改变这种状况，才能充分有效地利用各种资源，以较少的投入创造出更多的财富，也才能更好地满足人民多方面的需要和扩大出口。必须加强质量管理、技术管理，严明劳动纪律、财经纪律，健全检查制度、监督制度，大力提高企业职工的素质，同时积极推进技术改造，采用先进的工艺和设备，把产品质量和经济效益提高到新的水平。这是加速我国现代化进程的根本途径。1987年，中共十三大又一次提出要转变经济增长方式："实现第二步奋斗目标……矛盾的焦点是经济活动的效益太低……必须坚定不移地贯彻执行注重效益、提高质量、协调发展、稳定增长的战略。"

1992年，邓小平南方谈话给中国"左"的、僵化的、模糊的、迷茫的思想带来一次强烈的冲击和洗礼，神州大地迎来1978年以来的第二次思想大解放，掀起了新一轮投资热、建设热，当年GDP增长14.2%，比上年增长5个百分点，达到了一个阶段性历史高点。在经济发展的热浪中，中共十四大清醒地指出："不断完善保护知识产权的制度。认真抓好引进先进技术的消化、吸收和创新。努力提高科技进步在经济增长中所占的含量，促进整个经济由粗放经营向集约经营转变。"

如何实现经济增长方式的转变？进入21世纪，经过对建国50多年正反两方面的经验总结和对世界经济发展认识的深化，中央提出了新型工业化的新路径。以2000年10月中共中央十五届五中全会通过的《中共中央关于制定国民经济和社会发展第十个五年计划的建议》为标志，中国共产党形成了新型工业化道路的基本思路和方针政策，完成了关于工业化认识上的转变。2002年11月，中共十六大将"新型工业化"道路概括为："坚持以信息化带动工业化，以工业化促进信息化，走出一条科技含量高、经济效益好、资源消耗低、环境污染少、人力资源优势得到充分发挥的新型工业化路子。"

2005年10月，中共中央召开十六届五中全会，会议通过的《中共中央关于制定国民经济和社会发展第十一个五年规划的建议》指出："必须加快转变经济增长方式。我国土地、淡水、能源、矿产资源和环境状况对经济发展已构成严重制约。"在分析"十一五"时期面临的国内外环境时指出："粗放型经济增长方式没有根本转变,经济结构不够合理,自主创新能力不强,经济社会发展与资源环境的矛盾日益突出"。

从党中央、国务院层面,尽管强调发展的速度,但同时很早就认识到质量、效益的重要性,自20世纪80年代以来就不断地强调,重视程度也不断地升级,但在规模、速度、数量快速上涨的同时,单位GDP能耗和资源消耗却不断上升。结果非人所愿,既是客观使然,也有主观因素。

首先,20世纪80年代我国工业化处于早中期,经济发展主要依靠投入增加、规模扩大的外延型增长。其特点是对钢铁、水泥、玻璃、铝等普通工业材料的大量消耗,而这些材料需要开山炸石。中国水资源缺乏,动力来源主要依靠煤。还有日常用品中的纺织、塑料、纸张等产品在原料开采、运输、加工、生产等的工艺和设备等级低、技术差,产生了大量的废气、废水、废物。工业生产从低级到中级再到高级的阶梯规律,决定高能耗阶段不可逾越。

其次,工业化早中期和城市化初期,城镇人口就业和农村人口转移逐渐加速,中国又是一个人口大国,就业和转移的压力特别巨大。通过扩大经济总量来增加就业机会,不仅是党和政府的愿望,更是全国人民脱贫致富的强烈愿望。在经济增长数量型和质量型的路径选择上,客观现实决定了只能是数量型优先。

再次,地方领导追求GDP增长的政绩冲动,使数量型增长成为压倒一切的中心任务。在干部考核体系中,GDP占总分比例约70%,GDP增长是干部晋升的依据。身处干部岗位,追求晋升是本能冲动,也是合理的追求。各级各层干部,追求GDP增长是普遍现象,以至于层层分解加压任务,层层提高指标。制定"十一五"计划时,全国的GDP增长指标定为7.5%,而25个省市自治区中定位在8.5%的有1个,9%的有7个,10%的有10个,11%的有3个,12%的有3个,13%的有1个,平均都在10%以上。干部考核标准要求地方各级领导把GDP增长放在压倒一切的中心任务,一切为了GDP增长,为了GDP增长不惜一切代价,宁要GDP增长,不要青山绿水,宁要GDP增长,不怕污染压城盖乡,宁要GDP增长,不怕牺牲一代人。

最后,中国追赶发达国家步伐的压力要求经济发展速度成为最主要和优先目标。自建国以来，党的三代领导集体都将经济发展速度作为衡量社会主义优越性的主要参数，也将赶上世界先进水平作为中华民族的奋斗目标，这都反映和代表了中国人民加快经济发展的强烈愿望。在人口多、底子薄、资源缺的国情下，加快工业化步伐、实现赶超，就需要降低工业化的成本，途径主要是人为压低工业化所需要的资源价格，压低劳动力工资（职工工资和农民工工资、福利、待遇）、资金成本。这种低价的自然资源、劳动力资源和资本筹集，必然导致大量的技术水平低、资源消耗大、环境污染重的小型企业层出不穷；导致利用劳动力价格低、自然资源价格低的外向型制造业企业（包括外资企业）迅速发展，中国的外贸依存度不断攀升；导致大型的企业即使是特大型国有企业在权衡得失后，也不会走技术创新、改善经营管理的效益型道路，而是走资本、规模和人员扩张的外延发展道路。

如何迅速扭转、有效改变"三高"居高不下的状况？必须从发展战略上进行调整。党的十七大，胡锦涛总书记首次提出加快转变经济发展方式的战略思想和战略任务，由"经济增长"变为"经济发展"，只有两个字的区别，却有着重大的变化，标志着我国经济发展战略由转变经济增长方式转向转变经济发展方式的重大飞跃。

转变经济增长方式，主要是指从粗放型经济增长方式转向集约型经济增长方式，而转变经济发展方式则是指经济发展在转向集约型的基础上，逐步实现产业结构优化升级、促进收入分配公平合理、提高生活水平和生活质量、保护和改善生态环境等经济发展总体方式的转型，它不是单一的转变，而是综合的整体的转变。

十八大报告提出，要加快完善社会主义市场经济体制和加快转变经济发展方式。以科学发展为主题，以加快转变经济发展方式为主线，是关系我国发展全局的战略抉择。深化改革是加快转变经济发展方式的关键。

以更大的决心、更大的勇气、更加坚定的态度推进改革、转变经济发展方式，以习近平为总书记的新一届党中央向全国人民表明了态度。2012年12月9日，习近平总书记在广州主持召开经济工作座谈会时强调，加快推进经济结构战略性调整是大势所趋，刻不容缓。国际竞争历来就是时间和速度的竞争，谁动作快，谁就能抢占先机，掌控制高点和主动权；谁动作慢，谁就会被甩在后边。我们要继续大胆探索、扎实工作，坚定不移推进体制创新、科技创新，落实创新驱动发展战略，推动经济发展方式转变，推进经济结构战略性调整，为推动科学发展增添新动力。2013年10月7日，习近平在亚太经合组织工商领导人峰会上演讲时说，中国经济已经进入新的发展阶段，正在进行深刻的方式转变和结构调整。这就要不断爬坡过坎、攻坚克难。这必然伴随调整的阵痛、成长的烦恼，但这些都是值得付出的代价。我们认识到，改革是一场深刻的革命，涉及重大利益关系调整，涉及各方面体制机制完善。习近平说，中国改革已进入攻坚期和深水区。这是因为，当前改革需要解决的问题格外艰巨，都是难啃的硬骨头，这个时候就要一鼓作气，瞻前顾后、畏葸不前不仅不能前进，而且可能前功尽弃。

2013年"两会"上，新任总理李克强在答记者问时说："我们要有壮士断腕的决心，言出必行，说到做到，决不明放暗不放，避重就轻，更不能搞变相游戏。"他表示，这是削权，是自我革命，会很痛，甚至有割腕的感觉，但这是发展的需要，是人民的愿望。总理这段话被广泛报道，流传一时。当年9月10日，在大连参加达沃斯年会的李克强，第二次提及"壮士断腕"。当时，他被美国杜邦公司董事长柯艾伦问及，中国当前经济体制改革的难点和重点是什么。李克强说，改革既蕴藏着巨大红利，也是触动利益的事情，因此也是挑战："我们会用壮士断腕的决心推进改革，做到'言必行，行必果'。"

2014年"两会"，首次作政府工作报告的国务院总理李克强，在报告中又一次提到这个词——"壮士断腕"。他说："当前改革已进入攻坚期和深水区，必须紧紧依靠人民群众，以壮士断腕的决心、背水一战的气概，冲破思想观念的束缚，突破利益固化的藩篱，以经济体制改革为牵引，全面深化各领域改革。"公开资料显示，这已是李克强第三次在讲话中提及"壮士断腕"。

"壮士断腕"这个成语起初为"壮士解腕"，最早见于晋代陈寿《三国志·魏书·陈泰传》。书中写道："古人有言：蝮蛇螫手，壮士解其腕。"壮士，即有勇气的人。该成语后被喻作在紧要关头应当机立断，必要时牺牲局部，保存整体。

回顾过往，10多年前，"壮士断腕"这个词也曾被朱镕基强调。时任国务院总理的朱镕基称，要以"壮士断腕"的决心解决国企问题。此间，朱镕基大刀阔斧地进行了国企改革和机构改革。

有评论员分析称，朱镕基的任务是确保中国经济顺利转轨，初步建立市场经济体制。而李克强的任务则是建立强化市场型政府，实现真正的市场经济体制，"他们的共同点是，都是在中国发展面临关键点时上任的"。

当此之时，我国面临的形势依然错综复杂，有利条件和不利因素并存。世界经济复苏存在不稳定、不确定因素，一些国家宏观政策调整带来变数，新兴经济体又面临新的困难和挑战。全球经济格局深度调整，国际竞争更趋激烈。我国支撑发展的要素条件也在发生深刻变化，深层次矛盾凸显，正处于结构调整阵痛期、增长速度换挡期，到了爬坡过坎的紧要关口，经济下行压力依然较大。

无论困难多大、压力多重，但全面深化改革、转变经济发展方式的目标不变。新一届政府在转变经济发展方式上面临着五大任务和目标：

第一，全面深化经济体制改革。深化改革是加快转变经济发展方式的关键。经济体制改革的核心问题是处理好政府和市场的关系，必须更加尊重市场规律，更好发挥政府作用。健全现代市场体系，加强宏观调控目标和政策手段机制化建设。加快改革财税体制，健全中央和地方财力与事权相匹配的体制，完善促进基本公共服务均等化和主体功能区建设的公共财政体系，构建地方税体系，形成有利于结构优化、社会公平的税收制度。建立公共资源出让收益合理共享机制。深化金融体制改革，发展多层次资本市场，稳步推进利率和汇率市场化改革，逐步实现人民币资本项目可兑换。加快发展民营金融机构。

第二，实施创新驱动发展战略。科技创新是提高社会生产力和综合国力的战略支撑，是实现经济发展方式转变的根本保证，必须摆在国家发展全局的核心位置。要坚持走中国特色自主创新道路，以全球视野谋划和推动创新，提高原始创新、集成创新和引进消化吸收再创新能力，更加注重协同创新。深化科技体制改革，推动科技和经济紧密结合，加快建设国家创新体系，着力构建以企业为主体、市场为导向、产学研相结合的技术创新体系。完善知识创新体系，强化基础研究、前沿技术研究、社会公益技术研究，提高科学研究水平和成果转化能力，抢占科技发展战略制高点。实施国家科技重大专项，突破重大技术瓶颈。加快新技术新产品新工艺研发应用，加强技术集成和商业模式创新。完善科技创新评价标准、激励机制、转化机制。实施知识产权战略，加强知识产权保护。促进创新资源高效配置和综合集成，把全社会智慧和力量凝聚到创新发展上来。

第三，推进经济结构战略性调整。这是加快转变经济发展方式的主攻方向。必须以改善需求结构、优化产业结构、促进区域协调发展、推进城镇化为重点，着力解决制约经济持续健康发展的重大结构性问题。要牢牢把握扩大内需这一战略基点，加快建立扩大消费需求长效机制，释放居民消费潜力。推动战略性新兴产业、先进制造业健康发展，加快传统产业转型升级，推动服务业特别是现代服务业发展壮大，合理布局建设基础设施和基础产业。建设下一代信息基础设施，发展现代信息技术产业体系，健全信息安全保障体系，推进信息网络技术广泛运用。提高大中型企业核心竞争力，支持小微企业特别是科技型小微企业发展。实行京津冀一体化、长江经济带、一带一路国家战略。采取对口支援等多种形式，加大对革命老区、民族地区、边疆地区、贫困地区扶持力度。科学规划城市群规模和布局，增强中小城市和小城镇产业发展、公共服务、吸纳就业、人口聚集功能。加快改革户籍制度，有序推进农业转移人口市民化，努力实现城镇基本公共服务常住人口全覆盖。

第四，推进城乡发展一体化。解决好农业农村农民问题是全党工作重中之重，城乡发展一体化是解决"三农"问题的根本途径。要加大统筹城乡发展力度，逐步缩小城乡差距，促进城乡共同繁荣。坚持工业反哺农业、城市支持农村和多予少取放活方针，加大强农惠农富农政策力度。加快发展现代农业，增强农业综合生产能力，确保国家粮食安全和重要农产品有效供给，坚持把国家基础设施建设和社会事业发展重点放在农村，深入推进新农村建设和扶贫开发，全面改善农村生产生活条件。着力促进农民增收，保持农民收入持续较快增长。坚持和完善农村基本经营制度，依法维护农民土地承包经营权、宅基地使用权、集体收益分配权，壮大集体经济实力，发展多种形式规模经营，构建集约化、专业化、组织化、社会化相结合的新型农业经营体系。改革征地制度，提高农民在土地增值收益中的分配比例。加快完善城乡发展一体化体制机制，着力在城乡规划、基础设施、公共服务等方面推进一体化，促进城乡要素平等交换和公共资源均衡配置，形成以工促农、以城带乡、工农互惠、城乡一体的新型工农、城乡关系。

第五，全面提高开放型经济水平。要加快转变对外经济发展方式，推动开放朝着优化结构、拓展深度、提高效益方向转变。创新开放模式，促进沿海内陆沿边开放优势互补，形成引领国际经济合作和竞争的开放区域，培育带动区域发展的开放高地。坚持出口和进口并重，强化贸易政策和产业政策协调，形成以技术、品牌、质量、服务为核心的出口竞争优势，促进加工贸易转型升级，发展服务贸易。提高利用外资综合优势和总体效益，推动引资、引技、引智有机结合。加快走出去步伐，增强企业国际化经营能力，培育一批世界水平的跨国公司。统筹双边、多边、区域次区域开放合作，加快实施自由贸易区战略，推动同周边国家互联互通。提高抵御国际经济风险能力。

第二章

三次产业「鲤鱼跳龙门」

　　世界各国对各种产业的划分，一般分为三大类：第一产业、第二产业和第三产业。第一产业是指提供生产资料的产业，包括种植业、林业、畜牧业、水产养殖业等直接以自然物为对象的生产部门。第二产业是指加工产业，利用基本的生产资料进行加工并出售。包括制造业、采掘业、建筑业和公共工程、上下水道、煤气、卫生部门。第三产业又称服务业，它是指第一、第二产业以外的其他行业，第三产业行业广泛，包括交通运输业、商业、金融、保险业、餐饮业、通讯业、不动产业、行政、家庭服务等非物质生产部门。各国划分不完全一致，但大体如此。我国三大产业划分基本采用这种划分法。

　　推进经济结构战略性调整是加快转变经济发展方式的主攻方向，也是核心所在、难点所在。三次产业现代化是转变经济发展方式的命门，是国家现代化的基石。拥有 13 亿人口的中国，正在从农业大国向工业强国转型，并向全面小康社会的富裕型国家迈进。农业是立国之基，工业是强国之本，三产是富国之路。

　　对于中国这样的大国来说，历史的经验表明，一产是根基，根基要牢，根基不牢地动山摇。一产根基牢不牢，关键看能否实现四化，即机械化、产业化、集约化、现代化。农业是中国稳定的基础，但靠农业不能强国，强国必须依靠工业，工业强不强，关键看能否由中低端变成高、精、尖、强。对于工业化阶段，许多学者专家比较多的看法是，中国现阶段工业处于重化工业中后期。产品质量低劣现象严重，自主研发能力薄弱，关键技术受制于人。经济全球化使国家之间的制造业竞争更为加剧。中国制造业正受到两面夹击。工业可以强国，但不能富国，富国必须依靠三产，加快三产发展，必须进一步推进行政体制改革，继续取消和下放行政审批事项。提高第三产业市场化水平，放宽外资准入门槛。

第一节 一产根基要四化

在大国总理李克强的心目中,农业的地位十分重要,2014 年他在作政府工作报告时说,农业是扩内需调结构的重要领域,更是安天下稳民心的产业。要坚持把解决好"三农"问题放在全部工作的重中之重,以保障国家粮食安全和促进农民增收为核心,推进农业现代化。坚守耕地红线,提高耕地质量,增强农业综合生产能力,确保谷物基本自给、口粮绝对安全,把 13 亿中国人的饭碗牢牢端在自己手中。2013 年 3 月 27 日—29 日,走上总理岗位不到半个月的李克强来到江苏、上海调研时指出,通过股份合作、家庭农场、专业合作等多种形式发展现代农业是大方向。在随后的国务院常务会议上,李克强着手部署开展现代农业综合配套改革试验工作,推动转变传统的农业发展方式,并确定黑龙江先开展试验。

粮食安全始终是悬在中国人头顶的克利达摩斯之剑。2013 年中国粮食产量比 2003 年增加了 3424 亿斤,10 年平均每年增加 342 亿斤。但是,每年的粮食进口都在增加,2013 年我国进口了 8024 万吨的粮食,折合过来是 1605 亿斤,比最大的产粮大省黑龙江的粮食还更多。这说明我国粮食供给是增长了,却赶不上粮食消费水平增长。13 亿人的饭碗既要装得满,又不能靠外国的饭装满,否则就会天下大乱。

重要农产品供求关系发生深刻变化,从 2010 年开始,主要粮食品种(小麦、稻谷、玉米)出现净进口,且呈激增之势。2012 年谷物进口 7700 多万吨,相当于 1550 亿斤。虽然国家粮食产量连续 9 年增产,但是粮食供求总量趋紧,而且结构性矛盾越来越突出,粮食自给率已经跌破 90%。如果按一个人一年吃 800 斤粮食计算，2012 年相当于进口粮食养活了 1.9 亿中国人。其中，大豆进口可以用飙升来概括。1996 年以前中国是大豆出口国。1996 年，中国开始进口 100 万吨大豆，到 2012 年，中国进口大豆是 5806 万吨，2013 年进口 6337 万吨。全世界年产大豆 2 亿多吨，其中出口不到 1 亿吨，全世界出口的大豆百分之六七十都让中国买来了，我国大豆的自给率只有 20%。2013 年大米进口开始明显增加。粮食、棉花、食用油、糖、肉 6 大主要农产品全部需要进口。

在人类的历史上，没有哪个国家像中国这样，在 20 年的时间里，老百姓的动物性食品消费增长幅度这么大。过去 20 年，中国淡水养殖增加了 5 倍，肉鸡产量增加了 4 倍，猪肉产量也增加了 1 倍以上。现在人均肉的消费接近 50 公斤，奶制品消费 27 公斤，水产品消费 20 公斤以上，食用植物油消费 13 公斤以上。中国人的食物结构出现质量性增长，国内农业资源有限，必须要通过进口来平衡供求关系，要保证中国人民吃得饱又吃得好，必须统筹利用国内外两种资源和两个市场，但中国是 13 亿多人的大国，如果粮食进口比例过高，一方面国外粮食必然涨价，另一方面必然影响中国社会安定和国家安全，两个方面中国都难以承受。

中国粮食增长一靠水利保证，二靠农药除害，最主要的是依靠施肥——使用化肥。2012 年全国使用化肥 5900 多万吨，比国际公认的安全使用化肥的量要大很多。我国化肥使用量是美国单位面积使用量的 4 倍，是印度的 3 倍，比日本高出 30% 多。这种以化肥为主的增长方式沿袭了几十年，在人多地少的国情下被迫如此，但对农业生态环境构成了很大的破坏，化肥特别是农药对农产品的安全构成了比较大的威胁。想增加产能，投入不能少，但是继续增加投入，可能对生态环境的破坏就越来越严重，这需要转变增长方式。

青壮劳力去城里打工，老弱病残留在农村种田，这是中国工业化以来农村的现状。据统计，全国已有 40% 以上的农村强壮劳动力投入到了非农产业，农民工有 2.6 亿左右，而把农业生产留给了妇女、儿童及老人。其中，妇女承担着 60% 的农活，有的地方甚至高达 80%，从事农业的劳动力趋于弱化。农村劳动力向城市转移的规模逐渐加大是必然趋势，改变农村耕作现状只有靠机械化。

"农业的根本出路在于机械化"，这是毛泽东同志在 1959 年提出的著名论断。现代社会和传统社会的区别之一是，农业生产由传统的手工劳作变为机械代替，机械化是农业现代化的主要标志，机械化水平越高农业现代化水平就越高。农业机械化是指运用先进适用的农业机械装备农业，改善农业生产经营条件，不断提高农业生产技术水平和经济效益、生态效益的过程。使用机器是现代农业的一个基本特征，对于利用资源、抗御自然灾害、推广现代农业技术、促进农业集约经营、增加单产与总产、提高农业劳动生产率、降低农产品成本，以及对于减轻农民劳动强度和缩小工农差别，都有着重大的作用。在北方，在同等生产条件下，小麦生产全程机械化每亩可实现综合增产约40公斤、玉米约70公斤。以小麦为例，近10多年小麦连年丰收，生产水平提高，其中一个重要因素就是小麦耕种机械化水平在各个作物当中是最高的。

欧美国家农业机械化一般经历了三个阶段：第一阶段，半机械化阶段。大体上是在19世纪中叶到末叶，特征是在农业生产上广泛使用畜力牵引的简单农业机械。第二阶段，基本机械化阶段。大体上是在20世纪初至20世纪50年代，特征是主要作物的主要作业普遍采用拖拉机牵引的农业机械。第三阶段，综合机械化（或称高度机械化）阶段。约始于20世纪50年代以后，特征是在农、林、牧、渔各业的各个环节上，及其产前和产后部门，都广泛地使用更为先进的农业机器。20世纪80年代以来，随着电子计算机等在农业中的应用的增多，农业机械化正在向自动化方向发展。

近一二十年来，我国政府持续加大对农机的扶持力度，广大农民从农机使用中尝到了甜头，购买农机数量持续快速增长。根据农业部门的统计，2013年在耕地、品种和收获这三个大的环节上，中国农业机械化综合利用水平达到了59%。这意味着在这三大环节上还有40%的劳动是靠人力、畜力来完成的，并且这些靠人力、畜力的地区都是老少边穷地区，最需要国家的扶持，也是实现机械化最难的地区。我国要在2020年基本建成小康社会，小康社会农业机械化率应在80%以上，要实现这样的目标，任务十分艰巨。

发展农业机械化，要因地制宜，在北方因地势多为平坦以大中型农机具为主，在南方因地势高低不平多以中小型农机具为主。机械普及化要先从富裕地区开始，追求形象工程或政绩工程推广农业机械，最后的结果可能适得其反。贫困地区经济落后，暂时不具有使用机械的能力，因为机械需要维修方便、需要资金维护、需要具备技能的人操作，落后地区满足这些条件尚有一定的差距。这些地区被政府安排机械化，最后都会成为包袱。中国的国情决定，在一个相当长的时期内，农业生产应实行人力、畜力、机力、电力相结合，以及改良农具、半机械化机具和现代农业机器相结合。农机产品以小型为主，大中小型相结合，以价廉、质优、耗能少、使用和修理方便为原则。

国家应进一步加大对农机专业户和购买农机具特别是老少边穷地区的扶持力度，农业专业化分工是农业经济发展的必然趋势和必然结果，农机专业户已经在农村产生，正成为农村一个新兴产业。农机专业户可以提高机械的使用率和投入产出率，由此可以做大做强。形成农业发展促进农机户做大做强、农机户做大做强促进农业发展的良性循环。政府应建立农机专项基金，专门扶持农机专业户。国家还可以运用税收政策扶持农机专业户。

国家要在资金、税收、科研等方面，支持小型农机的研制和推广。小型农机具具有价廉、实用、使用方便、使用广泛等优点。从作业机械来讲，大功率、大马力的机械国产率不高，基本靠进口。国家要重视农业机械化的智力投资，在职业学校开设农机专业、在劳动力培训市场开展农机专业培训。

国家要重视智能农业机械的研发，随着电子信息技术和制造业的进步，农业机械将走向自动化、智能化。完全由农业机械实行翻地、整地、播种、施肥、撒药、耕种、收割的梦想，在以后二三十年将成为未来农民普遍的现实。

政府层面要促进企业运用物联网技术和车联网技术，为大型农机具提高使用效率搭建平台。物联网技术和车联网技术的开发运用，将在未来五六年使大型车辆、大型农机具发挥最大效率成为现实。

现代农业要求农业必须走产业化道路。传统农业的一个显著特点是生产的分散性和销售的零散性，而加工则是手工作坊式的，或半机械化生产。农业产业化是以市场为导向，以经济效益为中心，以主导产业、产品为重点，优化组合各种生产要素的一种生产经营方式。据统计，2010 年中国生产的农产品商品量约为 16 亿吨（不计木材），较 2005 年增长 29.6%，高出同期总产量增速12.3 个百分点，即商品率增加。2010 年中国进入流通领域的实体农产品的价值总额为 2.24 万亿元，占当年社会物流总额的 1.78%；亿元以上的农产品交易市场 1672 个，成交总额 1.61 万亿元，其中以批发为主的市场有 979 个，成交额 1.39 万亿元。

我国农业产业化发源于山东省潍坊市的探索，逐渐被山东省和党中央认可。1996年2月，江泽民同志在致信供销社全国代表会议时第一次提出"引导农民进市场、推动农业产业化"。农业产业化是被世界发达国家实践证明了的成功之路，其共同特点就是按照现代化大生产的要求，在纵向上实行产加销一体化，在横向上实行资金、技术、人才的集约经营，实现了生产专业化、产品商品化、服务社会化。美国实行的农业一体化，使农业形成了一个产前、产中、产后各环节系列服务的体系。法国遍布全国的纵向和横向联合体，通过对农业实行全程系列化服务，支撑着法国的高效率农业，目前法国的农业劳动生产率是世界平均数的23倍。日本农业就其社会化服务来看，农产品从农场到超级市场，形成了一套科学、有序、高效的产业服务体系。韩国的农协和产、学、管、研联成一体。

农产品加工是农业产业化的核心。目前，一些发达国家农产品产后加工能力在70%以上，加工食品约占饮食消费的90%，农产品加工产值与农业产值的比重为3:1至4:1，而我国农产品加工转化率只有45%左右，加工食品仅占饮食消费的30%左右，初级加工较多，精深加工较少，综合利用水平普遍较低。农产品分级、包装、储藏和保鲜水平不高，农产品的深度开发和多层次转化增值亟待提高。

农业产业化对提高农民增收意义非凡。农产品经过加工后制成品的增值率高，一般在50%—200%之间。农业产业化有效地拉长了农业产业链；吸纳农村剩余劳动力，把市场信息、技术服务、销售渠道直接而有效地带给农民，实现农民分散生产与社会化大市场的有效对接，降低市场风险和交易成本，避免分散农户自发调整产业结构带来的盲目性和趋同性，解决好小农户与大市场之间的矛盾；合理配置各种生产要素和资源，提高农业的劳动生产率和比较效益。

当今的世界贸易，农产品是一个重要品种。农业的国际竞争，是包括农产品价格、质量、安全、品牌和农业经营主体、经营方式在内的整个产业体系的综合竞争。作为传统的农产品出口大国，增强我国农业国际竞争力的根本出路在于提高农产品质量、档次和卫生安全标准，而实现这样的目标，必须提高农户的专业化、市场化、组织化程度，提高农业生产经营规模和整体效益。

我国农业产业化主要类型有：龙头企业带动型。这种农业产业化模式以龙头企业为主，围绕一项产业或产品，形成龙头连基地、基地连农户，公司＋基地＋农户的产加销一体化经营组织。该模式又可分为两种类型：加工企业带动型，即以农产品为主要原料的加工企业为龙头，围绕一种或多种产品，建立基地、销售、加工网络，形成产业化经营格局。经销企业带动型，即以各种经销公司为龙头，一头伸向国内外大市场，一头连接千家万户，带动基地发展。

主导产业带动型。这种农业产业化模式以利用当地资源、发展传统产品入手，形成区域性主导产业。该模式适用于资源禀赋独特，能大量生产各种名特优农产品的地区，我国不少地区拥有自己的特色产品、名牌产品，这些地区在实施农业产业化经营过程中可选择这种模式。

市场带动型。这种农业产业化模式通过发展农产品市场，特别是专业批发市场，带动区域化生产和产加销一体化的经营。该模式的特点是农户投资少，经济发展水平较低的地区可选择这种模式。但由于各类市场与农户之间在利益上是一种松散型结合，市场价格波动的风险主要都由农户承担，因此，选用该模式，地方政府必须在搜集市场信息、开拓销路、规范交易规则等方面多做工作。

中介组织带动型。这种农业产业化模式以各类中介组织（包括农民专业合作社、供销社、技术协会、销售协会等）为纽带，组织产前、产中、产后全方位服务，形成产业化经营格局。该模式适用于技术要求比较高的种植业、养殖业，尤其是在推广新产品、新品种、新方法的过程中，这是一种投资低、收益高，农户得到实惠多的好方法。这种模式对我国发达和欠发达地区都适用。

龙头企业是农业产业化经营的牛鼻子，各级政府要紧抓不放，进一步加大在财政、税收、金融、信息、配套设施等方面的扶持力度。实践证明，没有龙头企业，就谈不上农业产业化经营，龙头企业的竞争力和带动力，对于保持农业产业化经营的生命力和活力至关重要。要鼓励龙头企业进行各种探索。龙头企业和农户之间的利益联结方式因发展阶段和产业特点应有所不同，要鼓励联结方式多样化，探索新型利益联结模式。无论哪种利益联结方式，都要坚持农民和企业自愿、平等、互利的原则。同时，要规范"订单农业"的发展，提倡龙头企业在与农户签订购销合同或订单的基础上，向农户提供种子、资金及技术等方面的服务。鼓励有条件的龙头企业与农民确定最低收购保护价，或将部分加工、销售环节的利润返还农户。积极探索和总结龙头企业与农户在自愿互利的前提下，通过股份制、股份合作制等形式，在产权上结成更紧密的利益共同体。

中介组织是农业产业化不可或缺的纽带，具有技术、信息、市场、服务等优势，是市场和农户连接的桥梁。在相当长的时间里，政府对中介组织的重视程度和扶持力度不够，应该像扶持龙头企业一样扶持中介组织，除了财政、税收、金融、信息支持外，还要加大对中介组织的人才培训。

集约农业是农业中的一种经营方式，是把一定数量的劳动力和生产资料，集中投入到较少的土地上，采用集约经营方式进行生产的农业。同粗放农业相对应，在一定面积的土地上投入较多的生产资料和劳动，通过应用先进的农业技术措施来增加农产品产量的农业，称"集约农业"。

从单位面积的土地上获得更多的农产品，不断提高土地生产率和劳动生产率是集约经营的目的。由粗放经营向集约经营转化，对于中国农业和农村是一项迫在眉睫的任务。我国现有 2.3 亿农户、20 亿亩耕地，户均近 8.7 亩。如果按照现代较低水平的家庭农场平均每户经营 100 亩地计算，那么，中国只需要 2000 万户农民就够了。但是，无论是城市化和新型城镇化，将占绝对多数的 2 亿多农户转移出去，都绝非一代人乃至两三代人之功。因此，集约化是当下中国农村的当务之急。欧美发达国家都经历了一个由粗放经营到集约经营的发展过程，特别是 20 世纪 60 年代以后，他们在农业现代化中，都比较普遍地实行了资金、技术密集型的集约化。

由于自然条件和传统习惯不同，各国在实行集约化过程中各有侧重。有的侧重于广泛地使用机械和电力，有的侧重于选用良种、大量施用化肥、农药，并实施新的农艺技术。前者以提高（活）劳动生产率为主，后者以提高单位面积产量为主。长期以来，中国农业集约经营主要是劳动密集型的。未来，中国农业集约重点必须依靠机械、技术和资金推动。

少平原、多丘陵的自然条件决定，我国农业集约化首先要改变农业生产的客观条件，即大力持续地进行农田基本建设，平整土地，由小块地变大块地；其次，加大水利建设，增加渠、沟、塘等各种灌溉设施和提高浇灌、滴灌技术；第三，推广优良品种；第四，增加配方施肥。

分散的土地经过流转集中到生产专业户是提高集约化的捷径。我国目前 2.3 亿承包农户中，大约有 4500 万户因常年在城镇打工、经营、居住而不再种地，这些农户有的耕地撂荒，有的实现流转，目前约有 3 亿亩土地在流转，但其中的 2 亿亩是转到别的农户那里去了，真正转到集体、合作或企业等规模化经营的约 1 亿亩。各地农民顺应农业生产的发展规律，探索出各种土地流转方式，提高了农业单位产出率。

农业发展的最终目标是农业现代化。农业现代化是指从传统农业向现代化农业转化的过程和手段。在这个过程中，农业日益用现代工业、现代科学技术和现代经济管理方法武装起来，使农业生产力由落后的传统农业日益转化为当代世界先进水平的农业。实现了这个转化过程的农业就叫做农业现代化的农业。考古证实，每公顷地能产 1500 公斤的稻谷，在汉代就已经实现，而这种生产水平一直延续到 20 世纪 50 年代初。现代农业运用工业技术和科学技术，使粮食产量和农业水平显著提高。到 2011 年，我国科技进步对农业发展的贡献率已经达到 53%。

随着经济全球化的逐步推进，特别是在我国加入 WTO 的宏观背景下，我国农业全面融入到国际市场竞争之中，面临着来自国内、国际两个市场的挑战，这需要我们站在全球化的高度来对待中国农业现代化，将区域农业现代化放在国际大舞台之上，依据国际公认的标准来判断农业现代化的战略目标实施进程。

农业现代化是用现代工业装备农业、用现代科学技术改造农业、用现代管理方法管理农业、用现代科学文化知识提高农民素质的过程；是建立高产优质高效农业生产体系，把农业建成具有经济效益、社会效益和生态效益的可持续发展的过程；也是大幅度提高农业综合生产能力、不断增加农产品有效供给和农民收入的过程。

农业机械化是农业现代化的基础，农业产业化和农业集约化是农业现代化的两个关键环节或步骤，三者的有机结合使传统农业变为现代农业，使农业走上现代化。在信息时代，农业现代化离不开信息技术即农业信息化，农业信息化是指利用现代信息技术和信息系统为农业产供销及相关的管理和服务提供有效的信息支持，以提高农业的综合生产力和经营管理效率的过程；就是在农业领域全面地发展和应用现代信息技术，使之渗透到农业生产、市场、消费以及农村社会、经济、技术等各个具体环节，加速传统农业改造，大幅度地提高农业生产效率和农业生产力水平，促进农业持续、稳定、高效发展的过程。

有的学者提出，农业现代化不仅包括农业生产条件的现代化、农业生产技术的现代化和农业生产组织管理的现代化，同时也包括资源配置方式的优化，以及与之相适应的制度安排。因此，在推进农业现代化的过程中，就要在重视"硬件"建设的同时，也要重视"软件"建设，特别是农业现代化必须与农业产业化、农村工业化相协调，与农村制度改革、农业社会化服务体系建设以及市场经济体制建设相配套。如果忽视"软件"建设，"硬件"建设将无法顺利实施，也无法发挥应有的作用。

从行政化的组织管理来说，中国农民是世界上组织程度最高的农民群体，从市场化的生产经营者来说，中国农民又是世界上较分散的一个农民群体。中国乡村自我治理具有悠久的传统，以村落为基础的农村社会管理体制在相当长时间内仍将沿袭，村集体组织的内向管理功能仍将长期存在。同时，中国市场经济的发展使作为商品提供者的农民，已经从被动地、不自觉地被卷入市场，转变到自觉地走进、融入市场。这是农业现代化进程中，农民最大的、最重要的变化。现在全国进行工商登记的专业合作组织大概有 55 万家，加入的社员有 4000 多万户。

在工业生产中，增加流水线产量就能翻番。但农业的劳动对象都是有生命的，农业的经济活动必须符合动植物的生命活动规律，这决定了农业的增长率有限。正常情况下，我国农业增长率只有 3%—4%，显然比不上工业和第三产业的快速增长。从国家层面，国家现代化的标志之一是农业尽管其自身的产值在上升，但在三个产业中的比重逐步下降。农业的发展任何时候都离不开工业的支持，当国家的工业化和城市化进入到一定的水平，工业反哺农业、城市反哺农村、财政扶持农业便成为一种常态。

进一步完善加强以财政为主的农业支持保护体系。2011 年我国 GDP 中二三产业占 89.9%，农业占 10.1%，城镇人口比重为 51.3%，农村人口比重为 48.7%，我国已经处于工业化、城镇化的中期阶段，对农业的支持保护力度应该更大。事实上，我国对农业的支持保护力度在不断增强，2012 年，中央财政对种粮农民的生产直接补贴较 2004 年增长了 10 倍以上。

进一步完善加强农产品价格支持体系。为保护农民利益和稳定粮食市场，国家陆续出台了粮食最低收购价等制度，确保了农民获得稳定的收益。但与发达国家相比，我国对农业的支持保护力度还需要进一步加大。在美国，农产品价格很低，但给农产品出口补贴很多。

着力加强农民增收支持体系。可以建立农民最低收入保护制度，各地根据当地情况设定农民家庭收入最低线，当低于这个最低线时，政府财政应该给予补助。比如美国明确了农民的收入底线，农场最低收入一年不会低于 4 万美元，低于这个标准就加以保护。探索建立农产品目标价格制度，市场价格过低时对生产者进行补贴，过高时对低收入消费者进行补贴。农业新增补贴向重要农产品、新型农业经营主体、主产区倾斜。增加对粮、油、猪等生产大县的奖励补助，扶持牛羊肉生产。

大力推进农村金融体制创新。金融是现代经济的核心，我国农业发展最弱的一项是农村金融。从世界各国来看，政策性金融、农民合作金融在促进农业现代化过程中起着主要作用。日本、韩国完全是农民合作金融，这种在政策性金融下的合作金融非常活跃，以至于商业金融基本进不了农村。我国过去在农村金融改革上经过了几次反复。先是搞信用社，后来又收回到农业银行里面变成国家经营，然后又搞成信用社独立经营，2003 年又明确定位为股份制的商业银行。现在农村最缺的是像日本、韩国那样的政策性农民合作金融。要在国家顶层层面上，设计建立各地农民合作金融组织。

大力推进农村专业合作组织建设，支持多种社会力量兴办多元化、多层次的社会化服务组织，创新农村专业合作组织形式，提升农村专业合作组织水平，提高农业市场经济能力。

农业现代化也是农民的现代化，农民是推进农业现代化的主体，物质生活上快速脱贫富裕起来的中国农民，离农业现代化对农民素质的要求还有较大的差距，这也许是比有形的农业现代化更长、更难的过程，要着力培养农民的现代农业技术素质，培养农民的现代农业管理素质，培养农民的现代农业信息素质，培养农民的市场经济素质。

第二节 二产根基要高精尖强

  传统社会向现代社会转型的核心是工业现代化。在三次产业分类中，制造业属于第二产业，一般是指加工工业，它在国民经济各产业中占有举足轻重的地位。制造业好比人的骨架，人壮不壮、强不强就看骨架。如果说，农业是国家稳固的根基，那么工业就是国家强大的根基。在这里我们把工业和制造业当作两种说法同一概念来使用。制造业一般分为：制造各工业部门所需的装备制造业，如机械制造业，它为各个部门提供生产工具与手段；生产消费资料制造业，如家电制造业、纺织服装制造业等。

  第二次世界大战以后，欧美制造业的重心开始向新兴工业化国家、发展中国家转移，东亚和东南亚地区、拉美地区等发展中国家成为世界制造业的重心，中国在这一分工格局中的地位迅速上升。联合国工业发展组织的统计报告显示，2009年中国在世界工业生产总值中份额达到15.6%，仅次于美国19%的份额，居世界第二位，中国凭借巨大的制造业总量成为名副其实的"世界工厂"。据联合国工业发展组织估算，2007年中国制造业有172类产品产量居世界第一位，世界70%的玩具，50%的电话、鞋，超过1/3的彩电、箱包等产自中国。中国是世界最大的外商直接投资流入国之一，制造业吸引了大部分外资。中国工业制成品在出口商品总额中的比重，1980年为49.7%，1990年为70.4%，1995年为85.6%，1999年为89.8%，2003年为92.1%，2006年上升到93.6%，成为我国出口增长的主要动力。

  对于工业化阶段，许多学者专家比较多的看法是，中国现阶段工业处于重化工业中后期。工业化可分为三个阶段：一是以轻工业为中心的发展阶段。像英国等欧洲发达国家的工业化过程是从纺织、粮食加工等轻工业起步的。二是以重化工业为中心的发展阶段。在这个阶段，化工、冶金、金属制品、电力等重化工业都有了很大发展，但发展最快的是化工、冶金等原材料工业。三是工业高加工度化的发展阶段。在重化工业发展阶段的后期，工业发展对原材料的依赖程度明显下降，机电工业的增长速度明显加快，这时对原材料的加工链条越来越长，零部件等中间产品在工业总产值中所占比重迅速增加，工业生产出现"迂回化"特点。加工度的提高，使产品的技术含量和附加值大大提高，而消耗的原材料并不成比例增长，所以工业发展对技术装备的依赖大大提高，深加工业、加工组装业成为工业内部最重要的产业。这三个阶段，反映了传统工业化进程中工业结构变化的一般情况，并不意味着每个国家、每个地区都完全按照这种顺序去发展。例如，新中国建立后，在特定的历史条件下，就是首先集中力量建立起一定的重工业基础，改革开放初期再回过来进行发展轻纺工业的"补课"，而现在则要以信息化带动工业化。

20 世纪 80 年代以来，中国无疑是世界上工业发展最快的国家，但是联合国工业发展组织认为，中国制造业仍处于世界制造业产业链的中下游。尽管许多专家学者都认为中国现阶段处于工业化后期即重化工业阶段，但"我国的制造业总体上仍然处在中低端"，2013 年原工信部部长李毅中如此表示。中国有世界上最先进的行业和领域，也有落后的甚至完全依靠人工作业的小矿山小作坊。中国制造业的国际地位主要体现在总量上，在质量上与发达国家仍存在一定差距。

成绩有目共睹，不必为此沾沾自喜。重要的是发现问题，看到我们与发达国家的差距。从三个层面与美国比较就可以看出我们的差距有多大：第一个层面航空航天技术，美国早在 1966 年就实现了探测器成功降落月球，1969 年美国人阿姆斯特朗实现人类首次登月，中国直到 2013 年嫦娥三号探测器才成功落月，尽管中国已成为世界上第三个有能力独立自主实施月球软着陆的国家，但与美国相比相差 44 年。中国至今还没有实现中国人登月的目标。第二个层面互联网信息技术，美国自 20 世纪 50 年代研发出互联网技术至今，一直在世界处于遥遥领先地位，在互联网深刻影响社会各个方面的当代，中国与其差距甚远。第三个层面装备制造业，最能代表一个国家的一般工业产品的制造能力，美国卡特彼勒公司是世界上最大的工程机械和建筑机械生产商，也是全世界柴油机和天然气发动机的主要供应商。2012 年年度销售收入仍创历史新高，总额达 658.75 亿美元，相当于近 9 个三一重工集团公司。

短时间内迅速发展壮大的中国制造业在继续往前走的路程中，暴露出三大缺点：

一是产品质量低劣现象严重，社会重视程度不够。在国际上，假冒伪劣成了中国制造的代名词。如果说工业初期假冒伪劣难以避免，尚属情有可原，那么经过 10 年、20 年、30 年的发展，假冒伪劣产品仍然泛滥就不能原谅。成本低、技术差并不完全等同于粗制滥造。市场经济规则缺乏、产品质量监督缺失、诚信守法缺失、知识产权保护缺少、处罚过轻等综合原因，致使产品质量低劣问题长期得不到根本改观。

二是自主研发能力薄弱，关键技术受制于人。我国制造业整体自主研发设计能力薄弱，先进制造技术的研究和应用水平低，几乎所有工业行业的关键核心技术都掌握在国外厂商手中，依赖于发达国家的跨国公司提供的关键技术，受制于人。中国的制药工业有 90% 以上的产品几乎完全依靠仿制国外产品；2010 年汽车产销双双超过 1800 万辆，稳居全球产销第一，但是仍然需要用高价从国外购买发动机等关键部件的核心技术和专利；中国现在是全球最大的空调生产国，2010 年空调产量突破 1 亿台，但是，压缩机和制冷剂等核心技术掌握在国外发达国家手中；IT 产业的产量虽然处在全球前列，可是芯片技术、操作系统等也依赖于国外。我国每年生产全球 77% 的手机，自主芯片却不到 3%。为了指甲大小的芯片，中国每年进口付出的代价超过 2000 亿美元。有数据显示，中国关键技术的对外技术依存度达到 50% 以上，加入 WTO 后，依存度有增无减，2008 年达到 60%。

三是自主营销品牌落后，世界认可品牌缺少。现代商品的价值链，研发设计是利润的大头，品牌经营、市场营销及相关的生产性服务环节也是主要的增值点。树立良好的企业形象、建立消费者对企业的信任度和忠诚度、开创独特的营销网络，最终创立公认的世界名牌，是提高企业利润的关键因素。我国制造业知名品牌企业的数量及影响力与发达国家相比存在较大差距，市场营销和战略管理能力薄弱，缺乏全球营销经验，只会打"价格战"，主要依靠国外分销商或合作伙伴的营销网络开拓国际市场。相当一部分中国企业眼光短浅，乐于或长期乐于做国际知名品牌的加工厂，为外资做零配件加工和代工生产。虽然中国已经进入全球三大制造强国阵容，但是与美国和日本相比，不仅中国的知名品牌屈指可数，而且，中国企业无一入选世界机械 500 强前 10 名，前 100 名中中国企业仅有 9 家。

中国制造业生产以高耗能、高污染、低附加值、低技术含量的产品为主，近年来，中国凭借劳动力的比较优势，参与国际分工，取得了巨大的成就。从贸易出口总额来看，中国无疑是贸易大国，但是所出口的产品在生产中以严重的能源和环境污染为代价。21 世纪头几年，中国出口商品结构中，纺织品、服装、一般机电产品、鞋类、玩具、塑料制品等 7 类产品的出口额在出口总额中所占比重为百分之六七十，而日用品、食品、服装等产品的消费往往满足恩格尔法则，市场空间有限，随着周边大量发展中国家开始从事这一产业，这一产业面临着价格战的挑战。

当下，中国工业一个突出问题是一些产业严重过剩，伴随着产能严重过剩是严重的"三高"，这些过剩的产业基本都是"三高"产业，都是"三高"大户，一个企业相当于 10 个企业甚至一个城市的污染排放总量，如以钢铁为主的城市、以煤炭、水泥为主的城市等都存在着污染量过大的顽症。现在全国过剩的行业有 20 多个，这些行业主要集中在传统的原料产业。统计数据显示，2012 年钢铁行业产能过剩达到 21%；水泥产能过剩 28%；有色金属产能利用率已由 2007 年的 90% 降至 65% 左右，部分行业甚至已经出现了绝对量和长期过剩，电解铝产能过剩达 35%；汽车产能过剩达 12%。个别的战略性新兴产业也产生了过剩，如光伏行业，我国太阳能光伏电池产能占全球的 60%，风电设备产能 3000 万—3500 万千瓦，而产量只有 1800 万千瓦，产能利用率低于 60%，光伏电池产能过剩达到 95%。2013 年 7 月，工业和信息化部公布了年度首批工业行业淘汰落后产能企业名单，共包括 19 个行业，这 19 个行业分别是炼铁、炼钢、焦炭、铁合金、电石、电解铝、铜冶炼、铅冶炼、锌冶炼、水泥、平板玻璃、造纸、酒精、味精、柠檬酸、制革、印染、化纤、铅蓄电池等。

中国社会错失了 18 世纪发生在英国的以纺织机械的革新为起点，以蒸汽机的发明和广泛应用为标志，实现了生产从手工工具到机械化大生产转变的第一次工业革命。错失了 19 世纪 70 年代欧美国家发生的以电力技术为主导，极大地推动了化工技术、钢铁技术、内燃机技术等相关技术的全面发展，汽车、船舶、机车、石油等一系列相关制造业迅速兴起的第二次工业革命。我们再也不能错失 20 世纪 40 年代发生的以原子能、空间技术和电子计算机技术及其广泛应用，引起了传统制造业的自动化与大发展，产生了高新技术制造产业，如电子计算机、通信设备、生物医药等一大批新兴制造业的第三次工业革命。

制造业是衡量一个国家综合实力大小、国际竞争力强弱的重要标志，无论是发达国家还是发展中国家，在经济全球化和信息革命的大背景下都重新审视制造业，高度重视制造业。近 10 年，发达国家纷纷调整产业政策与技术政策，将高技术发展的重点转向先进制造技术领域，相继制订了一系列先进制造技术发展计划，投入巨大的财力和物力，以确立技术领先基础和抢占竞争制高点。美国政府出台了"先进制造技术计划"和"制造技术中心计划"。日本实施了"智能制造技术计划"，2001 年制定了信息技术国家战略。欧盟将基于信息技术的先进制造技术作为首要研究领域，德国出台了"制造 2000 计划"，2013 年，德国又提出"工业 4.0"目标，并将其上升为国家战略，旨在升级德国国内的整体工业体系，以保持其在全球的领先地位，试图打造"互联网工厂"的全面高技术战略智能化工业时代。

科技飞速发展和国际自由贸易深化，制造业的地域属性正在退化，而全球化趋势则越来越强，并表现出一些新的特征：

——企业在全球范围布局产业链。现代制造业生产能力配置的一个显著特点是，企业在全球范围布局产业链，根据自身利益选择研发、采购、生产和营销基地。广泛利用别国的生产设施与技术力量，在自己可以不拥有生产设施与制造技术所有权的情况下，制造出最终产品，并进行全球销售。主要有两种形式：一是制造业公司掌握产品设计、关键技术，授权国外生产厂商按其要求生产产品，自己则在全球建立营销网络，进行产品的广告宣传与销售及提供售后服务。二是制造业公司在全球范围内建立零部件的加工制造网络，自己负责产品的总装与营销。如波音 747 飞机，含有约 450 万个零部件，来自近 10 个国家，1000 多家大企业，15000 多家小企业。英国装配汽车，发电机来自瑞典，控制设备来自德国，底盘、弹簧来自美国，车身来自意大利。

——世界制造业中心发生重大变化。第二次世界大战以前，制造业主要集中在欧洲和美国。尽管制造业大规模转移，但发达国家并没有脱离制造业，2008 年金融危机之后，发达国家纷纷提出"再工业化战略"，试图实现从"产业空心化"到"再工业化"的回归。在全球化制造体系中，跨国公司依靠较强的核心能力，占据着价值链和产业链的上端，控制核心技术和高端产品、高附加值环节，借此大规模占领海外市场和获取高额利润。国际制造业转移的形式多种多样，既有传统的产业垂直转移，也有部分梯度的水平转移，还有许多是生产工序的转移；既有制造中心的转移，也有地区总部与研发中心的转移，还有采购中心的转移。形成了生产基地向他国转移、生产体制在他国复制、本地化竞争优势在他国构建的新格局。

——先进制造技术不断开拓创新并广泛采用。先进制造技术一般包括先进制造系统管理技术群、面向制造的工业设计技术群、物料处理方法和设备技术群以及支撑技术群，相互之间有大量的信息交换，并形成许多单元技术和发展热点。当前，国际制造业采用或准备采用的先进制造技术主要体现在：新型（非常规）加工方法的发展，包括激光加工技术、电磁加工技术、超塑加工技术及两种以上加工方法复合应用等；专业、学科间交叉融合，冷热加工、加工过程、检测过程、物流过程、设计、材料应用、制造等方面，界限逐渐淡化；工艺研究由经验走向定量分析，通过计算机技术和模拟技术的应用，使工艺研究由经验判断走向定量分析；高新技术与传统工艺紧密结合，使制造自动化单元技术经局部或系统集成后，形成从刚性到柔性，从简单到复杂等不同档次的自动化制造技术系统，使传统工艺产生显著的、本质的变化，极大地提高生产效率和产品质量。

——先进设计不断创制并采用。电子信息技术飞速发展使设计可以随心所欲，制造业中生产环节的重要性位置逐渐被设计所取代，设计在制造业中的作用越来越重要。设计一开始就考虑产品整个生命周期中从概念形成到产品报废处理的所有因素，包括质量、成本、进度计划、用户要求、环境成本、个性化生产等等。设计改变传统制造业生产经营的方式。由生产决定制造逐渐被设计决定制造所取代。设计与新技术、新材料，并与文化相融合，使设计本身不断创新出更新、更美、更适用的产品。设计正在开创一个与想象、与文化、与美学紧密结合的新时代。

制造技术是制造业的中心，这样的地位对发展中的中国来说仍然非常重要。中国要吸取现代制造技术。现代制造技术实现了人类的梦想，即人类进入了智能数控制造时代。

——工业智能数控技术。所谓智能数控技术是指具有拟人智能特征，在数控系统中具有模拟、延伸、扩展的智能行为的知识处理活动，它实现人的愿望，但比人操作更精准，是将信息技术、网络技术和智能技术应用于工业领域，给工业注入"智慧"的综合技术。智能数控技术通过利用自然语言、视窗界面和简单化的人工运作，使机床的调整、使用与维修趋于"傻瓜化"。它突出了采用计算机技术模拟人在制造过程中和产品使用过程中的智力活动，以进行分析、推理、判断、构思和决策，从而去扩大延伸和部分替代人类专家的脑力劳动，实现知识密集型生产和决策自动化。

——可重组制造系统。可重组制造系统（RMS，Reconfigurable Manufacturing System）被定义为能适应市场需求的产品变化，按系统规划的要求，以重排、重复利用、革新组元或子系统的方式，快速调整制造过程、制造功能和制造生产能力的一类新型可变制造系统。它是基于可利用的现有的或可获得的新机床设备和其他组元，可动态组态的新一代制造系统。一般一条可重组制造系统相当于几条传统的制造系统。

——网络化制造技术。即利用以互联网为标志的信息高速公路，灵活而迅速地组织社会制造资源，把分散在不同地区的现有生产设备资源、智力资源和各种核心能力，按资源优势互补的原则，迅速地组合成一种没有围墙的、超越空间约束的、靠电子手段联系的、统一指挥的经营实体——网络联盟企业，以便快速推出高质量、低成本的新产品。

在所有的制造技术中，数控机床是最核心的设备之一，而数控系统则是机床的大脑。在数控机床中得到广泛应用的数控技术，是一种采用计算机对机械加工过程中各种控制信息进行数字化运算、处理，并通过高性能的驱动单元对机械执行构件进行自动化控制的高新技术。当前已有大量机械加工装备采用了数控技术，其中最典型而应用面最广的是数控机床。只要编入一套程序，按照这个程序，就可以生产出人们想要的各种形状的、复杂的且精准精确的产品。

世界各工业发达国家通过发展数控技术、建立数控机床产业，促使机械加工业跨入一个新的现代化的历史发展阶段。数控机床不但是机电工业的重要基础装备，是汽车、石化、电子等支柱产业生产现代化的主要手段，数控机床也是世界第三次产业革命的一个重要内容。数控机床产业本身的产值远不如汽车、化工等产业，但高效能的数控机床给制造业带来了高倍率的效益增长和现代化的生产方式，数控技术在制造业的扩展与延伸所产生的辐射作用和波及效果足以对机械制造业的产业结构、产品结构、专业化分工方式、机械加工方式及管理模式、社会的生产分工、企业的运行机制等带来深刻的变化，是促进国家国民经济发展的巨大源动力。

经济全球化使国家之间的制造业竞争更为加剧。中国制造业正受到两面夹击。一方面是随着我国劳动力等生产要素价格不断上涨，劳动力成本优势逐渐丧失，受到了印度、越南等其他发展中国家的低成本优势的竞争压力；另一方面欧美等发达国家在关键技术和核心部件上对中国实行歧视性卡压。在国际贸易中，一方面我国一般工业产品的利润进一步被压缩，甚至出现亏损，有被他国逐渐取代的危险，另一方面在高精尖的技术和服务等方面始终落后于发达国家。我们在国际分工和国际贸易中已经陷入"进退维谷"的两难境地。

同时，全球正迎来第三次工业革命，即一种建立在互联网和新材料、新能源相结合基础上的工业革命，它以"制造业数字化"为核心，并将使全球技术要素和市场要素配置方式发生革命性变化，新兴产业正在成为引领未来经济社会发展的重要力量，世界主要国家纷纷调整发展战略，大力培育新兴产业，抢占未来经济科技竞争的制高点。

根据 2012 年 5 月国务院发展研究中心对 394 家中外企业调研显示，这些企业未来战略对中国的定位排名依次为重要的市场、重要的研发基地、重要的出口基地、高端制造基地、区域总部所在地、重要的服务活动基地、成品组装基地、低成本的制造基地、重要的零部件生产基地以及融资的重要来源地。中国要冲出两面夹击的境地，抢占未来经济科技竞争的制高点，必须做到：

——以信息技术为主的新技术广泛运用。传统的制造业必须走与现代信息技术即信息化相结合的道路才是唯一的出路。这种结合不是传统制造业和信息技术的简单拼凑，而是深度融合，即信息技术渗透到传统制造业的各个环节、各个方面，从原料的采购和管理、产品的设计、制造技术和工艺、生产的管理、产品的包装和销售，信息技术贯穿其中，并和各个环节合而为一。

——战略性新兴产业要取得整体性突破性发展。2010 年国家提出培育和发展节能环保、新一代信息技术、生物、高端装备制造、新能源、新材料、新能源汽车七大战略性新兴产业，《"十二五"国家战略性新兴产业发展规划》及相关行业具体规划陆续出台，战略性新兴产业正在迎来一个迅速发展的历史机遇。近年来，中国装备自主化迈上新台阶，载人航天与探月工程、"蛟龙"载人深潜器取得重大突破，大型运输机和大型客机已完成布局，研制工作取得重要进展。新兴产业发展取得重大进展，目前中国高端装备制造业产值占装备制造业比重已超过10%。2014年上半年，在国内经济结构调整与转型升级的带动下，我国高端装备制造业总体保持快速增长，发展动力十足，成为装备制造业的新增长点。

——装备制造业要变得更大更强。2013年中国装备制造业产值规模突破20万亿元，比重超过1/3，稳居世界首位。中国成为近代以来第三个在全世界装备制造业中占据1/3份额的国家，此前只有美国和英国曾达到或超过这一比例。但我国的重大装备制造业差距仍然很大，比如航空制造尤其是大飞机制造作为装备制造业的制高点，目前全球通用飞机总数约为34万架，其中美国22万架，而目前我国通用航空器只有数千架，远远低于发达国家甚至巴西等发展中国家的水平。工信部提出的"十二五"目标是，中国将分步骤分阶段完成从装备制造业大国向装备制造业强国的战略转变。到2025年，中国装备制造业进入世界装备制造强国第二方阵，部分优势产业率先实现既大又强；到2035年，中国装备制造业位居世界第二方阵前列，成为名副其实的装备制造业强国；到2050年，中国装备制造业进入世界装备制造强国第一方阵，成为具有全球引领影响力的装备制造业强国。

——新能源、新材料要取得关键性突破。新能源逐步替代并取代传统能源将是大势所趋。近年来，我国相继出台了一系列支持新能源产业发展的政策，预计"十二五"期间，我国新能源产业将继续保持快速增长，未来三年新能源产业产值可望达到4000亿元。国家能源局正在制定的新能源规划预计到2015年，水电、核电、风电、生物质发电、太阳能发电都将明显提速，水电和核电在一次能源消费中的占比将提高1.5%，达到9%，其他非水能可再生能源利用规模也将达到1.1亿吨标准煤，占一次能源消费总量的比重提高1.8%，达到2.6%左右。2020年以后，这些清洁能源要逐渐取代煤炭成为主能源。

新能源中很重要的一块是新能源汽车，新能源汽车是全球汽车行业升级转型的方向，我国新能源汽车产业始于21世纪初，通过近10年的努力，我国新能源汽车研发能力由弱变强，形成了比较完整的产业布局。2001年，新能源汽车研究项目被列入国家"863"重大科技课题。"十一五"以来，我国提

出"节能和新能源汽车"战略,自主研制的纯电动、混合动力和燃料电池三类
新能源汽车整车产品相继问世。截至 2010 年年底,共有 54 家汽车生产企业的
190 个车型列入《节能与新能源汽车示范推广应用工程推荐车型目录》,涵盖
了普通混合动力车型及插电式混合动力车型,有轿车、客车、清扫车等。在密
集的政策扶持下,近几年我国新能源汽车市场的增长潜力开始释放,销售量稳
步上升,充电站等基础设施不断发展完善。

新材料产业是国民经济各行业特别是战略性新兴产业发展的重要基础,现
在全球市场规模每年 4000 亿美元,未来也是一个快速成长产业,特别是以
纳米材料为代表的新材料的应用,在提高生产工艺和装备技术方面起着非常
关键的作用。目前我国许多基础原材料及工业产品的产量位居世界前列,截
至 2010 年年底,我国新材料产业规模达到了 6500 亿元,与 2005 年相比年均
增长 20%。尽管我国新材料产业已经具有一定规模,但总体水平仍处在国际
产业链低端,与发达国家相比,我国新材料产业总体发展水平仍有较大差距,
反过来看,这恰恰又成为我国新材料产业发展的巨大潜在空间。《新材料产业
"十二五"发展规划》提出,"十二五"期间,我国新材料产业预计总产值达 2
万亿元,年均增长率超过 25%。到 2015 年将建立起具有一定自主创新能力、
规模较大、产业配套齐全的新材料产业体系。到 2020 年,新材料产业将成为
国民经济的先导产业,主要产品能满足国民经济和国防建设的需要。

——坚决压缩淘汰落后过剩产能。一是落实淘汰行业产业政策,严控产能
过快增长。采取行政手段与经济手段并行的方式,加大淘汰落后产能的力度,
关停一批企业,严格控制新增产能。严格限制高能耗、高排放、资源性产品及
初级深加工产品出口。对严重过剩的钢铁,要按照行业准入条件等文件要求,
严格控制新上项目或企业,继续清理整顿违规项目。二是修改完善行业准入标
准。尽快修订铜、铝、铅、锌等行业准入条件,研究制定海绵钛、锆冶炼等行
业准入条件,提高行业准入门槛;加强产能过剩行业产业政策与财税、金融、
土地、环境保护、安全生产、价格等政策的衔接,依靠实行差别电价、调整税
收及出口退税等经济杠杆,严格控制产能总量扩张及初级产品出口。三是推进
企业兼并重组。要坚决禁止各地阻碍大企业集团对本地企业的并购重组和各种
保护行为,促进跨地区、跨所有制兼并重组。要以重点产区和环境敏感区为突
破口,重点支持这些地区企业联合重组,形成一批产业链完整、核心竞争力强

的企业集团。积极推动制定境外矿产资源勘查开发支持政策，鼓励有条件的企业积极开展国际合作，参与国际市场竞争，尽快建成一批境外资源基地，提高国内资源保障水平，并在有条件的地区建设工业园区，促进国内过剩冶炼产能产业转移。

第三节 三产要破垄断变短板为长板

2013 年，我国第三产业增加值首次超过第二产业。国家统计局数据显示，2013 年中国 GDP 为 568845 亿元，其中第二产业增加值为 249684 亿元，增长 7.8%；第三产业增加值 262204 亿元，增长 8.3%。第三产业增加值比第二产业增加值多出 12520 亿元，增速快了 0.5 个百分点，第三产业占 GDP 比重达到了 46.1%。

2014 年在纽约证交所发生了世界瞩目的事件——阿里巴巴上市。阿里巴巴在美成功上市，是中国新经济在世界新经济中的一个颗目的明珠，是中国新经济取得突破性发展的一个重要标志。

一个新数据和一个股份公司成功上市，说明中国产业结构调整经过不懈的奋斗，取得了实质性突破。

绿色的第三产业的发展水平标志着一个国家的经济发展水平。其发展水平是衡量生产社会化程度和市场经济发展水平的重要标志，第三产业在世界各国迅速崛起，已成为发达国家的重要经济支柱，其就业人数比例达到 70%—80%。目前主要发达国家第三产业占 GDP 比重达到 70% 左右，中等收入国家达到 61%，低收入国家达 45%。西方发达国家第三产业就业比重普遍达 70% 左右，纽约、伦敦和中国香港等国际大都市的第三产业就业比重甚至达到了 90%。

产业结构调整是转变经济发展方式的核心，而产业结构转变的核心则是提高第二产业的水平，降低第二产业的比重，提高第三产业的发展。长期以来，第二产业一直是我国 GDP 构成的主力，无论是所占比重还是增长速度都保持绝对领先地位，就最近 10 多年来看，除 2008 年外，第二产业增速都高于第三产业，在 GDP 中所占比重方面，第二产业更是占据了绝对优势。10 年来，第二产业增速基本保持在 10% 以上，而第三产业增速则基本在 10% 以下。

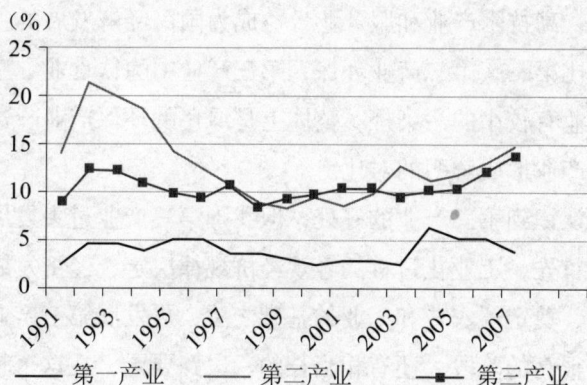

(%)

图 2-1　1991—2007 年我国三次产业增速变化

但第二产业和第三产业的发展速度正在发生悄然的变化，第三产业保持了缓慢而坚定的增速上扬趋势，第二产业增速则处于缓慢下滑阶段。第三产业 10 年来所占比重上升了 11 个百分点，而第二产业则下滑了 7.7 个百分点。到 2012 年，第三产业增速已经能够与第二产业增速持平，两者之间的差距正在逐渐缩小。有关专家学者分析，预计从 2014 年开始，第三产业的发展速度将步入快速发展阶段，其增长速度将进一步提升。中国（海南）改革发展研究院院长迟福林认为，未来 6 年，我国服务业就业比重有望达到 50% 以上，到 2020 年服务业就业人口将不少于 4 亿，由此将带动中等收入群体的倍增，形成利益结构和社会结构优化的新常态。

与第一、第二产业相比，第三产业的优势表现为：第三产业的增加值呈现上升趋势。第一产业的增加值在国民生产总值和全部劳动力中的比重，在大多数国家呈不断下降的趋势。直至 20 世纪 70 年代，在一些发达国家，如英国和美国，第一产业增加值所占比重下降的趋势才开始减弱。第二产业的增加值占国民生产总值的比重，在 60 年代以前，大多数国家都是上升的。但进入 20 世纪 60 年代以后，美、英等发达国家工业部门增加值在国民生产总值中的比重开始下降，其中传统工业的下降趋势更为明显。而第三产业的增加值占国民生产总值的比重各国都呈上升趋势。60 年代以后，发达国家的第三产业发展更为迅速，所占比重都超过了 60%。

从三次产业比重的变化趋势中可以看出，世界各国在工业化阶段，工业一直是国民经济发展的主导部门。发达国家在完成工业化之后逐步向"后工业化"阶段过渡，高技术产业和服务业日益成为国民经济发展的主导部门。

第三产业比第一、第二产业环保，第三产业中除饮食业、房地产业和运输业等极少数行业有较小的污染外，整体上是绿色的环保产业。这和易污染的第一产业、第二产业形成鲜明的对比。

人们早就认识到第三产业的好处，但我国第三产业过去发展速度缓慢，制约的原因是：首先，工业化过程的客观经济规律决定，经济发展的一般规律是先农业再工业，奠定了农业和工业的基础之后，再发展第三产业。我国的工业化还没有达到很高的阶段，还有相当长的一段路要走，在这个较为漫长的过程中，迅速发展起第三产业，既不现实也无可能。

其次，地方政府承担发展经济重任下对财政收入增长的冲动。地方政府在经济发展中扮演着领导者、组织者的角色，并承担着一个地方社会、文化等事业发展的责任，经济、社会、文化等事业中领导者、组织者的角色，要求 GDP 和地方财政收入必须保持一定的增长速度，而 GDP 和地方财政收入增长最有效的途径是发展工业，因此，低税收的第三产业的发展必然不会受到重视。

毫无疑问，第三产业十分重要，却又是我国经济中的一个短板，加快发展是我国经济发展的当务之急。2014 年 5 月，李克强总理在《求是》杂志题为《关于深化经济体制改革的若干问题》一文中指出，服务业是我国产业结构中的"短板"，要依靠改革推动和开放倒逼加快发展。重点是将增值税覆盖至生产和服务的全部环节，推进金融、教育、文化、体育、医疗、养老等服务业领域有序开放，放宽外资准入限制。

近 10 年来，我国第三产业开始逐步加速，这种良好发展势头来自于：

——长期坚持的可持续发展战略的推动。工业化提速不久，我国较早提出了调整经济结构、注重效益、重视环保、走可持续发展之路的策略，不走先污染后治理的发展模式。在这样的政策背景下，第三产业作为基本无污染的绿色高效产业，是走可持续发展的势在必行之举。

　　——持续的城市化进程的推动。加快我国城市化建设步伐，推进城市化进程，是我国经济发展的重要目标之一。城市化水平是影响第三产业发展的重要因素，更大范围的城市化能够刺激消费，进一步推动第三产业的发展，因此推动和加快城市化发展的政策，将必然使第三产业加快发展。

　　——消费需求持续增长的推动。随着我国经济发展水平的提高，人民生活质量的提高，恩格尔系数不断减小，将使人民生活从主要物质需求转向精神需求，而精神需求特别是文化娱乐需求则是拉动第三产业发展的直接市场动力。

　　——企业对利益驱使的推动。第三产业的主体为服务业，其主要特征为文化概念，文化产业被称为21世纪的最后一桶金，具有极大的发展潜力，文化产业作为创新竞争产业，超脱了资金和规模上的先天限制和条件，创新性将成为竞争成败的关键，即第三产业蕴含了最多的机遇，是充满了无限可能的产业。

　　——国家基于就业压力考虑的政策推动。目前，我国的就业形势极不乐观，每年新增1000多万就业人口，庞大的失业队伍将对社会稳定造成严重的威胁，而从发达经济体来看，第三产业提供了90%以上的就业机会。第三产业庞大的就业吸纳能力，将成为解决失业问题的重要途径。

　　当前，加快第三产业发展最重要的任务是打破行业垄断和进一步扩大对外开放。行业垄断、对外开放限制性政策、市场化水平滞后、低城市化率等成为制约第三产业发展的主要瓶颈：

　　第一，服务业很多基础性领域实行垄断性经营。在我国，很多服务业是政府垄断的服务产业，如金融、保险、电信、邮政、电力、铁路、民航、港口、公路、教育、卫生、国防等领域，非国有经济的进入被禁止或限制，国有经济处于垄断或直接垄断经营。20世纪90年代以来发展缓慢的第三产业，大多数是上述改革开放滞后的部门。这些行业是国民经济的基础行业，与各个行业的关联度较高。垄断难以打破，行业缺乏竞争，市场机制不能发挥有效地调节作用，导致服务产品的生产和供应效率较为低下，新型服务业或新服务项目的发展受到阻碍，结构变动和优化受到严重制约。

　　第二，我国服务业在对外开放方面滞后。我国服务业在入世前就对外资存在严格的限制，入世承诺中才逐渐放宽原有的限制，但是国外企业进入我国很多服务业领域，特别是垄断性行业仍受较多的限制，国内服务企业与国外服务企业大规模的竞争还没有到来。

第三，市场化水平滞后严重制约我国第三产业的发展。第三产业的发展在空间上主要以城市为依托，在时间序列上以市场化历史进程为根据。市场机制的不健全，市场发育程度滞后严重制约第三产业的发展。在改革以前，我国一直实行的是计划经济体制，随着改革开放，我国逐步实现了由计划经济体制向市场经济体制的过渡。然而，由于我国实行市场经济的历史非常短，市场发育不完善，第三产业的许多行业都是以市场的存在和发展为前提，如果没有市场或市场发育不完善，那么这些行业都将无用武之地，而这又将限制第三产业吸纳劳动力的能力，阻碍经济发展、市场完善，形成恶性循环。

第四，城市化水平低与市场不完善是同一命题的两个方面。2013年我国城市化率为53.7%，但户籍城市化率只有35.7%，明显低于中低收入国家52%的比重。这表明我国的城市化进程明显滞后于工业化水平。当一国城市化进程未达到与经济发展相一致的水平时，第三产业应有的伸展空间就不能实现，使得该国在工业化发展时期农村剩余劳动力的转移和新增劳动力过于集中地涌入第二产业，使得第二产业比重虚高，效益低下，进而引起人均国民收入的下降，使城市工业和第三产业增长缺乏必要的市场需求，由此制约经济增长，进一步限制国民经济吸纳就业的能力。

第五，三次产业之间发展不协调，阻碍了第三产业的发展。社会化大生产和专业化分工使得社会各部门之间的相互依赖越来越大，目前我国整体经济发展的协调性差，各部门发展的相关效应弱，经济整体的有序度和结构功能低。农业虽有较大的发展，但基础差，现代化水平低，农村第三产业十分薄弱。工业整体效率不高，工业既很少反哺农业，又不足以支持三次产业兴起。而第三产业的发展又必须以第一、二产业的先行发展作为自身发展的基础和前提条件，没有第一、第二产业物质和技术上的支持，第三产业的持续发展是难以实现的，其对增加就业的促进作用也很难发挥。反过来，一、二产业本身的发展因金融业、保险业、咨询业、信息业、中介组织等第三产业部门滞后而受到影响。

要提高中国经济增长的质量，就必须改变中国经济增长的模式，改变中国经济的结构，大幅度提高第三产业在经济总量中的比重，尤其是要大力发展现代服务业，特别是生产性服务业。为此：

——必须进一步推进行政体制改革，继续取消和下放行政审批事项。加大垄断行业改革力度，更多更大力度地引进民间资本和社会资本进入垄断行业。李克强总理在《求是》杂志题为《关于深化经济体制改革的若干问题》一文中指出，本届政府已经承诺，任期内把行政审批事项减少 1/3 以上，要确保完成。首先要把取消的文章做足、做到位，最大限度地放权给市场。对非行政许可审批事项要进行全面清理，该取消的一律取消；确需保留的，要依法调整为行政许可，今后不再搞非行政许可审批。保留的审批事项一律向社会公开。政务公开是行政审批制度改革的助推器，是约束审批行为的紧箍咒。各部门还在实施的审批事项，要尽快公布目录清单。除此之外，一律不得实施行政审批，更不得设立新的审批事项。这实际上是向负面清单管理方式转变。政府以清单方式明确列出禁止和限制的范围，清单之外，"法无禁止即可为"，企业只要按法定程序注册登记，即可开展投资和经营活动。

——提高第三产业市场化，放宽外资准入门槛。打造内外资企业一视同仁、公平竞争的营商环境，使中国继续成为外商投资首选地。放宽市场准入。对商业、饮食业、运输业、房地产业、旅游业、中介服务业等已放开的产业，要加大准入的范围，允许更多的经营者进入。对教育、文化、体育、卫生等开始放开的产业，在区分义务教育与非义务教育，公共卫生与非公共卫生，基础研究与非基础研究的基础上，对非义务教育、非公共卫生、非基础研究，应尽快实行市场准入，放开经营，鼓励社会办教育，社会办医院，社会办研究所，社会办体育。金融、保险等行业虽有其特殊之处，但本质上仍是竞争性行业，同样需要通过竞争促进服务改善，通过市场优化资源配置。要在加强监管前提下，放宽市场准入，允许具备条件的民间资本依法发起设立中小银行等金融机构。推进利率市场化。利率市场化就是将资金价格的决定权交给市场。目前，绝大多数的资金价格都已市场化，无论是股票、债券还是贷款的价格均已放开，只剩下存款和贷款利率这最后一道关口。实际上，一些金融机构为规避存款利率管制，发行了不少理财产品，一定程度上扩大了市场化定价的范围。要继续推进利率市场化，扩大金融机构自主定价权。

——着力推动城市化进程，发展农村第三产业。城市化是发展第三产业的根本途径，根据 1978—2011 年数据分析，城镇化每提高 1 个百分点，服务业产值和就业比重就分别提高 0.61 个百分点和 0.72 个百分点，带动就业人数增加 725 万人。加速农村第三产业发展，实现"离土不离乡"的剩余劳动力转移的新型模式，让农村多余劳动力主要进入乡镇的非工业领域工作，从而减轻城市及工业企业吸收大量劳动力的压力。

——促进社区服务产业化，不断开发新的就业岗位。社区服务业具有工作种类繁多、就业方式灵活、就业容量巨大等特点，是一个新兴的尚未开垦的"处女地"。目前，我国的社区服务多由街道居委会开办、管理，由于上下级行政管理体制，缺乏有效的激励机制，使得社会服务的一些项目效益低下。对社区服务进行组织创新，引入市场机制，以经营性质为主，带有福利性；将其产业化，供给方可随时满足顾客的要求，在做到真正利民的同时也提高了服务的效益。大力发展社区服务，转变就业观念，不断创造新的就业岗位，推进社区服务的多元化、市场化、规模化，形成产业化经营，使社区成为吸纳下岗职工和城市新增劳动力的生力军。

——加强三次产业之间的协调发展，优化调整第三产业内部结构。大力发展第一、二产业中产业关联性强，能启动市场需求，促进第三产业发展的产业，以拓宽就业空间。同时将三次产业的发展置于整个工业化战略中，能更好促进产业间的协调发展，使我国第三产业实现以技术进步为基础的内生型增长。第三产业的发展主要经历了初级、工业化、后工业化三个阶段。从中国的现实国情出发，由于经济尚不发达，就业压力沉重，一方面，我国要发展交通运输、商业、饮食等就业弹性较高的传统服务业，以增加就业岗位；另一方面，又要注重发展咨询、信息、金融保险、房地产等新兴的知识密集型的服务业，以提升、优化第三产业内部结构，满足产业结构升级的需求。

至于发展方法，第三产业的发展要遵循顺序递进规律，并从区位条件、自然人文景观、商品经济发展程度、经营人才素质等方面综合第三产业中的行业区域比较优势，寻找和培养那些具有现实优势和潜在优势的行业作为发展重点。根据我国的实际情况，第三产业可分为两大部分，即流通部门和服务部门，具体可分为四个层次：第一层次：流通部门，包括交通运输、仓储及邮电通信业，批发和零售贸易、餐饮业。第二层次：为生产和生活服务的部门，包括金融保险业，地质勘查业，水利管理业，房地产业，社会服务业，农、林、牧、渔服务业，交通运输辅助业，综合技术服务业等。第三层次：为提高科学文化水平和居民素质服务的部门,包括教育、文化艺术及广播电影电视业,卫生、体育和社会福利业,科学研究等。第四层次:为社会公共需要服务的部门,包括国家机关、政党机关和社会团体以及军队、警察等。

发达国家的经验表明,随着第三产业的发展,第三产业内部结构也会发生变化,即内部结构的高度化。随着经济的发展,第三产业内部逐步由以传统部门为主向以新兴部门为主转变,由以劳动密集型为主向以资本、知识、技术密集型为主转变。日本经济学家饭盛信男研究了日本二战后第三产业的结构变化情况,发现从第三产业内部结构来看,1960—1981年的21年间,增长速度最快的是不动产业(+655%),其次是服务业(+247%)、商业(+219%)、金融保险业(+217%)和运输通讯业(+156%)。无独有偶,美国等一些发达资本主义国家的第三产业内部结构也经历了类似的变化。

从中国20世纪90年代以来第三产业增加值构成的统计数据来看,邮电通讯、社会服务业发展较快,其增加值分别由1991年的2.0%上升到2000年的6.7%,由1991年的6.2%上升到2000年的10.9%,分别增加了4.7个百分点;交通运输和仓储业、批发和零售贸易餐饮业分别下降了4.1和4.4个百分点;金融保险业、房地产业在20世纪90年代中期有所发展,近年来却呈现下降趋势。我国这种变动趋势与第三产业内部各行业发展的一般趋势不相一致,直接导致了第三产业产值的下降,进而影响到第三产业广泛吸纳劳动力的能力。

第三产业一定要高度重视信息技术产业,信息技术是转变生产方式的强力引擎,代表了产业现在和未来的技术发展趋势,在国民经济中的支柱性地位日益凸显。国际金融危机之后,促使世界经济复苏的重要驱动力就是信息网络产业。近年来,我国电子信息制造业增加值、利润、投资增速均高于工业平均水平,2010年电子信息产品出口占全国出口的比重达37.5%,上缴税金950亿元,同比增长43.1%,高出全国工业税金增速4个百分点。2010年金融、电力、交通行业应用软件收入增速均超过25%,信息技术在智能交通、电网改造、无线城市中的渗透作用更加突出,手机阅读、移动支付、网络电视等新业务不断拓展。中国互联网络信息中心(CNNIC)的统计报告显示,截至2013年12月,中国网民规模达6.18亿,全年共计新增网民5358万人。互联网普及率为45.8%,较2012年年底提升3.7个百分点,与发达国家50%至70%平均水平的差距在进一步缩小，涌现了华为、中兴等一批具有国际竞争力的企业，国民经济支柱性产业地位日趋突出。我国正处于工业化、城市化加速推进和国际化、市场化、信息化水平提高阶段，网络需求上升迅猛，市场潜力巨大，将担纲未来战略性新兴产业的主力角色。"十一五"期间，我国电信业累计投资 1.5 万亿元，而在"十二五"期间，预计电信业投资将达到 2 万亿元的规模。较"十一五"期间增长 36%。根据工信部制定的《电子信息制造业"十二五"发展规划》，"十二五"期间，我国规模以上电子信息制造业销售收入年均增速保持在 10% 左右，2015 年超过 10 万亿元；工业增加值年均增长超过 12%。在集成电路、新型显示器、关键元器件、重要电子材料及电子专用设备仪器等领域突破一批核心关键技术，形成五到八家销售收入过千亿元的大型骨干企业。

第三章

科技创新决定转型

转变经济发展的主线是调整产业结构，调整产业结构的原动力在科技创新，而科技创新的最关键因素是人。中国研发人员总量增长速度位居世界前列，拥有的科技人员数量多，是人才大国，但不是人才强国，存在着一系列体制性制度性障碍。

资金是科技创新的保障。研发经费支出是衡量一国在科技创新上努力程度的重要指标。科技创新是提高社会生产力和综合国力的战略支撑，在国家发展全局中应当居于核心位置；科技投入则是创新发展的物质基础。从研发经费投入看，虽然我国已进入大国之列，但与发达国家相比仍然存在较大的差距。研发经费投入还存在着结构不合理的问题。

产品是科技创新的结果。科技创新最终要体现在产品上，任何科技创新都必须通过产品来检验成果，产品是科技创新的唯一标准。应用研究和试验发展直接为产品生产而进行科技创新，基础研究的最终目的也是为了生产出创新产品，尽管这种产品是以不同的表现形式出现，时间跨度也许很长很长。

当下的中国产品呈现出明显的二元结构特征，数量大幅度增长，许多产品的产量成为世界第一；部分农产品和工业产品出现阶段性、季节性和局部性过剩；部分产品过剩与某些产品短缺同时并存；高质量与低质量同时并存；高科技与低科技同时并存。

第一节　人才是科技创新的根本

转变经济发展的主线是调整产业结构，调整产业结构的原动力在科技创新，而科技创新的最关键因素是人。2014 年年初，李克强总理在国家科学技术奖励大会上讲话指出，要把发挥人的创造力作为推动科技创新的核心。必须充分尊重人才、保障人才权益、最大限度激发人的创造活力。

历来尊重人才的中国在 20 世纪五六十年代却上演了践踏人才的人间惨剧。在 20 世纪 50 年代末、整个 60 年代和 70 年代中期，中国的知识分子在长达 20 多年的时间里倍受打击、欺辱、摧残，头戴"臭老九"的帽子，最受人尊重的阶层被踩在社会最底层。知识分子受到的迫害史无前例、空前绝后。

1977 年恢复高考制度迎来了知识分子的春天，从此我国人才队伍迅速壮大，人才队伍素质迅速提升。截至 2008 年年底，我国人才资源总量达到 1.14 亿人，其中专业技术人才 4686 万人，占社会从业人员的 6%。2009 年大学毕业生 610 万人，此后每年增加 20 万人，至 2013 年大学毕业生达到 700 万人。

中国研发人员总量增长速度位居世界前列。由国家统计局、科技部、教育部、发改委、财政部和国防科工局于 2009 年联合组织实施的第二次全国研发资源清查显示：2009 年全国共有 4.6 万个企事业单位开展了科学研究与试验发展活动，参与人员达到 318.4 万人，按实际工作时间计算的全时当量为 229.1 万人年，成为全世界在科学研究与试验发展中投入人力资源最多的国家。进入 21 世纪以来，中国研发人员总量的年均增长率高于世界多数国家。2000—2008 年间，中国研发人员平均每年增加 104.3 万人，增长 113.1%，年均增长率达到 9.9%。每万名劳动力中研发人员数量增长了 99%。清华大学技术创新研究中心发布的《国家创新蓝皮书》指出，我国研发人员总量占到世界总量的25.3%，超过美国研发人员总量占世界总量的比例（17%），居世界第一。2011年我国科技人力资源总量达到6300万人，其中获大学本科及以上学历的有2740万人。2007—2011年，全球研发人员总量年均增长率为3.7%，而我国研发人员同期年均增长率为13.5%，是全球研发人员增长速度最快的国家。

形成了初、中、高各种专业人才队伍体系。一方面，专业技术人才队伍学历层次不断提高。2008年，在公有经济专业技术人才队伍中，大专以上学历2226.3万人，占总人数的77.2%。另一方面，中高级专业技术人才数量不断增加。截至2009年年底，在公有经济企事业单位的2888万专业技术人才中，大专以上学历2291.6万人，占总人数的79.3%；高级职称297.5万人，占总人数的10.3%。目前，我国有两院院士1400多人，有突出贡献中青年专家5200多人，"百千万人才工程"国家级人选4100多人，享受政府特殊津贴专家15.8万人，博士后研究人员8万余人，留学回国人员49.7万人。非公经济社会组织的专业技术人才更是快速发展，初步形成了一支规模宏大、结构合理、素质优良、具有一定开拓创新能力的专业技术人才队伍。

与20世纪六七十年代的"知识越多越反动"形成鲜明的对比，改革开放以来知识越多越值钱。整个社会形成了尊重人才、尊重知识的良好环境。促进人才健康成长和充分发挥人才作用工作放在重要位置，尊重人才的社会价值和个人价值，尊重人才的个性和特殊禀赋，按照社会主义市场经济的要求，遵循人才成长规律。不断建立完善人才培养的体制机制。尤其重视国家紧缺的高层次创新型专业技术人才队伍建设。实施"百千万人才工程"、专业技术人才知识更新工程、博士后制度、继续教育制度等，以高层次人才为重点的培养体系初步建立。建立了以院士制度、国家有突出贡献中青年专家制度、政府特殊津贴制度为主体的国家级专家选拔体系。坚持以职业分类为基础，以能力和业绩为导向，积极探索形成了专业技术人才评价机制。留学人员回国工作政策体系日益完善，服务体系不断健全，形成了留学人员回国工作、回国创业和以多种形式为国服务的良好局面。同时，在专业技术人才流动、分配、保障、激励机制等方面进行了改革探索。

建立健全人才队伍培养的制度建设。截至目前，我国已发布多个有关人才队伍建设方面的实施细则，比如：《关于企业实行自主创新激励分配制度的若干意见》、《关于进一步加强引进海外优秀留学人才工作的若干意见》、《关于建立海外高层次留学人才回国工作绿色通道的意见》、《科学研究事业单位贯彻〈事业单位工作人员收入分配制度改革方案〉的实施意见》、《博士后工作管理规定》、《高层次留学人才回国和海外科技专家来华工作进出境物品管理办法》、《中央科研设计企业实施中长期激励试行办法》、《中央企业负责人经营业绩考核暂行办法》、《关于在重大项目实施中加强创新人才培养的暂行办法》、《关于科学研究事业单位岗位设置管理的指导意见》、《关于加强专业技术人才继续教育工作的意见》等，从分配制度、激励政策、业绩考核和继续教育等方面，为人才成长提供制度基础。

我国拥有的科技人员数量多，是人才大国，但不是人才强国。整体看，我国专业技术人才队伍的整体规模、素质能力、结构分布、体制机制以及发展环境与经济社会发展和建设创新型国家的要求还有一定差距，主要表现在：自主创新能力不强；高层次人才尤其是世界一流的拔尖人才和领军人才匮乏；基层一线专业技术人才短缺，专业技术水平亟待提高；队伍结构、分布不尽合理，人才的培养与快速发展的经济社会需求结构不相适应；人才发展的机制体制障碍依然存在，人才投入不足、激励不够；人才成长发展的社会环境还需要进一步改善。

目前，世界上公认的创新型国家有 20 个左右，包括美国、日本、芬兰、韩国等。这些国家的共同特征是：创新综合指数明显高于其他国家，科技进步贡献率在 70% 以上，研发投入占 GDP 的比重一般在 2% 以上，对外技术依存度指标一般在 30% 以下。此外，这些国家所获得的三方专利（美国、欧洲和日本授权的专利）数占世界数量的绝大多数。我国科技进步贡献率从 2001 年的 39% 提高到 2013 年的 51.7%。我国对外技术依存度 2009 年为 41.1%。可以看出，我国科技进步贡献率和对外技术依存度与发达国家相比还有较大的差距。

我国科技创新能力相对较弱，根据有关研究报告，2004 年我国科技创新能力在 49 个主要国家（占世界 GDP 的 92%）中位居第 24 位，处于中等水平。根据中国自己制定的创新指标体系自评，中国创新指数逐年提高，显示出创新能力的持续提升，2013 年中国国家创新指数比上年提高一位名列第 19 位，与美国康奈尔大学、欧洲工商管理学院和世界知识产权组织联合发布的《2014

全球创新指数报告》相差 10 位。这其中有取样细目的不同，也有统计侧重点的不同，但相差还不算太大。两份国家创新指数排位起码都说明了一个事实：中国创新能力虽然在快速提升，然而国家创新能力在全球主要经济体中只是位居中游，与中国国家创新能力及中国注册专利总数超过美国、中国科学出版量是世界第二这个事实是不相符合的。

创新能力是衡量科技人才的唯一标准。我国人才队伍呈现持续快速增长之势，但创新能力没有相应提升，创新能力不足：首先，科技人才的发明创造及技术革新能力不强。根据国家知识产权局的统计，2005 年，尽管中国人申请的发明总量多（国内为 171619 件，国外为 42384 件），但在含金量比较高的发明专利方面落后于国外，2005 年，国内发明授权量为 20705 件，而国外在我国的授权量为 32600 件。通过对多年发明专利的统计发现，在申请发明专利的项目中，软饮料、食品、中药国内申请均占 90% 以上，主要集中在传统领域。而来自国外的专利申请所集中的领域主要是高科技领域，高技术、无线电传输、移动通讯、电视系统均为 90% 以上。两者形成鲜明对比。其次，科研成果的市场转化率较低。由于科技体制长期与市场脱钩，导致我国的科技成果转化率较低。按全国平均水平来看，目前我国科技成果的市场转化率不到 20%，最终形成产业的只有 5% 左右。不仅远远低于发达国家 70%、80% 的水平，也低于印度 50% 的科技成果市场转化率。根据全国科技工作者状况调查课题组的调查，我国科研成果转换为产品或者应用于生产的项目数为 0 的占 74.50%。

科研人员多而不强，创新能力薄弱的原因是长期的、多方面的：

——应试教育严重制约人才创新能力。恢复高考制度功莫大焉，但其中的应试教育的弊病却一直没有得到改观，反而愈演愈烈。在应试教育体制下，一个人从小学到中学再到大学，知识和智慧的着力点都放在标准答案上，以掌握和背诵标准答案为主要学习内容，以此获得高分，以分数评判学生的优劣，分数成为学生的唯一标准。在分数这个指挥棒下，启发学生的智力、观察力、想象力、创造力，乃至道德感都让位于分数，而退居其次，本来这些才是人才培养的根本点。在长期的应试教育体制下，"高分无能"、"知识有余而创新能力不足"的现象比比皆是。这是制约人才创新的根源所在。

——"官本位"思想观念毒害深远。中国社会很久很久以来的"官本位"思想毒害之深、祸患之重，已到了致中国社会机体于癌症的地步。在知识分子和大专院校、科研院所，"官本位"观念深重。知识分子一方面热衷于当官，另一方面只要表现优秀，显示价值的主要标准和途径就是提拔当官。在中国文化厚重的"官本位"思想下，科研人员的科研本位异化为官本位。身居官位的科研人员拥有很多好处，课题多、经费多、待遇好、调动的资源多、社会关注度高。社会营造了一种深厚的"官本位"氛围，有官位的科研人员比没有官位的科研人员更能赢得社会的尊重。"官本位"的枷锁套在知识分子的脖子上，无论是思想、水平还是精力，要实现创新能力特别是重大创新能力的提高，必然要付出高昂的代价。

——人才评价标准和体系问题多。现有人才评价模式以德、能、勤、绩几个方面为指标，以定性为主，定量为辅，虽然简便易行，但也存在着评审标准不统一、主观随意性大、不易操作、能力与业绩难以准确衡量等问题。重学历、轻能力，过于强调学历、资历、论文、外语、计算机等因素，特别是学历导向严重。重理论、轻实用，以论文、课题作为评价、奖励的主要标准，轻视研究的实用性。按资排辈，在人才评价特别是职称评审过程中，按资排辈、靠印象、凭人缘现象普遍存在，职称与能力不符。

——科研监督管理缺失。有关媒体指出，国内科研中存在十大腐败怪现象：一为粗制滥造，拼凑抄袭；二为造假浮夸，虚假引进；三为"跑部钱进"，钱权交易；四为近亲繁殖，学术乱伦；五为师生一气，互相利用；六为内定奖项，关系评审；七为买卖论文，互搭便车；八为热衷社交，注重创收；九为学霸横行，排斥异己；十为派系恶斗，互相倾轧。缺乏有效的监督管理机制，导致追求真理的殿堂腐败滋生蔓延。

——科研投入不足，影响科技成果的质量与数量，影响科研人员的积极性。多年来，许多国家的研发经费（R&D）占 GDP 比重都在 2% 以上，高的如以色列和瑞典甚至超过 4%，较高的研发投入强度是这些国家具有较高创新能力的重要保障。而我国多年来都在 1% 以下，2000 年首次达到 1%。中国科学技术发展战略研究院发布的《国家创新指数报告 2013》显示，我国最近 20年的研发经费（R&D）累计投入量，不及美国最近 2 年的累计量，也少于日本最近 4 年的总投入。我国科技成果在研究开发、中试、产品化三个阶段的资金投入比例较低，一般为 1∶1∶1.5。而美国等发达国家在这三个阶段的比例为

1∶10∶100。国家自然科学基金委员会副主任高文介绍，10余年来，我国基础研究投入比重几乎在5%左右"原地踏步"，而国际上重要的创新型国家这一指标大多在15%—30%左右。

——科技人才激励政策缺失。首先，部门和地方都缺少科技人员贡献的奖励制度；其次，奖励力度小，不足以调动科技人员的积极性，重精神奖励、轻物质激励的现象仍然较为普遍；第三，没有充分体现出公平原则，"官本位"奖励、关系奖励、人情奖励的现象仍普遍存在；第四，收入低。根据全国科技工作者状况调查课题组的调查，"收入低"是目前我国科技工作者生活中面临的最大困难。在问卷调查所列出的生活困难选项中，有41.1%的被调查者选择了"收入低"，几乎到了半数，说明目前科技工作者收入较低具有一定的普遍性。

调动科技人才积极性，必须建立一套科学合理的科研成果评价指标体系，这成为当前深化科技体制改革的一个难点。难点之一：如何对科研成果的质量进行评价。反映质量状况的指标被标准化后，优点是可操作性强，缺点是科学性、合理性、公正性欠缺。通常的指标有科学引文数量、获奖数量和等级、专利数量、成果产业化后的直接经济收益，甚至学术职务等定量和标准化指标，而这些指标只能从某个角度和一定程度上反映科研成果的质量，并不一定能全面、准确地体现成果价值，特别是对专业性很强、比较前沿的、基础性的研究成果的质量反映，难以达到全面、准确、客观、科学，甚至不真实。如何对科研成果的质量进行评价，怎样确定科研成果的数量和质量的能效比，评价指标体系在这方面带来的负面影响怎样解决，这些问题亟待在实践中探索、研究、完善。

难点之二：缺乏对科技成果转化情况进行描述的指标及其相关研究。在我国，科技成果脱离市场、脱离企业、转化率较低是一个有目共睹的问题，除体制上的原因外，反映到科技人才评价指标体系中，就是不重视对成果转化指标的研究与构建，目前的各类科技人才评价指标体系中，很少有相关的评价指标。对科技人才的评价，特别是对应用研究领域和企业的科技人才的评价，科技成果转化情况的指标应该作为重点评价的指标，但由于反映这类指标状况的数据采集比较困难，一般也就以获得专利数来进行表达，对成果的产业化程度、获得的直接和间接经济效益、市场占有率等方面的评价，很难设置指标，数据采集也比较困难，如果用定性指标进行描述，则很难客观、科学、合理地进行评价。这种缺乏科技成果转化指标的评价导向，往往导致科研人员特别是高校中的科研人员为科研而科研，对科技成果的市场转化率关注不够，其结果就是科研成果的市场转化率低，甚至被束之高阁，浪费了大量人力物力。

难点之三：缺乏专业评价机构，没有形成独立评价机制。科技人才评价不仅具有激发科技人员创造性的作用，实际上是与科技资源分配联系在一起的，具有科技资源再分配的作用。由于我国科技资源目前仍有很大部分由政府掌握，分配仍然保留条块分割局面，造成我国科技人才评价中计划经济的痕迹仍然较重，评价也是以政府为主导，不给科学共同体以更多的机会，社会性专业人才评价机构严重缺乏，公认的、权威的评价机构更是寥寥无几，没有形成专业评价机构进行独立评价的氛围、机制和社会环境。在这样的背景下，尽管已经有很多科技人才评价指标体系可供选择和使用，至少可以作为组织评价活动的参考，但在很多高校、科研院所和企事业单位，科技人才评价仍然是领导说了算，根本就没有委托专业评价机构、依据评价指标体系进行科学评价的意识。在中国，改变科技人才评价政府主导的现状，发展、完善和壮大科技人才评价的专业机构，形成科技人才评价由专业机构承担的氛围和机制，是一个必须引起重视的问题。

未来社会的竞争是人才的竞争，人才的竞争应该有国家层面的战略规划。2011年，中央组织部、人力资源和社会保障部发布了《专业技术人才队伍建设中长期规划（2010—2020年）》（以下简称《规划》），这是我国第一部专业技术人才发展规划。李克强总理在2014年《政府工作报告》中指出，深入实施人才发展规划，统筹重大人才工程，鼓励企业建立研发人员报酬与市场业绩挂钩机制，使人才的贡献与回报相匹配，让各类人才脱颖而出、人尽其才、才尽其用。

《国家中长期人才发展规划纲要（2010—2020年）》明确了建设人才强国的战略部署，对新时期专业技术人才工作提出了新的更高要求。制定这部《规划》，就是为了进一步细化和延伸国家人才规划有关专业技术人才队伍建设目标任务，与其他重点领域人才规划相互支撑、衔接，更好实施人才强国战略、落实国家人才发展规划的目标任务。《规划》提出，到2015年，要打造一批在优势领域具有世界水平的创新人才团队，培养造就一支活跃在世界科技前沿，跻身国际一流的专家队伍；到 2020 年，要"涌现出一批具有世界领先水平的科学家和工程师"，专业技术人才总量要达到 7500 万人。

《规划》突出前瞻性，适度超前。《规划》一共提出了 8 组数据，从多个角度和多侧面对整个队伍的发展进行了设计，提出了相应的要求。比如，提出到 2020 年人才对科技进步贡献率达到 60% 以上。能否在 10 年间实现人才对科技进步贡献率的跨越式进步，需要各方面共同努力、奋力争取。但既然是队伍建设的中长期规划，在目标设定上就应该突出前瞻性，适度超前。

针对目前专业技术人才队伍发展存在的突出问题和人才发展的新阶段新要求，这部《规划》从素质能力、队伍规模、整体结构、体制机制、发展环境五个方面提出了专业技术人才队伍建设的具体要求。比如，针对企业、非公经济、基层一线专业技术人才短缺、队伍结构、分布不尽合理等问题，结合国家人才规划对推动人才结构战略性调整的要求，《规划》提出着力调整专业技术人才队伍整体结构；针对人才投入不足、激励不够、使用不力等问题，《规划》提出要着力创新专业技术人才管理体制机制。

为了壮大专业技术人才队伍，《规划》提出了 10 项重点举措，覆盖了专业技术人才工作的各个环节和主要工作领域。这些举措分为三类，一是在队伍建设方面，提出以构建国家高级专家培养选拔体系为核心，加强高层次创新型专业技术人才队伍建设；以"万名专家服务基层行动计划"为平台，加强基层专业技术人才队伍建设。二是在制度建设方面，围绕人才培养、吸引、使用、评价、配置、激励等多个环节，提出以推动博士后事业发展为抓手，大力加强青年专业技术人才培养；以实施专业技术人才知识更新工程为龙头，全面提升专业技术人才的能力素质；以高层次留学人才为重点，加大海外留学人才吸引力度；以深化职称制度改革为动力，实现对专业技术人才的科学评价；以完善市场配置机制为导向，促进专业技术人才的合理流动；以深化企事业单位人事制度改革为保障，完善专业技术人才用人制度；以加大投入为根本，完善专业技术人才保障激励机制。三是在服务体系建设方面，按照加强人才公共服务体系要求，提出以建设专家服务基地和继续教育基地为载体，加强专业技术人才公共服务体系建设。

规划再好，关键看落实，规划变成现实，还需要尽快制定相应的配套政策，对具体措施进行细化，还需要全社会进一步提高对人才的重视和制定针对性的政策。

一是逐渐改革完善应试教育体制，从根子上奠定各种人才成长的坚实基础。小学、中学、高中要建立科学、合理的教学、教育、评价体系，把长知识、增智慧、育品行作为教学、教育的根本原则和评价标准。高考作为人才的重要阶梯和杠杆，必须改革考试办法，学生的知识面、观察力、想象力和道德品行应该在笔试和面试中得到体现。

二是重力破除"官本位"思想。要在国家层面创造引导一种重人才、重知识、轻官位的氛围环境。要在全社会营造这样一种大气候、大环境。各地、各单位要去行政化、去官僚化，在科研教学单位以科研教学高低好坏为评价、激励标准，建立科技人员待遇至上的理念。

三是建立科学合理、公平公正的人才评价指标及体系。这样的指标及体系应该以创新为主要价值取向与尊重人的个性化发展相结合，重能力、轻文凭，重实力、轻资历。基础研究要重理论创新，应用研究和试验发展要重实际应用。探索建立科学合理的科研成果评价指标体系。加快建立社会化人才评价机制。

四是完善激发创新创造活力的相关制度和政策。完善科研人员收入分配政策，健全与岗位职责、工作业绩、实际贡献紧密联系的分配激励机制。健全科技人才流动机制，鼓励科研院所、高等学校与企业创新人才双向交流，完善兼职兼薪管理政策。加快推进事业单位科技成果使用、处置和收益管理改革。建立完善扩大实施股权激励、科技成果处置权收益权等政策。加强知识产权运用和保护。落实激励科技创新的税收政策，推进科技评价和奖励制度改革，制定导向明确、激励约束并重的评价标准，充分调动项目承担单位和科研人员的积极性创造性。

五是改进专家遴选制度。充分发挥专家咨询作用，项目评估评审应当以同行专家为主，吸收海外高水平专家参与，评估评审专家中一线科研人员的比例应当达到 75% 左右。扩大企业专家参与市场导向类项目评估评审的比重。推动学术咨询机构、协会、学会等更多参与项目评估评审工作。建立专家数据库，实行评估评审专家轮换、调整机制和回避制度。对采用视频或会议方式评审的，公布专家名单，强化专家自律，接受同行质询和社会监督；对采用通讯方式评审的，评审前专家名单严格保密，保证评审公正性。

六是建立完善评价监督约束机制。监督约束机制作为评价程序中的一个重要环节，也是评价指标体系的重要组成部分，缺乏监督机制的评价指标体系不能说是一个完整的指标体系。在我国的科技人才评价指标体系构建中，往往忽略了这个环节。科研机构和大专院校都应建立一套监督约束制度，包括组织形式、职责范围、运作程序和检查方式等都要形成制度，要做到程序规范、监督公正、结果公开。

第二节　资金是科技创新的保障

2014 年，国家统计局、科学技术部、财政部联合发布的《2013 年全国科技经费投入公报》数据显示，2013 年，全国共投入研究与试验发展经费 11846.6 亿元，比上年增加 1548.2 亿元，增长 15%；研究与试验发展经费投入强度（与国内生产总值之比）为 2.08%，比上年的 1.98% 提高 0.1 个百分点。这是我国研究与试验发展经费投入占国内生产总值比重首次超过 2%。

研发经费支出是衡量一国在科技创新上努力程度的重要指标。科技创新是提高社会生产力和综合国力的战略支撑，在国家发展全局中应当居于核心位置；科技投入则是创新发展的物质基础。国家财政始终将科技作为重点支持领域，2000 年以来，我国研发经费支出以年均 23% 的速度增长，2009 年达到 5802 亿元，已跻身经费投入大国之列。

从研发经费投入看，虽然我国已进入大国之列，但与发达国家相比仍然存在较大的差距。2007 年，世界各国纷纷大幅度增加研发经费支出，研发经费占 GDP 比重排名为：以色列（4.68%）、韩国（3.47%）、日本（3.44%）、美国（2.68%）、德国（2.54%），中国（1.44%）位列第 9 位。同部分国家地区以及世界各国平均值的比较来看，我国在科技投入方面仍然存在很大差距。在工业化第一阶段末和第二阶段初，发达国家政府研发投入占 GDP 的比例均在 1% 以上，20 世纪 90 年代以来我国财政科技投入占国内生产总值的比重一直稳定在 0.5%—0.7% 的水平。相比众多国家的财政科技投入水平而言，我国的财政科技投入总量比较低。在工业化第二阶段，除日本外，主要发达国家政府研发投入占全国研发投入的比例均在 50% 左右，而在第一阶段，政府研发投入所占的比例更高。这表明在工业化的第一阶段末和第二阶段初，政府在科技研发投入中占有重要地位，发挥着主导作用。近年来，尽管我国政府研发投入的绝对量不断有所增加，但占全国研发投入的比例偏低。

虽然科技投入总量大，但人均比差距较大。从人均科技投入经费的比较来看，我国的差距明显。2013 年，我国的人均科技投入经费仅为 143 美元。美国 2011 年研发投入 4360 亿美元，占 GDP 比重的 2.8%，占全球研发投入比重超过 31%，人均达到 1406 美元。我国人均科技投入经费不足美国的 10%，也仅是韩国的 15%。这是由于我国人口众多，科研经费总量的增加对于人均经费增长来说显得杯水车薪，而其中最主要的原因还是我国对科技投入力度的不足，以及我国经济基础的相对薄弱。

我国研发经费投入还存在着结构不合理问题。科技投入结构不合理，基础研究投入比重过低。在基础研究中，我国的投入水平远低于其他国家，与该比重最高的瑞士相比还不及后者的 1/5。2001 年基础研究、应用研究、试验发展的投入比例为 1∶3.25∶14.92。基础研究投入过低的状况一直没有改变。2013 年，全国用于基础研究的经费为 555 亿元，比上年增长 11.3%；应用研究经费 1269.1 亿元，增长 9.2%；试验发展经费 10022.5 亿元，增长 16%。基础研究、应用研究和试验发展经费占研究与试验发展经费总量的比重分别为 4.7%、10.7% 和 84.6%，基础研究比重过低。根据全国人大的调研报告，目前我国基础研究经费占科研总经费的比重不足 5%，远低于一些发展中大国，与主要创新型国家的平均水平差距较大。比如，2011 年我国高校的基础研究经费占高校研发经费约 1/3，应用研究则占 54%。而科研院所基础研究投入和能力不足，研究层次甚至不如一些创新型企业。基础研究不以任何特定的应用或使用为目的，其研究成果主要是创立新的理论或是对原有理论的验证。基础研究具有典型的公共产品的性质，研究成果的非排他性和非营利性，因此，这部分研究的投入应全部或主要来源于政府财政资金。

中央财政投入力度相对较小，地方财政支出占比较大。2013 年，国家财政科学技术支出为 6184.9 亿元，其中，中央财政科技支出为 2728.5 亿元，占财政科技支出的比重为 44.1%；地方财政科技支出为 3456.4 亿元，占比为 55.9%。地方财政高于中央财政 11.8 个百分点。

政府所属研究机构、高等学校经费过低。2013 年，各类企业研究与试验发展经费9075.8亿元，比上年增长15.7%；政府所属研究机构经费1781.4亿元，增长15%；高等学校经费856.7亿元，增长9.8%。企业、政府所属研究机构、高等学校经费占全国经费总量的比重分别为76.6%、15%和7.2%。高等学校经费比企业和政府所属研究机构分别低69.4个百分点和7.8个百分点。

国外研发经费投入恰恰相反，其特点是：第一，发达国家政府研发投入主要投向政府研究机构和大学。日、德、法、英政府研发投入主要投向大学和政府研究机构。美国政府研发投入则主要投向政府研究机构，其次是产业界和大学，最后是非营利机构。其中，投向产业界的资金呈下降趋势，而投向大学的资金增速最快，这与政府投入向基础研究倾斜，而大学是基础研究的主要执行者有关。第二，基础研究所占比例呈现上升趋势，开发研究所占比例呈逐年下降趋势。以美国为例，政府研发投入向基础研究倾斜，其经费总额和占政府研发投入的比例逐年增加。2000年，联邦政府投入的基础研究经费233亿美元，占基础研究总经费（479亿美元）的48.7%，其中32%、5%、55%、8%分别投向政府研究机构、产业界、大学和非营利机构。联邦政府投入应用研究的经费呈上升趋势，占政府研发投入的比例变化很小。2000年，联邦政府投入的应用研究经费144.6亿美元，占应用研究总经费（550亿美元）的26.27%，其中53%、15%、23%、9%分别投向政府研究机构、产业界、大学和非营利机构。

引进消化吸收再创新投入过低。2009年，我国规模以上工业企业引进国外技术经费支出422亿元，消化吸收经费支出182亿元，比重为1:0.43，远远低于日、韩等国1:5—8的水平，是导致生产线升级和产品改进只能依靠重复引进的一个重要原因。

研发经费必须提高资金的效率，我国研发经费的管理和使用上存在着较多的问题。

——没有明确的科技投入战略。政府科技投入和企业科技投入带有一定的不确定性，国家重大科技项目投入在国家发展规划中没有稳定渠道。科技投入管理与调控缺乏有效的资源整合机制。由于缺乏顶层设计和统一规划，带来一系列问题，政府科技投入资金政出多门，往往项目重复和支持不足同在；成果研发和成果应用分离；投入不足与浪费低效并存；科技投入资金管理较为粗放，绩效考评和问责机制薄弱。

——政出多门与钱出多门。据了解，目前中央各部门中具有科技管理职能、涉及财政科技经费使用和管理的有几十家。几家主要的部委在其间扮演了重要角色，比如财政部负责中央财政科技经费预算总体安排，具体核定科研机构运行经费、基本科研业务费；国家发改委和科技部主要负责科研基建经费，国家科技计划项目的立项、资金的分配和管理；工信部、教育部、国家自然科学基金委、中科院等相关部门按照职责分工负责相关项目的立项、资金的分配和管理。科技部有国家自然科学基金、科技支撑计划、"973"计划和"863"计划，中科院有知识创新工程，发改委、教育部、工程院和自然科学基金委也都有各自的科技计划。

——科技专项边界不够清晰，资源分散和重复研究，科研项目重复多头申报。一项抽查结果显示，抽查的133个科技项目，共取得2775项专利、技术标准等成果，其中有547项（占19%）成果存在申请或取得时间早于项目的立项时间，或发明人与项目组成员不一致（成果充抵）的问题。据全国人大的一项调查，某家国家级研究所每年从各部门和地方政府申请项目的渠道有近70个。科研人员反映，一个研究内容相同的课题，有时换个名字就可获得多种渠道资助，最后又可以"一果多用"。

——各类科技平台、中心、基地等名目繁多，资源和设备浪费。科研机构大多是按行政区划和行政隶属关系设立的，缺乏全国一盘棋的统一有效布局。比如，青岛一地就汇集了近20家海洋科研机构。目前，我国由政府支持的科研计划种类较多，国家级的包括国家重点基础研究发展规划（"973"计划）、国家高技术研究发展计划（"863"计划）、国家科技支撑计划、国家自然科学基金等，各省市部委也有自己的科研计划。资源布局条块分割，大型科研仪器设备重复购置，部分仪器设备利用率低，共享机制缺乏。

——侵占、挪用经费频发。全国人大的调研报告指出，2010年以来，审计署在科技支撑计划、科技重大专项等审计或调查中，查处课题单位和科研人员未经批准调整预算、扩大开支范围、挤占挪用科研经费等违反财经制度的问题时有发生。这份调研报告说，课题结余资金、利息管理政策可操作性不强，部分单位虚列支出、突击花钱列支。有些项目负责人还有套取侵占科研经费等违法犯罪问题。新华社记者梳理了近几年审计机关对国家各部委、各省份预算执行和其他财政收支情况发布的数百份年度审计报告发现，涉及"问题科研经费"的至少有 39 份，科研经费"扩大用途"、"挤占挪用"已成普遍现象，问题均发生于 2007 年至 2012 年这五年之内。

科技资金要"用到刀刃上"。2014 年 1 月 22 日，国务院总理李克强主持召开国务院常务会议，决定改革中央财政科研项目和资金管理办法，使财政科研资金突出助优扶强，流向能创新、善攻坚的优秀团队和符合经济社会重大需求的项目，提高资金配置效率。此次国务院常务会议指出，财政资金应积极支持基础前沿、战略高技术、社会公益和重大共性关键技术研究，建立财政投入与社会资金搭配机制，发挥"四两拨千斤"的撬动作用。同时，政府也应鼓励企业联合高校和科研院所，既搞基础科研，又搞应用研究，促进科学与技术、科技与产业融合，推动成果产业化、市场化。

相当长时间以来，科研人员把宝贵时间和精力耗费在"跑项目"和"过考核"上。为此，此次国务院常务会议要求，要简政放权，简化审批流程。建立公开透明的申报、立项、评审和批准制度，健全绩效评估、动态调整和终止机制。在此基础上，要强化资金监管，建立科研信用"黑名单"制度，杜绝一题多报、重复资助等现象，消除行政化定项目、分资金的弊端。

2014 年 3 月，国务院以国发〔2014〕11 号印发《关于改进加强中央财政科研项目和资金管理的若干意见》（以下简称"11 号文"），对改进加强中央财政民口科研项目和资金管理作出全面部署。

——规范项目预算编制，及时拨付项目资金。项目申请单位要如实上报资金、设备、人员等情况。相关部门要改进预算编制方法，完善预算编制指南和评估评审工作细则。评估评审中不得简单按比例核减预算。不得在预算申请前先行设定预算控制额度。劳务费预算应当结合当地实际以及相关人员参与项目的全时工作时间等因素合理编制。项目主管部门要及时批复项目和预算。相关部门和单位要及时合规办理资金支付。实行部门预算批复前项目资金预拨制度，保证科研任务顺利实施。

——规范直接费用支出管理，完善间接费用和管理费用管理。科学界定与项目研究直接相关的支出范围，各类科技计划（专项、基金等）的支出科目和标准原则上应保持一致。要进一步下放预算调整审批权限，同时严格控制会议费、差旅费、国际合作与交流费等费用。

项目承担单位要建立健全间接费用的内部管理办法，合规合理使用间接费用，科研人员的贡献要公开公正地安排绩效支出。

——规范科研项目资金使用行为。科研人员和项目承担单位要依法依规使用项目资金，不得擅自调整外拨资金，不得利用虚假票据套取资金，不得通过编造虚假合同、虚构人员名单等方式虚报冒领劳务费和专家咨询费，不得通过虚构测试化验内容、提高测试化验支出标准等方式违规开支测试化验加工费，不得随意调账变动支出、随意修改记账凭证、以表代账应付财务审计和检查。项目承担单位要建立健全科研和财务管理等相结合的内部控制制度，规范项目资金管理，在职责范围内及时审批项目预算调整事项。对于从中央财政以外渠道获得的项目资金，按照国家有关财务会计制度规定以及相关资金提供方的具体要求管理和使用。

——完善科研信用管理。建立覆盖指南编制、项目申请、评估评审、立项、执行、验收全过程的科研信用记录制度，由项目主管部门委托专业机构对项目承担单位和科研人员、评估评审专家、中介机构等参与主体进行信用评级，并按信用评级实行分类管理。各项目主管部门应共享信用评价信息。建立"黑名单"制度，将严重不良信用记录者记入"黑名单"，阶段性或永久取消其申请中央财政资助项目或参与项目管理的资格。

"11号文"采取了四个方面的措施：一是建立健全统筹协调与决策机制。科技行政主管部门要会同有关部门，切实发挥会商与沟通机制作用，在科技发展优先领域、重点任务和重大项目安排等方面加强统筹协调，形成年度科技计划（专项、基金等）重点工作安排和部门分工，报国家科改领导小组审议后，分头落实、协同推进；涉及国民经济、社会发展和国家安全的重大科技事项，要按程序报请国务院决策。财政部门在科技预算安排方面也要统筹和综合平衡。科技行政主管部门要牵头会同相关部门，在2014年年底前形成科技工作重大问题会商与沟通机制工作规则，并持续实施。

二是明确了新设科技计划（专项、基金等）的有关要求。各部门在设立科技计划（专项、基金等）时，要根据国家的战略需求和科技发展需要，明确计划的功能定位，设定具体的经济社会和科技发展目标、考核指标，以及实施的具体期限，建立滚动支持和终止机制。

三是明确提出健全绩效评估、动态调整和终止机制。各部门要按照科技计划（专项、基金等）的功能定位，优化整合现行各类科技计划（专项、基金等），对定位不清、重复交叉、实施效果不好的，通过撤、并、转等方式进行必要的调整和优化，力求保质量、控数量。目前，中央相关部门管理的科技计划（专项、基金等）优化整合工作已经启动，在 2014 年的部门预算中已经得到初步落实，下一步还要持续实施、不断深化。

四是建设统一的国家科技管理信息系统。作为实现科技资源统筹协调、优化配置的重要手段，"11 号文"要求，到 2014 年年底要基本建成中央财政科研项目数据库；2015 年年底基本实现与地方科研项目数据资源互联互通。中央部门之间、中央与地方之间的信息共享，将会为宏观统筹和项目查重提供强大的技术支撑。

此外，"11 号文"还强调要加强相关制度建设。建立健全信息公开制度。除涉密及法律法规另有规定外，项目主管部门应当按规定向社会公开科研项目的立项信息、验收结果和资金安排情况等，接受社会监督。项目承担单位应当在单位内部公开项目立项、主要研究人员、资金使用、大型仪器设备购置以及项目研究成果等情况，接受内部监督。

建立国家科技报告制度。科技行政主管部门要会同有关部门制定科技报告的标准和规范，建立国家科技报告共享服务平台，实现国家科技资源持续积累、完整保存和开放共享。对中央财政资金支持的科研项目，项目承担者必须按规定提交科技报告，科技报告提交和共享情况作为对其后续支持的重要依据。

"11 号文"加大了对违规行为的惩处力度。建立完善覆盖项目决策、管理、实施主体的逐级考核问责机制。有关部门要加强科研项目和资金监管工作，严肃处理违规行为，按规定采取通报批评、暂停项目拨款、终止项目执行、追回已拨项目资金、取消项目承担者一定期限内项目申报资格等措施，涉及违法的移交司法机关处理，并将有关结果向社会公开。建立责任倒查制度，针对出现的问题倒查项目主管部门相关人员的履职尽责和廉洁自律情况，经查实存在问题的依法依规严肃处理。

为了明确和落实各方管理责任，"11 号文"也有相关要求：有关部门要落实管理和服务责任。科技行政主管部门要会同有关部门根据意见精神制定科技工作重大问题会商与沟通的工作规则；项目主管部门和财政部门要制定或修订各类科技计划（专项、基金等）管理制度。各有关部门要建立健全本部门内部控制和监管体系，加强对所属单位科研项目和资金管理内部制度的审查；督促指导项目承担单位和科研人员依法合规开展科研活动，做好经常性的政策宣传、培训和科研项目实施中的服务工作。

要增加政府研发投入总额，大幅度增加对基础研究的投入。基础研究是技术创新的源泉，它代表和反映着一个国家的科技水平，也是一个国家科技、经济和社会发展的潜力和后劲所在。基础研究同时也带有明显的公共产品的特征，使得基础研究的经费来源主要也是以政府投入为主。从国家科技战略的长远发展考虑，政府应对此承担更多的责任。在政府财政科技投入的资金分配上，应加大基础研究的比例，加大科研基础设施的建设，培养一流的研究。

用政府科技投入政策引导和刺激企业增加科研投入经费。各国政府都在积极探索科技投入的有效方式，选择投入的重点，建立有良好回报的科技投入机制，制定政府法规，鼓励企业增加研究开发的投入。美国的信息高速公路公司计划需投资 4000 亿美元，其中政府只投资 300 亿，其余绝大部分的投资政府以规划目标、制定标准、修订法案的办法，引导私营大企业通过竞争分摊。各国还对企业的科技投入实行不同形式的税收减免政策，鼓励企业增加科技开发投入。在一些发达国家，高新技术产品的高附加值及其企业的高收益，吸引了大批风险资本。一方面政府不断完善和规范市场，为高新技术的发展提供了市场融资的条件，如美国就有科技股票和债券发行；另一方面这些国家有较完善的中介服务和大批风险资本家，动员了大量社会资金投入高新技术领域。此外，政府通过制定对风险投入的税收政策、建立风险基金等形式，鼓励高新技术企业风险投入。

建立个人和企业捐赠制度，鼓励个人及企业捐助科研机构和项目。国外发达国家都建立了完善的个人和公司捐赠公益事业包括科研的法律法规、税收等制度。我国要借鉴国外的经验，探索建立个人和公司捐赠制度，调动民间资本和社会资本捐助科研的积极性。在哈佛、耶鲁和斯坦福等大学，捐款早已超过学费总额，成为其主要经费来源之一。2008 年全美各大学共收得 310 亿美元的捐款；2010 年哈佛大学的校友共捐款 6 亿美元，而哈佛的捐赠基金总值已经超过 275 亿美元；2011 年耶鲁大学校友捐款 7 亿多美元，加上投资回报，截至年底，该校的捐赠基金总额已超过了 200 亿美元。

第三节　产品是检验科技创新的唯一标准

科技创新最终要体现在产品上，任何科技创新都必须通过产品来检验成果，产品是科技创新的唯一标准。应用研究和试验发展直接为产品生产而进行科技创新，基础研究的最终目的也是为了生产出创新产品，尽管这种产品是以不同的表现形式出现，时间跨度也许很长很长。

传统农业在向现代农业转变过程中，农产品的数量和质量都有根本性飞跃。工业在从初级阶段向中级阶段转变过程中，工业产品的数量和质量成倍上升。在第一产业和第二产业高速发展的基础上，第三产业在经过一段缓慢的增长之后，目前正进入一个快速发展的通道。第三产业既提供了有形的产品，也提供了大量的无形的产品，比如各种服务就是一种无形产品。

当下的中国产品呈现出明显的二元结构特征，数量大幅度增长，许多产品的产量成为世界第一；部分农产品和工业产品出现阶段性、季节性和局部性过剩；部分产品过剩与某些产品短缺同时并存；高质量与低质量同时并存；高科技与低科技同时并存。

中国拥有几百种全球出口市场占有率第一的产品。2008年，国家统计局发布的报告显示，中国工业产品产量居世界第一位的已有210种，主要产品产量位次不断前移。报告称，中国在能源、冶金、化工、建材、机械设备、电子通讯设备制造和交通运输设备制造及各种消费品等工业主要领域，已形成了庞大的生产能力，主要工业产品产量位居世界前列。汽车是衡量一个国家制造业水平的主要指标之一，2010年中国汽车产销量双双超过1800万辆，稳居全球产销第一。中国的蔬菜、水产品等出口世界第一。水产品出口连续12年世界第一。2013 年水产品出口额首次突破 200 亿美元，达到 202.6 亿美元，占世界水产品出口总额的 15.6%。中国跻身服务贸易大国行列，2011 年中国服务贸易进出口总额 4191 亿美元，比 2002 年增长 3.9 倍，年均增长 19.3%，服务贸易出口和进口的世界排名分别升至第 4 位和第 3 位。韩国贸易协会统计，2011 年各国全球出口市场占有率第一的商品数量，中国为 1431 种，高居第一，比第二位的德国 777 种和第三位的美国 589 种的总和还多。2007 年，中国、德国、美国的数字分别为 1210、892 和 665。韩国的统计口径和我国不一样，但也能说明了我国产品在出口市场占有率较高的情况。

部分产品过剩与某些产品短缺同时并存。2001 年以来，中国农产品进出口发生重大变化，进出口双双增长，但进口的增幅大于出口增幅。2010 年，中国农产品进口总额超 600 亿美元，出口超 300 亿美元，成为全球最大的农产品进口国，其中美国对华出口 175 亿美元，中国成为美国第一大农产品出口对象国。进口的主要品种有小麦、玉米、大豆和稻米。中国产量居前 5 位的苹果、柑橘、梨、香蕉、葡萄 5 大水果，和土豆、白菜等都曾出现程度不同的地区性、局部性、季节性滞销或过剩。航空航天、高端机床、高端医疗设备、国防军工、电脑芯片等高端科技产品紧缺。

高质量与低质量同时并存。中国的任何产品中既有高质量，也有低质量，大到航空航天、国防军工，小到一般的轻纺和手工制作，既有完美无缺的产品，也有粗制滥造的产品。高质量的产品相对集中在航空航天、军事、电子等领域，而劣质产品多集中在轻工和食品领域。大企业质量普遍较高，而小企业普遍较低。2014 年上半年，国家质检总局组织对 20 种产品质量进行了国家监督抽查，涉及儿童用品、纺织品、电子电器、装饰装修材料、农业生产资料、劳保产品和电工产品等产品，共抽查了全国 1780 家企业生产的 1792 批次产品，检出 169 批次不合格品，不合格产品检出率为 9.4%，比 2013 年同期下降了 1.7 个百分点。按企业生产规模划分，目前我国大型生产企业产品质量高于中、小型企业，但总体质量趋势不容乐观，小型生产企业产品质量整体水平有待提高。2014 年上半年的产品质量状况分析显示，我国装备制造业质量管理成熟度平均值仅为 63.5（满分 100 分），仅达及格水平，企业质量管理体系有效性需要进一步提高。据介绍，装备制造业质量管理成熟度是对装备制造业的金属制品业、通用设备制造业、专用设备制造业、汽车制造业、铁路船舶航空航天及其他运输设备制造业、电气机械及器材制造业及仪器仪表制造业 7 个行业规模以上企业进行抽样调查研究得出的。其中市场化成熟度越高、社会关注度越高、顾客要求越高、竞争越激烈的行业，企业质量管理成熟度水平往往相对较高。

高科技与低科技同时并存。超级计算机与古老的算盘同时运用，航天飞行器与自行车同在一片蓝天下。一方面，中国是世界少数几个具有航空航天能力的国家之一；另一方面，中国又是世界上落后农村最多的国家之一。2011 年以来，中国陆续发射了"天宫一号"目标飞行器和空间实验室、神舟十号飞船，研制出载人深潜器"蛟龙"号，"天河二号"超级计算机于 2013 年再次荣登全球超级计算机 500 强排行榜榜首。"天宫一号"是中国第一个目标飞行器和空间实验室，其发射标志着中国迈入中国航天"三步走"战略的第二步第二阶段。神舟十号飞船是中国"神舟"号系列飞船之一，是中国第五艘搭载太空人的飞船。"蛟龙"号载人深潜器最大下潜深度为 7000 米级，是目前世界上下潜能力最深的作业型载人潜水器。超级计算机是国家科研的一个基础工具，为解决经济、科技等领域一系列重大挑战提供了重要手段。这些举足轻重的高科技产品对提升综合国力也具有战略意义，成为国家竞争力的一个象征。在不断拥有上天入海、超速运算产品的同时，我国也是世界上最大的科技含量低、价格低廉的轻工产品的生产国。

中国产品的二元特征在宏观上说是工业化转型过程中的必然现象，在微观上说是管理落后和工艺设备落后等造成的。

一是农业社会向工业社会转型的必然结果。农业社会的生产方式和工业社会的生产方式有着很多本质的区别，比如前者是手工生产、自我标准生产（无标准化生产），而后者是机器生产、标准化生产。农民在由田间劳作转向工业化大生产的过程中，其观念、知识、操作、素养等方面，要达到现代工业所要求的职业化水平，需要几年十几年甚至一两代人的不断努力才能达到，而我们的许多企业都是在对农民工简单的培训之后就开动机器操作。职业学校出来的学生一是少，二是实际操作能力弱。中国的经济转型是压缩式的、快跑式的转型，萝卜快了不洗泥，以利润、规模、速度为目标的价值追求，必然导致产品质量跟不上产品速度。

二是管理不到位，管理水平落后。中国有句古话叫"严师出高徒"，只有严格要求、严格管理才能生产出高质量的产品。中国的很多企业是散放式的、内部各自独立式的、行政化式的、人情关系式的、官僚主义式的、形式主义式的、"拿来主义"式的管理，观念落后，手段落后，技术落后，不愿在管理上投大钱、下功夫。无论是民营企业，还是股份制企业，抑或是国有独资企业，都是管理随着"老大"走，一朝君子一种管理办法，企业没有铁定的管理制度和办法，更没有深入人心的管理文化。

三是工艺设备落后，关键零部件落后。俗话说"没有金刚钻别揽瓷器活"，工艺设备差生产出的产品质量相对差，工艺设备好生产出的产品质量相对好。在工业化初期，中国承接西方发达国家的产业转移，引进的主要是正在淘汰的落后工艺设备。由于资金和配套能力等因素制约，必然和只能引进这样的工艺设备，这符合工业化规律，所以产品的质量和档次必然是较低的。发动机不行，汽车的质量下降；刀具差，机床加工出来的产品精准度差；钢材质量差，钢制品的坚硬度、疲劳度不会高。

四是质量监管缺失，标准不严。政府监管不力、不严、不到位，监管表现为突击式的、临时性的，而非常态化、制度化、程序化的。政府监管的技术力量和人员力量配备弱，经费保障不足。对有质量问题的处罚过轻，以处罚代监管现象较普遍，企业违法成本过低。行业组织如果在监管中发挥应有的作用，可以弥补政府监管的不足，但行业组织监管严重缺失。企业自我监管有紧有松，有的不严、不到位，有的为了应付而一时为之或勉强为之。政府、行业组织和企业都存在着对质量标准体系要求不高、执行不严的问题。中国企业一个比较典型的特征是虽然通过了 ISO 9000 标准，但该标准往往被束之高阁，自己的实际运作往往是另外一套，造成"两层皮"。

五是产品生产缺乏战略性、系统性。中国的很多企业经营者是机会主义者，只注意眼前产品的生产，只重视产品的生产环节，而较少从战略上规划产品生产。企业内部缺乏整体性、一致性、系统性，采购、生产、加工、研发、销售等各个环节各管各的事，采购不知道如何生产，而生产则不管销售，情况不沟通，同在一个企业，彼此深不知。在产品线划分上往往也不得法，要么过粗，要么过细。对产品线如何发展，如何竞争没有进行系统分析，缺乏明确目标、竞争战略和可行的行动计划，"试一试"、"也许行"的心态十分明显。

六是求多求大不求精。准备不足而急于生产，一个产品还没有做好又急于开发另一个产品，只要市场供不应求便开足马力生产。什么产品赚钱上什么生产线，产品生产线越多越好，配套越多越好，一条生产线的产量越大越好。许多企业以求多求大为要，而不以求精为要。这与发达国家的企业相反，发达国家的企业多求精、求合适规模，在精和适度的基础上求大求强。

中国企业产品的最大问题是缺少自主创新。在 20 世纪 80 年代，很多企业经过了第一阶段引进、消化、吸收外国先进技术，达到了一定的创新能力。在引进、消化、吸收再创新基础上，一些企业走上了创新的第二个阶段——集成创新。大部分企业到 20 世纪 90 年代和进入 21 世纪，产品再次落伍，于是又开始第二轮、第三轮的引进、消化、吸收再创新，并永远停留在创新的第一阶段。只有少数企业实现了创新的第三个阶段——自主创新。我国技术引进中存在着重复引进、技术引进中硬件比例过高、重引进轻消化、技术引进与研究开发脱节等问题。从企业的技术状况可以得出结论，在未来较长一段时期内，消化、吸收再创新仍然是我国创新的主要模式。

当前我国自主创新技术只占 10%—20%，对外技术依存度在 40% 左右，而一般发达国家都在 30% 以下，美国和日本则更是低于 5%。我国的核心技术和关键技术自给率低，占固定资产投资 40% 左右的设备投资中，有 60% 以上要靠进口来满足。2012 年，我国高新技术产品出口 6012 亿美元，但是加工贸易占 72%，而技术含量较高的软件和芯片出口比重不到 7%。我国很大一部分高技术产业产值是三资企业创造的。2012 年，高技术产业主营业务收入中三资企业占到 60%，从高技术产品出口的企业分类分布来看，高技术产品出口份额中外商独资企业占到 61%。

中国的大多数企业，长期走在已有产品和拷贝产品的老路上，习惯于"拿来主义"，努力用最小的代价开发最大的市场，产品研发跟着市场走，小改小革走捷径，不肯花大价钱、下大功夫进行自主创新。产品研发急功近利，缺少远期、中期、近期研发战略。企业技术创新基础差、能力弱、缺乏创新型企业家和技术领军人才、政策支持不足、知识产权保护不力。企业缺乏创新热情，对传统经济发展方式和原有企业发展模式存在依赖。产品研发被认为只是研发部门的事情，而没有被看作一项各部门的综合性活动；就研发搞研发，缺乏对原料、工艺、设备、加工、销售、市场等全面、系统的分析研究；能够顺应市场而不能引导市场。研发人员的价值没有充分体现，技术入股、高额奖励等国外通行的办法在我国难以普遍实行。

　　一个制造业大国的产品质量如果长期徘徊在中低端，那么它很难成为一个世界工厂，它只多是一个世界加工车间。中国要变成世界工厂，进而成为制造业大国，必须实现由数量型向质量型转变、由技术中低档向中高档转变。

　　进一步加大创新投入，优化投入结构。国家要进一步加大研发投入，逐渐接近或达到发达国家 3%—5% 的比例。企业的研发投入要由目前平均 1% 多达到 5% 左右。国家产业扶持政策逐步由直接支持产业化过渡到支持研究开发和技术创新为主。产业扶持政策的应用也要逐步由生产领域前移到研究领域，由对产品的优惠政策转为对研究开发的优惠政策，引导企业增加研发投入。政府补贴投入要重点放在支持竞争前研发活动上。提高消化吸收再创新的投入比重。制定相关政策促进引进技术后的消化吸收。加强对引进消化吸收再创新的统筹协调，组织产学研联合创新。以政府投入为主，组织有关方面形成合力，主攻机床控制系统等重大关键技术和共性技术。重大项目技术引进要避免重复。建立国家引进技术和重大装备的消化吸收创新基金。

　　建立以企业为主体、市场为导向、产学研相结合的技术创新体系。完善国有企业业绩考核体系和国有企业经营者考核和作用制度，将创新投入和创新效益融入其中。加大财产权和知识产权的保护力度。以学研用结合为关键点，完善科技投入和管理机制。加强产业发展创新战略规划的制定和落实。政府应在产业共性技术创新中制订创新规划，并建立必要的扶持基金。通过政策引导和政府采购，引导消费，为创新提供市场。落实《国家知识产权战略纲要》，提高知识产权管理水平，实行严格的知识产权保护制度。完善有利于自主创新的技术标准体系，形成公平、合理、有效的企业技术进步推进机制。建立健全知识产权评估和交易体系。完善有利于创新的投融资体系。大力发展科技中介组织体系。

　　要推进新一轮质量监管领域行政审批事项调整，加大取消、下放行政审批事项力度。加快标准化改革，建立统一的国家强制标准体系，完善强制性标准制定程序，建立审查、评估体系和实施情况统计报告制度；科学界定推荐性标准范围，缩小制定范围和规模，突出其公益属性；推进行业协会、商会、学会、产业联盟等专业性组织制定发布社会组织标准；改革企业产品标准备案制度，逐步建立企业产品和服务标准自我声明和公开制度。

　　要积极稳妥组织实施政府质量工作考核。加强与相关部委沟通协调，会同全国质量工作部际联席会议成员单位，充分准备、认真实施，严格进行材料审核和实地核查，引入第三方评价机制。同时强化考核结果的应用，发挥考核的导向、监督和激励作用，引导各级政府加强质量管理，从而促进经济社会发展方式的转变。

要高度重视开发服务产品。与中国企业一直强调的"硬"制造不同，"软"服务恰恰是中国企业容易忽略的。中国企业应及早突破传统的运营方式及商业模式，在做好产品的同时，要把战略眼光和资源聚焦到用户服务领域。在微笑曲线的两端，一端是研发，另一端是服务。在通用电气已经推出的智能飞机引擎的整个产品生命周期的价值创造中，物理产品的销售只占总收入的30%，而引擎的保养、维修等服务占总收入的70%；主要利润的来源也在服务，而不是产品。一个企业不仅要为客户提供优质的产品，还可以在物流、电商和供应链金融等领域拓展业务，为客户和渠道合作伙伴创造更多价值。其物流平台不仅保证企业产品准时送达客户，还为其他厂商提供物流服务，提升企业在产业链上的地位和控制能力；其电商平台除大幅方便渠道合作伙伴交易外，还通过与供应链金融平台的紧密集成，降低企业的应收账款，减少渠道商的贷款成本，并为合作银行带来优质的贷款业务。

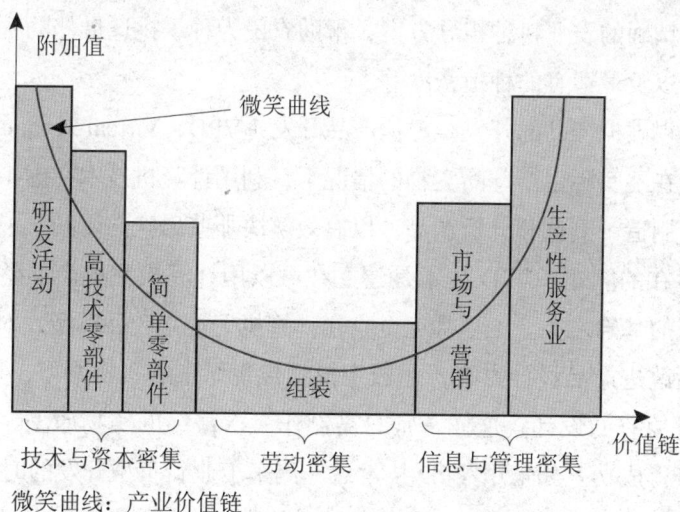

图3-1 微笑曲线

企业通过物联网等技术，不仅可以提高生产效率，还可以开拓全新的服务。比如，轮胎制造商米其林提供了一项基于产业物联网的全新服务——Dubbed Effifuel。该服务为其客户在卡车轮胎和引擎上安装传感器。传感器会将收集到的油耗、胎压、温度、速度和位置等数据传到云服务器上，而米其林的专家会据此进行数据分析，并为客户提供建议及驾驶培训。这项服务帮助其客户每百公里减少油耗达 2.5 升。

由单纯生产产品向"产品 + 服务"的转变不应只停留在产品的细节改善上，而应是针对客户尚未被满足的需求，寻找创新的解决方案，解决关键的商业问题。比如，戴姆勒汽车公司正尝试用新的途径为客户创造价值，公司针对城市用车一族，推出了一款灵活方便的租车模式——Car2Go。客户只需在手机应用上查看离他最近的可用车，用会员卡打开车门，驾驶到自己的目的地，靠边停好车就可以了。其计费方式可按里程计，也可按天付，但总费用低于计程车；而相较于传统租车公司，它则省去了客户还车的麻烦。然而在中国，类似的商业模式尚仅限于互联网创业类企业，传统制造业仍待努力。

从提供有形产品向提供无形服务的转变意味着企业运营的彻底革新。比如，在农业领域，农户们正越来越希望企业能提供可靠的信息服务，支持他们的农耕决定。农业设备巨头约翰迪尔公司联合了陶氏化学以及世界最大的种子公司杜邦先锋，推出"精准农业"解决方案，通过收集和分析来自农户的数据，制作出精确的农业耕种指导方案，帮助农民为种子挑选最佳的种植地、所需的肥料量以及最适宜的种植密度等。

更加重视虚拟产品的开发。虚拟产品开发（VPD，Virtual Product Development）是指在不实际生产产品实物的情况下，利用计算机技术在虚拟状态下构思、设计、制造、测试和分析产品，以有效解决那些反映在时间、成本、质量等各方面存在的问题。VPD 技术是建立在可以用计算机完成产品整个开发过程这一构想的基础之上。工程师完全是在计算机上建立产品模型，对模型进行分析，然后改进产品设计方案，用数字模型代替原来的实物原型，进行分析、试验、改进原有的设计。这样常常只需制作一次最终的实物原型，使新产品开发一次获得成功。如采用 VPD 技术后，汽车工业新车型开发的时间可由 36个月缩短到 24 个月以内，竞争的优势显然得到加强，其影响不可估量。现在VPD 技术已在汽车、航天、机车、医疗用品等诸多领域成功地应用，对工业界产生了强大的冲击作用。

第四章

体制正反作用于转型

　　长期以来中国经济运行实际遵循着凯恩斯理论，以扩大投资、出口和消费作为经济增长的主动力，其中尤以投资为重。不能否认"三驾马车"在促进中国经济发展中的巨大作用，同时也要看到在此理论指导下产生的一系列副作用，产能过剩、负债过多、资产价格泡沫、高房价、金融风险等都与过分强调"三驾马车"有关。

　　既然从需求的角度可以寻找经济增长的动力，那么也可以从供给的角度寻找经济增长的动力。有需求就有供给，这是一对相互依存、相互对应的逻辑关系，是一个事物的两个方面。这里的供给不是经济学教科书上所指的仅限于厂商或生产者的商品供给（狭义供给），而是指所有能对经济发展和经济效率提高起作用的"供给边"因素或供给力量（广义供给），包括经济活动主体（如企业和个人等）、生产要素（如资本、人力资本、技术和知识等）、结构变动（如工业化和城市化）和制度创新。

　　古典经济学大师亚当·斯密全面系统地抨击了重商主义的需求政策，提出劳动和资本等"供给边"因素在经济发展中的作用，提出市场这只"看不见的手"的关键作用。法国经济学家萨伊提出了著名的"萨伊定律"，认为供给会创造它自己的需求。供给学派认为，企业并不只是被动适应市场需求提供商品的生产单位，同时也在开发新产品而创造市场需求；经济增长源自供给者的创造能力和生产率的提高。供给学派主张：减税特别是降低边际税率，调动企业积极性；削减政府开支，放松政府管制，减少政府干预，赋予企业经济自由；稳定货币增长。

　　与"需求边"的"三驾马车"相对应，"供给边"有"三大发动机"，即制度变革、结构优化、要素升级。所谓制度变革中的制度是指广义的制度，包括文化制度、法律制度、组织制度（市场制度、政府制度）以及政策。结构优化包括工业化、城镇化、区域经济一体化、国际化、产业转型升级等。要素升级包括技术进步、人力资本增加、信息化、基础设施改善等。按照亚当·斯密理论，"供给边"力量可以综合表现为生产率的提高。

供给边力量很多，主要力量有企业的数量和质量、企业的活力；劳动力的数量和质量（人力资本）；劳动力的积极性和创新性；资本积累和资本运用效率；技术进步和知识积累；工业化和城市化；制度变革和制度创新。这六个力量中，最重要的力量是制度变革和制度创新。企业活力、劳动力积极性和创新性、资本效率、技术和知识运用效率的发挥提升，都是由制度决定的。各种生产要素之间的配置效率也是由制度决定的。因此，制度变革和制度创新是促进经济发展的决定性供给力量。制度促进经济发展有两种力量，一种是正方向的力量，一种是反方向的力量。

第一节　现行制度的掣肘

市场经济的核心是政府与市场的关系，最难处理的也是这对关系。在与市场的关系中，中国政府有三大弊端，即权力过大，干预过多，人多势众。

权力过大，这是中国政府最大的弊端。在中国强政府、弱市场有着古老的传统。中央集权管控经济在中国具有悠久的传统，其表现为重要生产资料和生活资料由国家管控，国家管控的方式是国家专营，国家专营的方式是国家直接经营和指定经营。早在春秋时期，五霸之一的齐国，管仲作为宰相辅佐齐桓公治国，管仲实行了盐铁专营。盐是基本的重要的生活资料，谁也离不开盐，而铁则是基本的重要的生产资料，在农业社会，生产者须臾离不开铁器。对盐的管控，管仲采取的办法是专卖，开放盐池让民间自由生产，之后由国家统一收购。对铁的管控，管仲采取的是国有民营的政策，国家拥有矿产所有权，开放民间冶铁，国家控制铁器定价权。管仲还建立了国储粮制度，国家采购囤积了大量粮食，以达到平衡、控制粮价的作用。及至汉武帝刘彻时期，中央集权管控经济的思想已经成熟定型。所谓成熟定型就是，政府实行的专卖由盐扩大到酒，铸币由民营改为国营，铁业彻底由官府垄断，即铁业的采、产、销全部由国家全面管制。这种对铁业全面管制尚属首次，历史上鲜为少见。此后，烟草、茶叶也纳入到国家专营范围。两千多年来，中央集权管控经济能够长盛不衰，有其深刻的政治、社会、文化、地理环境等多方面原因。

中国是一个崇尚集体的国家，经济活动的细胞虽然是家庭，但家族在经济活动中发挥着重要的组织协调作用，村级组织在经济活动中发挥着国家与村民联系的纽带作用。由家庭而家族及至皇家，由村、乡而县、郡及至国家，中国是一个从经济到政治都是一个中央集权国家。中央集权在经济中的一个重要表现是，重要的生产、生活资料都由中央政府控制，全国实行统一的经济政策，没有地方经济自由权。这种中央集权经济管理方式与政治上的专制主义相匹配，专制主义反过来强化了经济上的集权管理。

中国的改革开放发轫于社会或民间而不是政府，之后政府顺应潮流推进了改革开放，自此政府成为中国市场经济的主要推动力量。政府在推动经济发展过程中，把许多权力集于自身。这些权力主要有：（1）政府拥有重要生产要素和重要资源的定价权，决定土地、利率、国企管理人员工资薪酬和水、电、气、交通、电信等生产要素和重要资源的价格。（2）政府拥有项目、工程、企业业务等审批权，决定一些项目、工程、经营范围、经营业务等审批。（3）政府拥有优惠政策的制定权，利用手中的权力制定有利于国有企业、地方企业等优惠政策。（4）政府拥有资金的投资权，利用财政资金和操控信贷资金等投资企业或项目。（5）政府拥有制定经济政策、交易规则等权力，政府制定经济政策和交易规则，但又常常不执行或修改、调整甚至破坏这些政策和规则。（6）政府拥有制定法律法规或代替人大制定法律的权力，制定行政法律法规或名为人大制定实为代替人大制定法律法规。

干预过多，这是政府权力的另一个弊端。政府在着力推动经济发展发挥正方向作用的同时，也产生了反方向的负面作用。干预过多是权力过大的副产品，权力过大必然干预过多。好比一场足球比赛，政府既是组织者，又是裁判员，很多时候还下场踢球，又成了运动员。政策制定、市场秩序、组织生产，三种不同的职责集于一身，政府的职责和功能代替了企业、投资人的职责和功能，这就是人们常说的"政府之手伸得过长、干预太多"。干预过多主要表现为：政府直接审批企业成立，企业能否建立，不是企业说了算，而是政府说算，没有政府的审批，企业不能建立；决定企业一些新上项目，企业新上项目许多也是政府说了算，要经过政府审批，甚至层层审批；企业有的重大投资也不是自己说了算，也需要经过政府批准，政府不批准，企业不能投资；政府甚至给企业下达产值、利润、税收等经营指标和政策指标；企业要经常接受政府的各种检查、审计和评比；企业还要为政府的活动、政绩工程、形象工程提供物资和现金支持。

人多势众，这是政府的第三大弊端。政府机构多、人员多，这是政府权力过大、干预过多的副产品。权力过大、干预过多，必然拥有众多的机构、众多的人员。反过来，众多的机构和人员，必然要求增加权力、伸手过长。机构和人员过多。自秦汉以来，中国官僚体制的管理层级一般为三级至四级，即中央、郡、县三级，或中央、府、州、县四级，中华人民共和国建国以来实行的是中央、省、市、县、乡五级管理体制，有的地方延伸到了村级，即村干部由财政供养，管理层级达到了六级。机构众多，一个县党政群机构和事业单位多达 100 多个。中国历代民官之比以当代为最，西汉 7945∶1，东汉 7464∶1，唐朝 2927∶1，元朝 2613∶1，明朝 2299∶1，清朝 911∶1，现代 67∶1。1998 年财政部部长助理刘长琨说，汉朝 8000 人养一个官员，唐朝 3000 人养一个官员，清朝 1000 人养一个官员，现在 40 个人养一个公务员。行政费用所占生产总值的比例：中国为 25.6%，印度为 6.3%，美国为 3.4%，日本为 2.8%，中国行政费用所占生产总值的比例是印度的 4.1 倍，是美国的 7.5 倍，是日本的 9.1 倍。

政府权力过大、干预过多、人多势众的后果是：导致市场价格信号部分失真，不能真实、全面反映供求关系和经济规律；政策滞后于市场或不符合市场，干扰了经济的正常运行；定价权和优惠政策存在偏向和不公，民间资本和社会资本投资受限；审批过多、检查过多，阻碍了市场经济的活力；国企和地方企业垄断造成效率低下和不公平竞争；政府大量财政资金和信贷资金被用于无效益的形象工程和政绩工程，造成严重浪费；政府充当了市场秩序破坏者的角色，市场秩序混乱，诚信缺失，政府要承担主要责任，如果政府带头执行，且公平、公正，市场其他主体不可能也无权破坏市场秩序；政府运行成本过高、开支过大。各国政府费用占财政收入的比例：德国为 2.7%，埃及为 3.1%，印度为 6.3%，加拿大为 7.1%，俄罗斯为 7.6%，中国高达 30%。这还不是全口径的政府费用所占财政支出。中国政府费用占财政收入分别是这些国家的 11.1 倍、9.7 倍、4.8 倍、4.2 倍和 3.9 倍。

市场经济本质是法治经济，而中国社会最缺少的恰恰是法治。在中国的文化传统里，情为上，理居中，法为下，逻辑顺序一直是情→理→法。几千年来，这一顺序始终坚如磐石，即使在市场经济的今天仍然如此。中国是一个感情社会，重情是中国社会的最大特点，亲亲为上，亲亲为大，推己及人。人与他人的关系是以己为中心点，向外部扩散，情是联系人与人之间关系的纽带。

当市场经济遭遇中国人情社会，情与法产生了严重的冲突。按市场经济规律应该依法办事，法在上，情在下。但实际情况是，遇到纠纷、不公、违法等法律问题，人们的第一选择是找关系，绕过法律通过关系解决问题。有关部门在对具体问题的处理上，也是首先考虑关系，而不是依法处理。

在两千多年的农业社会和封建社会里，由小农经济的区域化、固定化和财产权缺少，决定了经济运行中的矛盾调解主要依靠乡规民约和皇朝权力。小农社会自耕自足，商品交易行为少，交易半径小，人们抬头不见低头见，不需要契约来约定交易行为。农民的财产权和整个社会个人的财产权从来都缺少法律的规定和严格的保护。在农村，处置财产和财富的权力是家庭中的男性长辈和家族中的长者，青壮劳力或担任商品交易行为的人往往是不具有处置财产和财富权力的人。这使得在整个农村，法律表现出无用性，人们不需要法律或不得已的情况下才"打官司"。而建立在农业基础之上的社会以情代法、以理代法、情大于法便成为必然的合理的选择。

与中国的文化传统相反，西方社会的文化传统是法→理→情，法为上，理居中，情为下。西方发达国家具有悠久的个人财产保护法律，具有久远的商业文明，也具有久远的法律传统，又经历了长时期的思想启蒙运动，使自由、平等、正义等价值观念较为普遍地为各方面所接受，并最终确立法治权威，为市场经济的产生和发展奠定了基础。

我国既缺乏法治传统，也缺少市场经济所要求的基本制度。我国目前面临的是法律缺乏权威、法律制度核心价值模糊与法律存在形式主义现象三大并发问题。漠视法律、践踏法律表现在社会的各个方面。在社会最强势的决策者及领导干部层面，以文件代法、以讲话代法、以行政命令代法的现象比比皆是，更改合同、撕毁合同、不按合同办事的现象随处可见，各地都曾经流传一种现象：一番承诺吸引外地企业前来投资，一旦项目落地进来，许多承诺即成一张废纸，谓之"关门打狗"。在司法及执行层面，地方法院随意解释法律、歪曲法律、不执行法律、不受理和保护本地生产经营者、保护关系生产经营者、保护强势生产经营者的现象十分普遍。当法律不公开、不公平、不公正，人们就不会相信法律，也不愿意通过法律解决争议、纠纷。法律诉讼过程中，法律成本过高，程序过多，时间过长，费用过高，一般的生产经营者难以承受，在这种情况下，一些生产经营者选择宁愿受经济损失，也不愿意打官司。对生产经营者来说，由于上述种种原因，他们从现实中深刻地感受到领导大于法律，权力高于法律，法律有时有用、有时无用，不信法律不行，过于依赖法律也不行。

市场经济的发展正在受到法制建设滞后的制约。当前，法治的市场经济建设面临的深层次问题主要有：

第一，党政以文代法、以言代法的现象普遍，权力过大、干预司法。党委、政府的文件大于或高于法律，领导讲话大于或高于法律的现象仍较为普遍。政府职能转变不到位。政府职能越位、缺位、错位现象同时并存。政府该管的事情没有管，而管了许多不该管、也管不了、管不好的事情。党委、政府直接管控经济，书记、市长代替市场；通过调控、扶持、管理、安全、秩序等各种名义，扩大党委、政府权力边界和管理范围，对市场活动施加种种限制；行政权力高于法律，"潜规则"超过法律规则，行政权力干预执法与司法过程，法律规定难以落实，无法提供稳定、安全、可预期的市场环境；以法律形式强化政府干预，以法律规定限制市场机制，行政权力、部门利益法律化，法律程序形式化，损害法律的公信力和权威性。

与政府有关的基本关系不顺畅。在政府—市场—企业的关系上，政府直接干预企业经营，经济运行中的政府主导特征并没有随着经济的发展而逐步减弱，许多地方反而被进一步强化；各级政府在资源配置方面的作用并没有随着市场的发展而有所减少，反而规模越来越大、范围越来越广；政府审批项目过多，审批程序繁琐复杂。在政府—社会—国民的关系上，政府面对民众，倾向于管制和管理，与民争利，集体所有实际上成为各级地方政府所有，社会组织受到压抑，基层组织自治和民主流于形式，民众不满情绪增强。在中央—部门—地方的关系上，中央权力过于集中，部门协调失灵，地方缺乏约束。在中央权力不断强化的体制下，地方政府有事权没有相应财权，在事权和政绩考核的双重压力下，为了经济发展，不惜采取破坏环境和不顾客观条件制约的一切手段。政府组织结构不合理。政府的决策、执行、监督三者之间缺乏相互制衡，决策、执行、监督各个环节均存在缺陷，导致各个部门或各级政府的自我授权、选择性执法，监督形同虚设。法律实施过于依靠政府，尤其是涉及市场管理方面的法律制度，政府大包大揽，立法过于注重采取行政强制措施、行政处罚措施纠正违法行为。

第二，对公民的人身权和财产权保护不力，市场主体缺乏稳定的安全预期。我国宪法等法律对公民的人身自由和人格尊严、平等权、政治权利、劳动者权益、合法私有财产等方面都提供了法律保障，公民充分享有法律名义上的权利，但公民实际享有的权利与法律规定有较大的差距。近年来全国各地频频发生的征地拆迁、信访维稳等事件，充分地说明人身自由与财产权保护与法律规定之间的巨大差距。

改革开放以来，我国出现了大量的方方面面的违法现象。我国的改革是从突破旧的管理制度开始的，先发展、后规范，其路径是一个点或一个方面突破文件和法律的界线，被实践证明取得了成功，然后先被文件认可，最后再修改法律。改革的过程就是一个不断突破文件和法律的过程，实际上就是一个不断违法的过程，当然这种违法是经济政策、体制机制领域的违法，而不是一般的刑事、民事领域的违法。这种"闯红灯"不但没有错，反而成功的示范效应，为违法犯法、践踏法律提供了现实根据和理论根据，也为中国社会未来在法律范围内良性发展种下了毒瘤。没有为市场主体通过民事诉讼和行政诉讼程序维护自身权利、维护市场正常运行秩序留下充足空间。同时，法院立案难、执行难，审判不独立，公民的正常诉讼权利得不到应有保障。各级政府部门违法行为时有发生，公民缺乏有效的权利救济渠道，被迫通过上访等非司法渠道解决法律纠纷，影响社会和谐稳定。法律权威的缺乏与法律规定本身的滞后，直接影响到市场主体的行为选择，并因此而使其缺乏稳定的安全预期，造成心理状态的变化和行为选择短期化。同样的道理，法治的缺位，也使掌握了巨大公共权力的政府官员普遍处于权力不受监督和制约的腐败风险之中。这些，既不利于形成稳定的市场交易秩序，也不利于维护社会公平和社会秩序。

第三，法律制度不够完善，不同的主体权利不同，非国有资本特别是民营经济发展受到限制。中国社会自古以来既缺乏法治传统，又缺乏平等思想，等级观念根深蒂固。建国以来实行的城乡二元经济结构、户籍制度、行政级别制度等社会管理制度，进一步固化了身份差别与等级色彩，产生了世界上最奇特的身份角色复杂众多、差别巨大的特有现象，体制内与体制外、大城市与小城市、城市与农村、国有与民营、公立与私立、行政单位与事业单位、上级与下级等一系列不同的身份角色即社会主体，这些不同的主体之间界线分明，等级森严，地位不平等，权利不平等。这种中国封建社会的等级余毒和苏联的集权统治相结合的社会管理模式，与市场经济所要求的主体同权、权利平等原则格格不入。比如，民营经济长期无法获得与国有经济平等的宪法和法律地位。在宪法中，国有经济和公共财产得到了应有的严格保护，但对于民营经济的保护力度则不足。尽管国务院于 2005 年和 2010 年先后发布两个"36 条"，鼓励民营资本进入能源、铁路、电信、金融、保险、城市公用事业等垄断性行业，但实际民营资本进入要遭遇千山万水、重重难关，现实中进入的少之又少。

法治建设滞后，市场经济前进受阻。此外，市场制度本身不完善也直接影响市场经济的发展。现代市场体系处于不断丰富和发展过程之中，它不仅包括消费品和生产资料等商品市场，而且包括资本市场、劳动力市场、技术市场、信息市场以及房地产市场等生产要素市场。其中，商品市场、资本市场和劳动力市场是现代市场体系的核心，现代市场经济只有借助于完整的市场体系，才能有效地配置资源。现代市场体系是统一的，它是各种相互作用、相互联系在一起的子市场的有机的结合体。企业是商品的生产者，也是现代市场体系中的创新主体，同时又是劳动市场上的劳动力需求方和金融市场中的资金需求方；消费者作为最终商品的需求方，也往往是劳动市场中的劳动力供给方，同时又是金融市场上的资金供给者；在金融市场上，金融中介机构作为金融企业，将消费者的储蓄融通转化为企业投资。

建立和完善统一开放、竞争有序的现代市场体系，是我国发展社会主义市场经济过程中的一项基础性任务。改革开放以来，随着经济体制从原有高度集中的计划经济体制逐步转向市场经济体制，市场体系建设相应取得重要进展。当前我国市场体系尚不完善，市场的开放性、竞争的公平性和运行的透明度都有待提高；部分基础产业和服务业价格关系尚未理顺，尤其是要素市场发展相对滞后，难以适应产业转型升级和经济发展方式转变的要求。具体而言，当前市场体系存在以下问题：

一是市场规则不完善，公开透明不够。市场法律体系不健全，信用体系尚待建立。约束市场各方包括政府行为的制度、规则不完善，现有制度、规则公开透明不够。交易行为不规范，交易成本高。地区封锁、市场分割的问题突出。市场秩序比较混乱，市场主体地位不平等，竞争不公平。假冒伪劣、欺骗欺诈盛行，消费者保护制度不健全。一些领域竞争规则和程序透明度低，尤其是在招标、采购、项目审批等方面，各种潜规则盛行，腐败滋生。由于信息强制披露法规不完善和市场信息化建设滞后，市场参与者的正当权益往往由于有效信息披露不足而被侵害。市场监管规则设置不清晰，执法者自由裁量权过大，存在选择执法、重复执法、错位执法或无人执法等问题。

二是部分商品价格行政性垄断，商品价格形成机制不够完善。部分基础产业和服务业价格尚未理顺，存在严重扭曲，在水、电、油、气、铁路、电信、医疗卫生等存在行政性垄断领域，产品或服务仍然采取政府定价方式，市场调节机制未能发挥应有作用，造成部分产品或服务的比价关系长期扭曲，上下游之间价格传导不畅，真实的生产经营成本和效率状况未能得到正确反映。扭曲的价格造成资源错配、结构失衡、分配不公、粗放发展，推高了经济社会发展成本。

三是土地、资本（利率）、技术、部分人力等要素价格由政府定价。农村集体建设用地在财产权力、市场准入、价格制定和收益分配上受到严重压制和不平等待遇。土地在征用、转让、招拍挂中法律法规不完善，执法不严。劳动力市场存在着各种阻碍劳动力合理流动的不合理制度，失业、养老、工伤、医疗等社会保障体系不健全、不到位、不充分，多样化的劳动就业和专业技能培训等社会服务体系缺少，劳动保护法规和争议调解机制有待进一步加强。技术市场没有得到应有的重视，基础设施建设薄弱，交易行为有待规范加强，技术市场的统一开放和国际化有待推进，产权交易市场和各类市场中介组织有待强化。

四是金融体系面临诸多问题。金融发展格局还不合理。我国间接融资比重高，金融体系仍然由银行主导，银行业资产占全部金融资产的90%以上，全社会的融资风险仍高度集中于银行体系。资本市场仍具有新兴加转轨的基本阶段性特征，证券业业务结构雷同且业务种类单一，资本扩张和市场融资能力有限；保险业处于发展初级阶段，保险密度和深度较低，保险产品不丰富，保障功能发挥不够。金融组织体系和金融服务需要加强与完善。中小金融机构发展不足，银行业对民营资本的市场开放仍有空间。金融机构公司治理和经营机制需要进一步完善，银行业战略规划比较薄弱、竞争同质化考核机制和经营模式不科学等问题尚未得到根本改观。农村金融机构法人治理结构不完善的问题较为突出。金融机构潜在风险和金融系统性风险不容忽视。主要金融价格形成机制市场化改革有待深化。货币市场利率向信贷市场利率的传导机制不畅，商业银行存款利率上限仍有管制，长期利率定价缺乏有效的外部基准，金融机构风险定价能力较低，人民币汇率形成机制灵活性不足，市场供求的决定作用有待提高，外汇供求关系不尽合理。

第二节　向深化改革要活力

　　向深化改革要活力。这是十八大以来，党中央、国务院发出的时代强音。改革最重要的举措是确立市场在资源配置中的决定性作用。政府和市场的关系是经济发展中的根本性关系，这一关系不清楚，政府和市场的角色就会模糊，模糊就会发生混乱和问题。党的十八届三中全会审议通过的《决定》指出："经济体制改革是全面深化改革的重点，核心问题是处理好政府和市场的关系，使市场在资源配置中起决定性作用和更好发挥政府作用。"这一表述不仅明确了未来全面深化改革的重点所在，更对市场的地位和作用进行了重新定位，是市场与政府关系认识上的一次重大理论突破。

　　中国是在深化改革中提高了对市场经济的认识。中国共产党对市场经济的认识有一个漫长的过程，市场经济是建立在产权明晰特别是私有财产权利明晰的基础上，建国初期法律和政策上承认私有财产和合法性，1956 年之后实行一大二公，一切财产收归国有和集体所有，从此消灭了私人所有和私有财产。1978 年实行改革开放，党和国家的工作中心由以阶级斗争为纲转移到以经济建设为中心上来，强调在经济建设中"应该坚决实行按经济规律办事，重视价值规律的作用"。改革开放给死气沉沉的中国带来了生机和活力，1982 年中共十二大对市场的认识前进了一大步，十二大提出："正确贯彻计划经济为主，市场调节为辅的原则，是经济体制改革中的一个根本性问题。"时过两年，1984 年共产党对市场的认识有了突破，提出了"商品经济"的概念，"商品经济"在通常的意义上就是市场经济，但那时还不敢提"市场经济"这个十分敏感的概念，在共产党的传统意识里，市场经济就等同于资本主义经济制度。"商品经济"概念的提出是一个重要的改革开放之举。随着价格改革的推进、价格逐渐放开，十二届三中全会《决定》提出："社会主义经济是公有制基础上的有计划的商品经济。商品经济的充分发展，是社会经济发展的不可逾越的阶段，是实现我国现代化的必要条件。只有充分发展商品经济，才能把经济真正搞活。"当经济发展到一定阶段，人们对"姓社""姓资"争论不休，改革开放大业出现停滞甚至有可能倒退的关键时刻，中国改革开放总设计师邓小平视察了南方，他在南方谈话中指出："计划多一点还是市场多一点，不是社会主义与资本主义的本质区别。计划经济不等于社会主义，资本主义也有计划；市场经济不等于资本主义，社会主义也有市场。计划和市场都是经济手段。社会主义的本质，是解放生产力，发展生产力，消灭剥削，消除两极分化，最终达到共同富裕。"邓小平的这一大胆而著名的论断是对马克思主义的社会主义理论的重大创新和突破。据此中共十四大确立了我国的经济体制是社会主义市场经济体制，提出："我们要建立的社会主义市场经济体制，就是要使市场在社会主义国家宏观调控下对资源配置起基础性作用，使经济活动遵循价值规律的要求，适应供求关系的变化；通过价格杠杆和竞争机制的功能，把资源配置到效益较好的环节中去。"这是中国共产党也是世界共产党对社会主义国家发展市场经济认识的一个重大的根本性转变。到了十八大，党对市场认识的地位进一步提高，十八届三中全会《决定》提出："使市场在资源配置中起决定性作用。"这是对市场作用认识的又一次深化和飞跃，是对市场在资源配置中作用的进一步提升。

在深化改革中提高认识，使中国特色社会主义理论与时俱进，不断突破、丰富发展，反过来又促进了深化改革。这是中国改革开放30多年来一条重要的成功经验。当改革进入到深水区和攻坚期，我们更不能从本本出发和教条出发，唯有在深化改革中寻找对策和出路，在深化改革中丰富中国特色社会主义理论。十八届三中全会作出的《决定》涵盖15个领域、60个具体任务，句句是改革，字字有力度。这是我国发展新阶段全面深化改革的行动纲领，深刻阐述了在新的历史起点上全面深化改革的重大意义，全面总结了改革开放35年来的伟大成就和重要经验，鲜明提出了全面深化改革的指导思想、总体思路、主要任务、重大举措。《决定》对在新的历史起点上全面深化改革作出战略部署，在理论上有一系列重大创新，在实践上有一系列重大突破，描绘了全面深化改革的新蓝图，勾勒出了改革路线图和时间表，并提出了许多新思想、新论断、新表述、新举措，对我们实现中华民族伟大复兴的中国梦具有划时代意义。

全面深化改革最核心的一条是确立市场在资源配置中的决定性作用。市场对资源配置是起什么作用？基础作用，还是决定性作用？习近平总书记作了回答："理论和实践都证明，市场配置资源是最有效率的形式。市场决定资源配置是市场经济的一般规律，市场经济本质上就是市场决定资源配置的经济。健全社会主义市场经济体制必须遵循这条规律，着力解决市场体系不完善、政府干预过多和监管不到位问题。"他指出："作出'使市场在资源配置中起决定性作用'的定位，有利于在全党全社会树立关于政府和市场关系的正确观念，有利于转变经济发展方式，有利于转变政府职能，有利于抑制消极腐败现象。"

在现代市场经济条件下，资源配置主要有政府和市场两种方式。政府配置方式是指由政府制定国民经济发展计划，通过层层行政审批甚至行政命令来统管资源和分配资源。以"计划经济为主，市场调节为辅"就是这种方式的理论概括。这种配置资源方式的优点是，可以从整体上协调经济发展，集中力量办大事。但缺点是，排斥竞争，资源闲置浪费，效率下降，权力寻租。市场决定资源配置能够最大程度地提高资源配置效率。市场配置资源是通过市场机制的作用能动地实现。市场机制是指市场主要因素，即市场供求、价格、竞争之间的相互联系、相互制约、相互作用的过程和机理。市场供求指的是能够提供给市场的商品及劳务和人们对商品及劳务的有支付能力的需求两个方面，是市场的基本要素。供给者和需求者一方拿商品，一方拿货币，彼此交换。商品和货币能否实现交换，关键是价格是否合理。市场价格是商品价值的货币表现，是市场供求关系的综合反映。供求关系是供求双方自由选择的关系，有选择就会产生竞争。因此，供求关系必然产生竞争，而竞争是市场经济的灵魂。

使市场在资源配置中发挥决定性作用，等同于市场在资源配置中起主导作用，也就意味着政府在资源配置中起辅助或调节作用，而不是主导作用。这对政府管理经济方式来说将发生根本性的变革。为此，必须简政放权，破除各种形式的垄断，推进要素价格市场化改革，推进金融改革开放。

第一，简政放权、政府职能转变是本届政府改革的重头戏。李克强总理多次说，深入推进行政体制改革。进一步简政放权，这是政府的自我革命。2013

年3月，李克强总理上任伊始就向社会承诺，本届政府至少要取消和下放1/3的部门行政审批事项，即567项。2013年4月24日，国务院常务会议决定第一批先行取消和下放71项行政审批项目等事项，重点是投资、生产经营活动项目。同年5月6日，国务院常务会议决定再取消和下放62项行政审批事项。同年6月19日，机构改革涉及的新组建部门"三定"（定职责、定机构、定编制）已全部完成，在这些部门"三定"中又取消和下放了32项行政审批事项。同年9月25日，为深入推进政府职能转变，持续释放改革红利，国务院常务会议决定再取消和下放75项行政审批事项。李克强总理在2014年《政府工作报告》中提出，2014年要再取消和下放行政审批事项200项以上。当年2月国务院印发《国务院关于取消和下放一批行政审批项目的决定》，取消和下放64项行政审批项目和18个子项。当年年初至11月底共取消和下放202项行政审批事项。

国务院审批改革办公室负责人表示，国务院有关部门经过梳理核实，形成了审批项目总清单，锁定了1235项行政审批的底数，首先确保每个审批事项的准确性和真实性。同时，把更多的精力放在提高含金量上，筛选了700多项与投资、创业、创新、就业等相关的行政审批事项，着力在提高质量、适应经济社会发展需要和激发市场活力等方面下功夫。

第二，加强事中事后监管。针对以往政府普遍存在的平时监管不及时、不到位，一出问题就搞"突击"，搞"大检查"的顽症，本届政府高度重视事中事后监管，把监管放在更加重要的位置，提出监管制度化、规范化、常态化的目标。地方政府在职能转变和机构改革过程中，把加强监管作为重中之重，建立横向到边、纵向到底的监管网络和科学有效的监管机制。上至国家发改委，下到各县市，积极推行一站式审批、一个窗口办事，探索实施统一市场监管。各地加快社会信用体系建设，一些省市探索建立省市级政府信息共享和全省诚信信息体系，推动建立自然人、法人统一代码，对违背市场竞争规则和侵害消费者权益的企业建立黑名单制度，让失信者寸步难行，让守信者一路畅通。建设信息共享、覆盖全国的投资项目在线审批监管平台，实现网上办理、审批和监管，提高审批效率。用"制度＋技术"使权力运行处处"留痕"，铲除滋生权力腐败的土壤。建立投资项目建设信息在线报告等制度，并公开有关信息，形成中央与地方、政府与社会协同监督的合力，让企业在公平竞争市场中做大做强。建立中介机构信用档案，严格依法监管，对出具假报告、假认证等加大打击力度，严惩违背诚信行为。积极建立科学的抽查制度、责任追溯制度、经营异常名录和黑名单制度，对违法违规者，要严厉惩处，以儆效尤。

第三，抓好财税体制改革这个重头戏。财政是国家治理的基础和重要支柱，科学的财税体制是优化资源配置、维护市场统一、促进社会公平、实现国家长治久安的制度保障。提出国家财政目标是实施全面规范、公开透明的预算制度。着力把所有政府性收入纳入预算，实行全口径预算管理。一些地方政府开始试点，实行预算和决算都要向社会公开，部门预算要逐步公开到基本支出和项目支出，所有财政拨款的"三公"经费都要公开，打造阳光财政，让群众看明白、能监督。国家将提高一般性转移支付比例，专项转移支付项目要减少 1/3，并将进一步减少。推进税收制度改革，把"营改增"试点扩大到铁路运输、邮政服务、电信等行业，清费立税，推动消费税、资源税改革，做好房地产税、环境保护税立法相关工作。出台了多项政策，扩展小微企业税收优惠范围，减轻企业负担。国家正在抓紧研究调整中央与地方事权和支出责任，逐步理顺中央与地方收入划分，保持现有财力格局总体稳定。建立规范的地方政府举债融资机制，把地方政府性债务纳入预算管理，推行政府综合财务报告制度，防止和化解债务风险。

第四，深化金融体制改革。金融是现代市场经济的核心，资金融通是资源配置的先导和关键。金融改革按李克强总理在 2014 年《政府工作报告》中提出的要求是，推进利率市场化，扩大金融机构利率自主定价权。保持人民币汇率在合理均衡水平上的基本稳定，扩大汇率双向浮动区间，推进人民币资本项目可兑换。稳步推进由民间资本发起设立中小型银行等金融机构，引导民间资本参股、投资金融机构及融资中介服务机构。建立存款保险制度，健全金融机构风险处置机制。

在中国超大规模发行货币的情况下时常发生"钱荒"让人不可理解。2014年 9 月末，我国广义货币供应量 M2 余额为 120.2 万亿元，而 2002 年年初这一数字仅为 16 万亿元，2013 年年底我国货币总量与 GDP 之比为 2∶1，即货币总量比 GDP 总量高一倍。我国经济总量为世界第二，大约为美国的 1/3，而货币投放量比经济总量第一的美国高出 1.5 倍，位居世界第一。但是如此巨大的货币投放，却在 2013 年 6 月和 2013 年 12 月两次出现"钱荒"。究其根源是，我国出现了规模巨大的"影子银行"业务。"影子银行"是指银行正常的存贷款业务之外的活动，更多的是为了规避银行监管而出现的所谓金融创新。银行大量资金进入"影子银行"业务。为保证金融安全，监管部门在每年的期中和期末都要对贷款比例进行审查，为应对银监部门的审查，银行需要调入大量的外货资金，于是出现了"钱荒"。"钱荒"对经济正常运行造成严重干扰。

目前中国银行业的利润主要来自于利差，即存款利率与贷款利率之间的差距。中国企业联合会发布的《2013 中国 500 强企业发展报告》指出，2012 年中国最大的 5 家商业银行（工、农、中、建、交）营业收入占 500 强企业收入总额的 6.2%，利润占 35.6%。与之相对，267 家制造业企业的营业收入总额占 500 强企业收入总额的 41.1%，利润却仅占 20.2%。数据显示，此次共有 39 家银行进入服务业 500 强名单，占所有企业数量的 7.8%。而银行业利润 10445 亿元，占 500 强利润 15475 亿元的 67.5%。换句话说，服务业 500 强中，银行业以不到一成的企业数量贡献了近七成的利润。制造业 500 强平均利润率仅为 2.23%。银行业利润远远高于实体经济利润，显然不合理，长期以往不利于实体经济发展。银行业的高额利润来自于三个方面，一是政府确定的存款利率和贷款利率的利差过大造成的，二是银行间利率没有充分竞争，三是银行业务的垄断性带来了巨额利润。

要加快推进利率市场化，发挥市场机制的作用，给金融机构利率自主定价权，促使充分竞争，降低利差，提升管理能力和风险定价能力，优化金融体系的内在结构。利率市场化最核心的目标就是金融机构有自主定价权。在现代金融业中，商业银行最核心的业务水平就是风险定价能力。利率市场化有利于银行提升能力和服务，有利于老百姓提高存款利率，有利于实体经济发展。

建立存款保险制度，健全金融机构风险处置机制。这意味着银行可以破产了。在传统上和老百姓心目中，我国不存在存款保险问题，把钱存在银行里，就是为了保险。但这不是市场经济，在成熟的或完善的市场经济中，优胜劣汰是正常的竞争，银行有赚钱有亏损、有生有死才是正常的，现在这种只赚不赔、亏而不倒是不正常的。

允许民间资本进入银行业，能够激发银行业的活力，更好地为实体经济服务。2014 年我国首批 5 家民营银行获批，在上海、天津、浙江和广东展开试点。试点民营银行享受国民待遇，接受相同的监督管理。允许民间资本建立银行，服务小微企业，就是要建立一个有效的金融通道，让从实体经济流出的热钱再回到实体经济。这既减少金融风险，又推动中小企业发展。

第五，推进股票发行注册制改革，取消股票发行的持续盈利条件，降低小微和创新型企业上市门槛。建立资本市场小额再融资快速机制，开展股权众筹融资试点。加快多层次股权市场建设，鼓励市场化并购重组，完善退市制度，促进上市公司提高效益，增强持续回报投资者能力。规范发展债券市场，发展适合不同投资者群体的多样化债券品种，促进债券跨市场顺畅流转，强化信用监管。培育私募市场，对依法合规的私募发行不设行政审批，鼓励和引导创业投资基金支持中小微企业，创新科技金融产品和服务，促进战略性新兴产业发展。推进期货市场建设，继续推出大宗资源性产品期货品种，逐步发展国债期货，增强期货市场服务实体经济的能力。积极发展农业保险，探索建立巨灾保险制度。促进互联网金融健康发展，2014年，"互联网金融"首次写入《政府工作报告》。创新需要一定的灰色空间，金融又是政策导向非常明显的行业，所以创新容忍度很重要。2014年是互联网金融全面渗透金融业的一年，第三方支付、P2P网贷平台、股权众筹、数字加密货币等新业务全面快速发展。

中国是世界第二大经济体，是世界上最大的进出口贸易国之一。人民币国际化，就是要使人民币在世界金融版图中占据它应有的地位，获得它应有的话语权和参与制订金融规则的权力。现在的国际储备货币主要是美元。美国借此可以制定、影响国际金融秩序和规则，获得巨大利益。贸易顺差扩大，外汇储备增加，形成了人民币升值压力，同时，庞大的外汇占款又形成通货膨胀压力。人民币国际化是与国家经济实力相联系的。国际货币有以下几个主要特征：自由流动、能计价、能投资、可储备。中国是一个大国，但不是一个富国，一个富国的标准有：GDP占世界总量的5%以上，大企业数量占世界500强总数的5%以上，对外贸易总额占世界贸易总额的5%以上，本国货币作为国际储备货币占世界外汇储备总额的5%以上，目前世界同时具备这四个条件的只有美国、欧盟和日本。中国前三个条件都具备，第四个条件还有很大的距离。中国要成为富国，人民币必须国际化。自2005年汇率形成机制改革以来，目前世界上有20多个国家把人民币当作国家货币储备。未来10年，人民币将加速朝国际储备货币迈进。

第六，推进上海自贸区改革试验。为进一步推动贸易、金融、投资开放，发挥市场主导作用，建立风险防范机制。中国政府在上海规划出 28.78 平方公里区域，建立自由贸易区。习近平总书记和李克强总理指出，建设自贸区是党中央为推进新形势下改革开放提出的一项重大举措，要形成可复制可推广的体制机制。自贸区进行了四个方面的探索：（1）完善自由贸易的途径。包括如何进一步扩大贸易开放度，其中关键点是外汇政策和税收政策的探索。（2）金融开放。在自贸区人民币资本项目下逐渐放开，将全方位为企业提供与海外资本与市场对接的窗口。（3）投资开放。对外资在我国投资，实行"准入前国民待遇和负面清单"管理模式。（4）建立风险防范机制。在自贸区进行金融开放、投资开放，构建离岸人民币金融中心，也是要进行金融风险压力测试。

全面深化改革，政府首先向自己的权力开刀，呈现出不同于以往政府改革的鲜明特点：

一是以"负面清单"限定政府权限。按"法无禁止即可为"的"负面清单"要求限定政府权限，转变政府职能，加快审批制度改革，进一步放宽市场主体的自由选择权。同时将"负面清单"和"正面清单"结合起来，对政府实行"法无明文不可为"，并将政府的"责任清单"与"权力清单"相结合，突出权责统一关系，强化责任到人的问责机制。

二是将"静态清单"与"动态清单"相结合。"静态清单"解决政府应该做什么的问题，而"动态清单"揭示政府怎么做的问题。改变政府重视建大楼、不重视建档案的习惯，强化政府档案管理，建立政府工作程序记载制度，对政府行为进行程序化记录管理。实行政府实绩档案管理，使政府行为过程留有痕迹，权力清单的动态追溯过程体现在工作实绩档案中，让实绩管理台账见证权力清单，让政府权力运行过程有账可查、清楚明白。

三是信息公开透明。按政府行为范围的限定原则和透明化要求，充分发挥政府信息功能，做到政府信息共享，防止信息失真。通过公开防止信息截留和屏蔽，并通过信息公开的方式对政府进行信息化控制。政府部门生成的信息，除涉及国家机密安全外，只要社会需要都要及时全面公开。政府控制和配置资源的信息、政府权力运行信息、政府公证登记管理信息等是信息公开的重点，当前财政预决算信息、人地关系信息、住房保有量信息等是公开的关键点和切入点。

四是显规则代替潜规则。提高公平、公开、公正原则的操作性和可执行性，杜绝暗箱操作。在经济领域，加快建设统一开放、竞争有序的市场体系，形成公平、开放、透明的市场规则；在公共权力领域，完善用人选人制度和权力运行监督机制，坚持用制度管权管事管人，让人民监督权力，让权力在阳光下运行，把权力关进制度的笼子。

本届政府改革力度之大超出人们的预想，速度之快超出人们的预期。2013年至2014年年底两年时间，国务院共分6次公布652项"放权名单"，其中，共取消和下放行政审批事项408项，对照"本届政府削减1/3以上"共567项的目标，若按照目前速度，有望提前兑现承诺。修订政府核准的投资项目目录，需报国务院部门核准的企业投资项目减少60%左右；减少、整合财政专项转移支付项目，从改革前的220个减少到150个左右。从国务院已经下放和取消的652项行政审批事项分析发现，放权领域正逐步朝"深水"过渡，后期取消或下放的权限越来越多涉及核心领域和权力。前几批放权主要集中在工商类、文化类及各种资格认定的清理，后期则更多集中在基建投资核准、金融项目核准等重要经济领域。

深化改革效果初步显现，市场的潜力和活力正在逐渐释放。2014年2月，国务院批准发布《注册资本登记制度改革方案》，目前这项改革正依法有序推进。注册资本认缴登记制从2014年3月1日开始在全国全面实行；简化住所（经营场所）登记手续、推行电子营业执照和全程电子化登记管理等工作也在积极稳妥推进。取消年检，实缴制改成认缴制，前置审批改成后置审批，这些政策的效果十分明显。数据显示，工商登记制度改革全面实施以来，2014年3—10月，全国新登记注册市场主体863.66万户，同比增长15.20%，注册资本（金）14.13万亿元，增长80.72%。其中，新登记注册企业251.46万户，增长56.20%，注册资本（金）12.97万亿元，增长90.21%。平均每天新登记注册企业1.03万户。一年多来，"跑部"办事比以前省时省力了，成为许多和部委打交道的企业和民众的切身感受。数据显示，发改委自2013年以来，取消和下放了企业投资项目核准、生产经营活动许可、资质资格类审批事项等共计44项，同时连续两次修订《政府核准的投资项目目录》，从而在投资领域使中央层面核准的项目数量在两年时间合计减少约76%。城市轨道交通项目核准权从国家发改委下放到地方后，重庆、昆明、哈尔滨等14个城市，按照国务院的城市轨道交通建设规划，批复城市轨道交通建设项目25个，线路总长度超 500 公里，涉及总投资 3300 亿元。取消和下放 600 多项行政审批事项，减少行政事业性收费，每年减轻企业和个人负担约 100 亿元人民币。

"我们要加快体制创新步伐。通过激发市场和社会活力，让每个有创业意愿的人都拥有创业空间，在中国大地上掀起'大众创业'、'草根创业'热潮。"李克强总理在 2014 年夏季达沃斯论坛上的话言犹在耳，勾画出一幅让人热血沸腾的前景。人们不会忘记，早在当选总理之初，李克强便郑重承诺，要把错装在政府身上的手换成市场的手。一年多的实践表明，中国政府正在践行这一承诺。尽管过程坎坷，但只要沿着市场主导的道路一直走下去，一步步推进、落实相关改革措施，那么有理由相信，摆脱"镣铐"的市场势必展现出其原有的活力和魅力。

尽管政府深化改革取得了成效，但距离群众的愿望还有一定的差距。中共中央书记处书记、国务委员兼国务院秘书长杨晶表示："一年多来，国务院大力推进行政审批制度改革，加快政府职能转变，成效不断显现，但与经济社会发展的迫切需要相比，与全面深化改革的总体要求相比，与人民群众的热切期盼相比，仍有较大差距。"综合媒体报道不难发现，这些"差距"具体表现为：在行政审批制度改革中，一些部门取消、下放的审批事项中含金量高的项目不够多，特别是束缚企业生产经营、影响人民群众就业创业创新的事项取消下放不够。改革中还存在统筹、衔接、配套不够的问题。有些审批事项下放后，地方承接能力不够，出现了"中梗阻"问题。与此同时，行政运行也存在不够规范、不够透明的现象。一些部门保留的审批事项操作不规范，审批随意性和自由裁量权大。而与审批相伴的中介评估服务问题也日益突出。有些政府机关和工作人员法治意识淡薄，过于依赖行政手段，对法律、市场和技术手段运用不够。有些行政审批事项取消后，相应的监管没有跟上等等。

全面深化改革在路上，政府自我革命没有停顿时。国务院部署的改革举措一个接着一个，积极稳妥而有序地推出。国务院总理李克强于 2014 年 11 月 5 日主持召开国务院常务会议，决定削减前置审批、推行投资项目网上核准。会议决定，实行五个"一律"，更大程度方便企业投资。对属于企业经营自主权的事项，一律不再作为前置条件；对法律法规未明确规定为前置条件的，一律不再进行前置审批；对法律法规有明确规定的前置条件，除确有必要保留的外，通过修法一律取消；核准机关能通过征求部门意见解决的，一律不再进行前置审批；除特殊需要并有法律法规依据的外，一律不得设定强制性中介服务和指定中介机构。对确需保留的前置审批及中介服务，要制定目录，并向社会公布。同时，推行前置审批与项目核准"并联"办理，作为重要简政措施，加快办理速度。同一部门实施的多个审批，实行一次受理、一并办理。

2014年12月12日举行的国务院常务会议提出，中国将在广东、天津、福建特定区域再设三个自由贸易园区。

人们看到，中国全面深化改革的大潮正在汹涌而出，逐浪推进，全面深化改革带来的活力必将产生一波接着一波的丰硕果实。

第三节 尊重人民群众的创新性

改革开放 30 多年来的历程表明，改革开放的每一次突破与发展，无不来自人民的参与和支持；改革开放经验的创造与积累，无不源于人民的实践和智慧。群众路线是共产党的三大法宝之一。站在新的历史起点上，实现中华民族的伟大梦想，必须坚持走群众路线，一切为了群众、一切依靠群众和从群众中来、到群众中去。

人民是历史的创造者，群众是真正的英雄。离开人民群众的支持和参与，任何改革都不可能取得成功。"坚持以人为本，尊重人民主体地位，发挥群众首创精神，紧紧依靠人民推动改革"，党的十八届三中全会的这一重要论述，阐释了人民群众是全面深化改革的力量源泉这一根本问题。习近平总书记指出，改革发展稳定任务越繁重，我们越要加强和改善党的领导，越要保持党同人民群众的血肉联系，善于通过提出和贯彻正确的路线方针政策带领人民前进，善于从人民的实践创造和发展要求中完善政策主张，使改革发展成果更多更公平惠及全体人民，不断为深化改革开放夯实群众基础。李克强总理指出，实践证明，只要紧紧依靠改革，坚持破除不合理的体制机制障碍，不断释放改革红利，就能激发人民群众中蕴藏的无限创造活力，勤劳智慧的中国人民就能创造巨大的社会财富，持续推动我国经济社会发展。他说："我们要相信市场，相信老百姓有无穷的创造力。"

人民群众作为中华民族的主体，是实现民族复兴的根本力量。坚持尊重人民群众的历史主体地位，极大地焕发人民群众投身民族复兴伟业的创造热情，是中国特色社会主义的一个鲜明特质。改革开放的许多重大突破都是由人民群众的探索而来，由群众一个点或一个地方的成功实践，而后得到地方、部门和中央认可，最后上升到国家政策在全国推广。由群众在原有人民公社制度下的大胆探索，产生了以包产到户、包干到户即"双包制"为主要形式的家庭联产承包责任制。这一制度的广泛推行，给中国农村带来了翻天覆地的变化，进而促进了中国的经济变革，深刻地改变了当代中国的历史进程。同"大包干"一样，给中国经济带来巨大生机活力的乡镇企业也是农民的发明创造，而不是政府发明创造出来的。土地流转是继"大包干"和乡镇企业之后又一伟大的生产变革。这一变革的推动者还是广大农民。城镇个体经营和私营经济的发展来自于城镇居民对生活状况改善的大胆探索。对中国经济产生重大影响的经济特区同样来自于农民生存权的勇敢追求。在总结群众大胆探索取得成功经验的基础上，中央实行了家庭联产承包责任制、发展乡镇企业、发展个体经营和私营经济、实行经济特区政策等一系列改革开放的重大举措。

始于1978年年底，以中共十一届三中全会召开为标志的改革开放，至21世纪头10年，中国创造了GDP年均增长10%的奇迹，被世界称之为中国模式。什么是中国模式，中国模式的核心是什么？什么是推动中国经济的真正力量？2008年美国爆发金融危机并波及世界之后，中国的高速发展和强劲势头再次引起世界的关注，有关"中国模式"的各种观点再起热浪。有种观点认为，中国经济能够在二三十年中创造世界公认的优异成绩，根本原因正在于中国拥有一个强势的政府和具有强大控制力的国有经济。这种体制能够正确制定和成功执行国家战略，不但中国应该继续坚持现有体制，世界各国也应该学习借鉴。在很长一段时间，人们的普遍看法是政府推动了中国的经济发展。外国舆论也普遍持有这样的观点。

但一些经济学家并不同意这种观点。英国经济学家罗纳德·哈里·科斯是世界第一个诺贝尔经济学奖得主，作为系统阐述中国几十年变革的人，他认为，改革开放前被社会主义经济制度边缘化的经济力量发起的四大"边缘革命"——家庭联产承包责任制、乡镇企业带领的农村工业化、个体经济和私营企业兴起、经济特区建立，"真正让中国经济得到飞速发展并得以向市场经济转变的，不是那些由国家主导的'洋跃进'或企业改革，而是这些民间的'边缘革命'。"①

中华人民共和国建立以来经济上这一最大的新巨变,确实是由科斯所说的四大"边缘革命"所引发的,但这四大"边缘革命"又是如何发生的?它的推动力量是政府之手,还是民间之手?是政府的试错机制在发挥作用,还是群众自发力量的推动?是政策的效应,还是农民对生存权和自由权追求的作用?实际情况究竟如何?

中国的历史以1978年12月召开的中国共产党第十一届三中全会为标志翻开了新的一页。书写历史新篇章的人物不是英雄伟人,而是普通的农民。巨变不是政策的效应,而是来自利益和自由的魔力。普通农民在古老的土地上发明了"大包干"的生产组织方式,农民与土地等生产对象、生产资料的自由结合开启了中国巨变的神话。

1978年凤阳县大旱,秋收后,这个拥有20户、115口人的小岗生产队被梨园公社分为两个作业组,实行"包干到组",麦子刚种齐,两个组就内乱了。队领导无法解决,公社书记张明楼深知这个穷村难缠,破例同意分成4个组。但由于谁都不想多出力少得分,还是搞不到一起。10多天后,3个队干部无脸再去找公社书记解决问题,便瞒着公社,偷偷地将全队分成8个作业组,就这样:"三户一组两户搞,还有一户无法搞,不如散掉业个屌。"当年12月的一天晚上,18户人家集中讨论,争来争去,办法只有一个"单干",当即定下规定:"一、我们分到户以后,每户午秋二季所收的头场粮食,就要把国家征粮集体提留交齐,谁也不准装孬种。二、我们是'明组暗户',不准任何人向上面和外人讲,谁讲谁不是人。三、如果队干部因为分田到户而蹲班房,他家的农活由全队社员包下来,还要把小孩养到18岁。"接着18户代表摁了手印,赌咒发誓。②

在同一年,安徽肥西县的山南村等村庄偷偷地实行"大包干"。远在西部的四川省蓬溪县群利镇九龙坡的小山村则早在1976年的9月就实行了包产到户。一天晚上,公社书记邓天元召集一小群干部商讨如何提高粮食产量,在激

---

① 〔英〕罗纳德·哈里·科斯,王宁著:《变革中国》,徐尧,李哲民译,中信出版社,2013年1月版,第95页。

② 夏玉润编著:《小岗村与大包干》,安徽人民出版社,2005年版,114—119页。

烈的讨论后，大家同意采取包产到户的办法，决定把处在边角的土地分配到其中两个生产队的家庭。当年，那些边角耕地的粮食产量比集体耕种的肥沃土地的产量高出3倍。①

由广大农民群众在生产实践中的创造，形成了以包产到户、包干到户即"双包制"为主要形式的家庭联产承包责任制。这一制度的广泛推行，给中国农村带来了翻天覆地的变化，进而促发了中国的经济变革，深刻地改变了当代中国的历史进程。农村改革是中国改革的"试验田"，它的成功实践，推动了城市以至整个国民经济体制的改革。

中央从反对到默许、认可、支持再到全国推行。包产到户、包干到户是由广大农民群众自主自发创造出的做法，并不是中央要求和推行的做法。一开始，中央反对一切形式的包产到户。1977年12月，中共中央在转发《普及大寨县工作座谈会讨论的若干问题》中重申"实行定额管理"。此后，"落实党的农村现行政策"的呼声逐步盖过了"农业学大寨"的宣传。十一届三中全会是解放思想、改革开放的标志，但由于"左倾"错误路线长期占支配地位，"左"的东西根深蒂固，在对待农业和农村问题上，维护人民公社旧体制的力量依然强大，"左"的色彩仍然十分浓厚，会议通过的《中共中央关于农业发展若干问题的决定（草案）》和《农村人民公社工作条例》两个文件，规定为维护人民公社制度，"不许分田单干"、"不准包产到户"。

政策的松动发生在十一届四中全会。1979年党的十一届四中全会正式通过的《中共中央关于加快农业发展若干问题的决定》规定"不许分田单干"，但允许"某些副业生产的特殊需要和边远山区、交通不便的单家独户"搞包产到户。这种"例外"规定，表明包产到户这一传统禁区在农民的冲击下开始破土松动。

在高度的计划经济体制下，在高度的集权政治体制下，中央没有号召和允许，一些农村为何敢于突破中央的禁区？农民何来的胆量敢于冒着做牢甚至杀头的危险？是什么力量驱使着他们英勇无畏？答案只有一个，那就是对自身利益（一种生存的权利）坚定、坚决的追求。一个有力的例证是，各地悄悄涌现

---

① 四川省委宣传部、四川省社科院、四川日报报业集团编著：《敢为天下先》，四川人民出版社，2008年版，第20页。

的各种形式的"大包干"都出现在当地最贫困的村庄。九龙坡村是群利公社最穷的、当地有名的乞丐村。处在江淮分水岭十年九旱的小岗村更是远近闻名的乞讨村。

农民为追求自身利益（生存权）而悄悄进行的这场革命不是地方党政部门和中央的恩赐，也不是英雄的创造发明，而是农民走投无路不得已闯出的一条生路。这为中国改革开放的伟大序幕增添了几分悲壮的色彩，也为以后中国进行的一系列重大改革带来了重大启发：改革的源泉和力量来自于人民大众，来自于人民大众对自身利益或生存权的勇敢而坚定的追求。

同"大包干"一样，乡镇企业也是农民的发明创造，而不是政府发明创造出来的。诞生于乡村土壤上的乡镇企业，给中国经济带来了第二个冲击波。在改革开放前期，乡镇企业对活跃中国国有经济之外的非公有制经济起到了引领和带头作用。同时，乡镇企业也对国营企业产生了巨大的冲击，促发国营企业加速改革。

乡镇企业的根底是 20 世纪 50 年代的社办企业。"大包干"之时，国家经济出现生机，但各种消费品十分短缺，一些精明的农民和基层干部敏锐地发现了商机，有的依靠乡镇设备和资金，有的承包乡镇企业的设备、厂房等，有的打着乡镇企业的旗号，实际上是个体私营企业，有的在家庭作坊的基础上雇佣人员和购买设备开始了工厂化生产，这些企业从加工制造简单的生活日用品和工业品开始。

尽管 1979 年中共十一届四中全会上通过的《中共中央关于加快农业发展若干问题的决定》，正式确立了社队企业在中国经济中的地位。但由于乡镇企业人员素质低，技术差，所用设备大多是落后的或国营企业淘汰的过时设备，但产品填补了短缺的市场，同时由于低成本的产品对国营企业高成本的产品造成了冲击。因此，一度受到了四面打击，中央和地方出台了一些专门打压乡镇企业的政策，断绝其获得银行贷款和原材料的途径，禁止其进入消费市场。

同"大包干"一样，20 世纪 70 年代末 80 年代初，关于乡镇企业的发展争论持续不断，争论的核心是：发展社队企业是壮大社会主义经济，还是发展资本主义经济？

在争议中，乡镇企业要发展，一些政策的框框怎么突破？江苏南部是中国乡镇企业发展最早成规模的一块土壤，他们的做法是：如针对"生产资料不是商品"（即生产资料只能由国家计划分配，不得进入市场），江苏各级有关的经济部门和众多的企业，在当地政府的支持下，借助于经济协作，到原料产区通过多种形式，以双方认可的方式和条件，向生产和经营单位购进所需要的原料；针对"生产企业必须计划定点才能生产"（即所有的生产企业都要经过省级计划部门批准列入计划，才能供应原材料定点生产），江苏省决定由各市、县自行平衡供销，自行审定项目；针对"工不经商"（即工厂生产的产品，只能由国营商业统一收购，再经一、二级批发站，转向零售，工厂没有自销权），江苏省利用经济调整过程中市场疲软、商品压库的契机，允许工厂自销。①

　　土地流转是继"大包干"和乡镇企业之后又一伟大的生产变革。这一变革的推动者还是广大农民。家庭联产承包责任制分得多、统得少，调动了农民生产经营积极性，但随着生产力水平的提高，这种分散的生产经营方式暴露出效率低、成本高等问题，同时农村年轻劳力纷纷到城市打工而不再或少种田，于是土地向种田能手流转集中集约经营、规模经营便应运而生。目前制约我国农业劳动生产率提高的根本原因是劳动力人均面积过低，每个农业劳动力平均支配的耕地仅为 5.3 亩，农民人均 1.5 亩，农民很难依靠少量的土地增产增收。同时，劳动力人均耕地面积过小阻碍了生产率提高，投入到土地中的劳力、资金、技术受到土地收益递减规律的制约，制度创新和技术创新的收效效应受到土地自然资源的制约。

　　对被视为"命根子"的土地，农民创造了各种方式的流转。一开始，国家无论是政策还是法律都规定不允许土地流转。1982 年宪法第 10 条规定："任何组织或者个人不得侵占、买卖、出租或者以其他形式非法转让土地。"中发〔1982〕1 号《全国农村工作会议纪要》规定："社员承包的土地，不准买卖，不准出租，不准转让，不准荒废，否则，集体有权收回；社员无力经营或转营他业时应退还集体。"

　　但是从敢闯敢试的"大包干"中尝得甜头的农民，已经不再惧怕，而是敢于向旧的政策和法律提出挑战，各地农民都在积极尝试各种形式的流转。农民的首创精神，迫使政策和法律逐步放开。1984 年中共中央一号文件《中共中

---

　　①　胡明：《改革开放以来我国乡镇企业的发展历程及启示——以1978—1992年江苏乡镇企业发展为例》，《党的文献》，2008 年第 4 期。

央关于一九八四年农村工作的通知》"鼓励土地逐步向种田能手集中。社员在承包期内，因无力耕种或转营他业而要求不包或少包土地的，可以将土地交给集体统一安排，也可以经集体同意，由社员自找对象协商转包，但不能擅自改变向集体承包合同的内容。"1988 年 4 月 12 日通过的宪法修正案规定："任何组织或者个人不得侵占、买卖或者以其他形式非法转让土地。土地的使用权可以依照法律的规定转让。"这在我国立法上第一次明确规定了农村土地使用权可以采取转让的方式流转。

20 世纪 70 年代末 80 年代初，刚刚经历十年浩劫的中国满目疮痍，各大城市涌现出大批在"文革"中"上山下乡"的返城知青，总数在 2000 万人以内，这批庞大的"待业青年"像沉重的大山压在各地政府的心头，没有就业渠道和生活来源，冲击政府，成为社会不安定因素。一些地方主要是街道、居委会为了社会稳定，悄悄地让一些青年从事开小饭店、摆小摊等小买卖。回城知青、街头小贩、"两劳"释放人员、无业游民、投机倒把者，社会最低贱最贫寒的阶层，组成了中国城镇个体私营经济最早的部落，开始了一场改写中国城镇经济历史的伟大革命。

为什么城镇中最低贱的阶层成为城镇个体经济和私营经济的领先者？无论是智力、权力，还是财力，这一阶层的人从事个体和私营经济都有着更大的经营风险，为何这些人却义无反顾地甘冒风险？这是因为这些人的生存压力最大，自由权利最小，他们渴望获得生存权和自由权。政府没有资金或很小的资金投入，只是给了他们一个执照（证件），一块很小的地方。而这个小小的执照和小小的地方是他们获得生存权和自由权的一个标志物。仅仅靠着一个小小的执照和一块小小的地方，他们创造出中国城镇经济的一片蓝天。

被誉为"近世以来最伟大的历史学家"的阿诺德·约瑟夫·汤因比在他的皇皇巨著《历史研究》一书提出：文明是人类应对自然的挑战而产生。巨大的就业和稳定压力撕开了政策的口子。1979 年 2 月，中共中央、国务院批转第一个有关发展个体经济的报告："各地可根据市场需要，在取得有关业务主管部门同意后，批准一些有正式户口的闲散劳动力从事修理、服务和手工业个体劳动。"当年 3 月，回城知青容志仁在广州创办容光小食店，成为最早一批个体户之一。当年年底，安徽芜湖小摊贩年广久自办炒瓜子厂，创立"傻子瓜子"品牌。1979 年，全国批准开业的个体工商户约 10 万户。

　　政府从燃眉之急的一时之策，变为鼓励发展的长远之计。1980 年上半年，中央专门召开了全国劳动就业会议，通过了《关于进一步做好城镇劳动就业工作》的文件，鼓励和扶持待业人员自谋职业。随后，将其定位为公有制经济的"补充"。1981 年 6 月，党的十一届六中全会通过的《关于建国以来党的若干历史问题的决议》首次明确提出："国营经济和集体经济是我国基本的经济形式，一定范围的劳动者个体经济是公有制经济的必要补充。必须实行适合于各种经济成分的具体管理制度和分配制度。必须在公有制基础上实行计划经济，同时发挥市场调节的辅助作用。"同年 7 月，国务院发布了《国务院关于城镇非农业个体经济若干政策性规定》。1981 年 10 月，中央再对就业问题作出规定，首次提出个体户可在城镇成立协会，其中的先进分子可入党入团。在从事个体经济的人员中，要根据需要逐步建立党、团组织。

　　2004 年 3 月，十届全国人大二次会议审议通过宪法修正案。其中，第二十一条将宪法第十一条第二款修改为："国家保护个体经济、私营经济等非公有制经济的合法的权利和利益。国家鼓励、支持和引导非公有制经济的发展，并对非公有制经济依法实行监督和管理。"第二十二条将《宪法》第十三条修改为："公民的合法的私有财产不受侵犯。""国家依照法律规定保护公民的私有财产权和继承权。""国家为了公共利益的需要，可以依照法律规定对公民的私有财产实行征收或者征用并给予补偿。"宪法修正案对个体经济、私营经济等非公有制经济的权利和利益的保护更加明确，只要是"合法的权利和利益"都要保护，并首次用宪法修正案的形式保护公民的私有财产。至此，个体经济、私营经济等非公有制经济组织形式获得了和公有制经济组织形式同样的法律地位。

　　对中国经济产生重大影响的经济特区同样来自于农民对自身利益（生存权）的勇敢追求。20 世纪 70 年代末，数以万计的广东边民冒着死亡的危险，以游泳等方式偷渡到香港。时任广东省委书记吴南生亲往调研发现，在深圳和香港两地各有一个名为罗芳的村庄。罗芳村原本只是深圳的一个小村庄，在逃港潮中，许多村民偷渡到香港新界，定居在深圳河岸边，因此地都是偷渡来的罗芳村人，他们便把此地也叫罗芳，而香港这边罗芳人的收入是深圳罗芳人的 100 倍。吴南生的结论是，要想杜绝非法移民，只有缩小两地经济差距，否则任何政治或军事管控都无济于事。这时，一个新加坡商人向吴出了一个主意——将汕头打造成一个出口加工区。

其时，袁庚领导的中央驻港企业招商局将未来发展目标投在深圳蛇口。他们两人同其他省领导习仲勋和杨尚昆商讨，大家酝酿出了一个更宏伟的计划——将整个广东省作为一个试验室，并经过当时分管对外贸易的副总理谷牧汇报给邓小平，得到了国家主席华国锋以及邓小平的认可，"经济特区"正是由邓小平提出来的。1979年7月15日，党中央、国务院联合发布了正式批准广东和福建两省发展经济特区的决议。在1980年8月26日召开的全国人民代表大会上，《广东省经济特区条例》被正式通过。①

为什么群众对自身利益（生存权）的追求具有不可阻挡的力量？自身利益就是自己的利益、个人的利益、与自己相关的利益。自身利益有两个方面，一个是物质方面，指维持自己生存的基本物质条件；另一个是精神方面，指自己决定自己的生存，别人没有权利剥夺自己的生存，生存不受他人侵犯。这个精神方面也是自然的法律，或叫自然法，它通常是指宇宙秩序本身中作为一切制定法基础的关于正义的基本和终极的原则的集合。基本物质条件和生存不受他人侵犯两者统一，缺一不可，缺少了基本物质条件，人不能存活；同样，生存被他人剥夺，人也不能存活。两者合而为一构成了人的自身利益或生存权。

人的自身利益或生存权是一切问题的支点，是政治、经济、社会、文化、法律等等一切问题的逻辑起点。离开这个支点、起点，任何问题都经不起推敲，任何理论、体系都必然陷入逻辑混乱，都必然最终推倒重来。自身利益或生存权是一种自私性、自利性，是人的自然特性，是人与生俱来的天性。任何企图否认人类这一天然特性的都被最终证明是一种错误的理论和思想。毫无疑问，人的自私自利性是正当的。与人的自私自利性相对应的是人的大公性、无私性。基于人的大公性、无私性，早期空想社会主义者罗伯特·欧文等人把"公社"的理想付诸实践，反复实验结果都失败了。巴黎公社短短两个月就宣告失败。苏联实行的"战时共产主义"作为向社会主义"直接过渡"的一种尝试受到重创。之后苏联大规模开展了将个体小农私有经济转变为社会主义大集体经济的运动即苏联农业集体化，也惨遭失败的命运。在中国，农村合作化和

① ［英］罗纳德·哈里·科斯，王宁著：《变革中国》，徐尧，李哲民译，中信出版社，2013年1月版，第89—91页。

人民公社运动，也带来了巨大的灾难。

在整个社会主义运动中，始终有一种错误的思想贯穿其中，那就是把人的自私性、自利性等同于万恶的资本主义思想。要消灭资本主义制度就要消灭人的自私性、自利性思想，要"狠斗私字一闪念"。否认乃至批判人的自私性、自利性，任何美好的蓝图都只能永远挂在墙上而无法变成现实，任何冲天的斗志干劲儿都会像焰火一样灿烂一瞬终将熄灭。

承认人的自身利益的正当性、合法性，"大包干"取得了成功，乡镇企业、城镇个体经济和私营经济、经济特区都取得了成功。社会主义市场经济也找到了逻辑的起点和发展的支点。

承认人的自身利益的正当性、合法性，给予这种合法的自身利益以制度的保证，人民群众就会自然地爆发出积极性和创新性。正确的决策来自于群众，破解攻坚期和深水区中的难点、热点和焦点问题的方法来自于群众。人民群众永远处在实践中，人民群众永远在实践中探索。只有实践才能出真知。要鼓励人民群众大胆地闯、大胆地试。当前经济改革有四大难题，一是经济体制重点是政府与市场的关系，二是土地制度，三是国有企业，四是金融体制。这四大"硬骨头"，需要人民群众的智慧，既需要人民群众摸着石头过河进行大胆探索，又需要集中民智上升到顶层设计。中央的政策要做到集中全国各族人民的意愿和智慧，各地的政策要做到集中当地人民群众的意愿和智慧。在尊重人民群众意愿和智慧上形成的决策，必然具有广泛性、科学性，因而能形成最广泛的共识，形成改革合力。相反，建立在少数人甚至利益集团基础上的政策，必然代表少数人乃至利益集团的利益，必然不能形成改革开放的共识和合力，必然为人民群众所反对、抛弃。

第五章

新型城镇化和内需拉动

影响 21 世纪人类进程的有两件大事：一是以美国为首的新技术革命，包括生物基因技术、纳米技术、信息技术；二是中国的城市化。推进城镇化是加快转变经济发展方式的重要方面。城镇化水平是衡量一个国家或地区现代化程度的重要标志。新型城镇化"新"在：人本城镇化、城乡统筹城镇化、文明城镇化、特色城镇化、生态城镇化。

增强内需拉动经济的主引擎作用，这是本届政府的新主张。扩大内需是经济增长的主要动力，也是重大的结构调整。转变经济发展方式，"三驾马车"的拉动作用要发生根本性转变，要由投资和出口拉动为主，转变为以内需拉动为主。中国已成为一个投资生产大国，但还不是消费大国。走向消费大国是中国作为一个发展和转型中的大国的必然选择，是形成内生增长动力的必然选择，是经济发展成果惠及更多民众的必然选择。

从党的十六大提出统筹城乡经济社会发展开始，到十八届三中全会对健全城乡发展一体化体制机制作出全面部署，城乡一体化上升到国家战略，已经成为指导我国经济社会发展工作中的重要方针举措，其体制与政策创新全面提速。城乡一体化就是城乡在发展上协调发展、同步发展、一体发展，而不是重工业、轻农业，重城市、轻农村，厚市民、薄农民式的发展。城乡一体化是要逐渐缩小差距，逐渐消除政策上、制度上、法律上的一切不平等。

第一节　新型城镇化——最大的新增长点

影响 21 世纪人类进程有两件大事：一是以美国为首的新技术革命，包括生物基因技术、纳米技术、信息技术；二是中国的城市化。这是著名的经济学家、诺贝尔经济学奖获得者约瑟夫·斯蒂格利茨在本世纪初的预言。改革开放以来，伴随着工业化进程加速，我国城镇化经历了一个起点低、速度快的发展过程。1978—2013 年，城镇常住人口从 1.7 亿人增加到 7.3 亿人，城镇化率从17.9% 提升到 53.7%，年均提高 1.02 个百分点。城市数量从 193 个增加到 658个，建制镇数量从 2173 个增加到 20113 个。目前，我国每年从农村转移到城镇的人口有 1000 多万，相当于欧洲一个中等国家的人口总量，未来较长一段时期我国城镇人口还将增加 3 亿，相当于美国的人口总量。中国城镇化的规模和潜力，在世界发展史上是空前的。李克强总理指出，13 亿人的现代化和近10 亿人的城镇化，在人类历史上是没有的，中国这条路走好了，不仅造福中国人民，对世界也是一种贡献。

推进城镇化是加快转变经济发展方式的重要方面。十八大报告指出，要推进经济结构战略性调整。这是加快转变经济发展方式的主攻方向。必须以改善需求结构、优化产业结构、促进区域协调发展、推进城镇化为重点，着力解决制约经济持续健康发展的重大结构性问题。

城镇化水平是衡量一个国家或地区现代化程度的重要标志。世界银行对全球 133 个国家的统计研究表明，当人均国内生产总值从 700 美元提高到1000—1500 美元，步入中等发展中国家行列时，城镇人口占总人口比重将达到 40%—60%。中国 2003 年城镇化率首次超过 40.53%，2013 年达到 53.7%。

城镇化是伴随着工业化、现代化过程而发生的社会变迁，即由农业为主的传统乡村社会向以工业和服务业为主的现代城市社会的转变，是一个人口向城镇集中的过程。这个过程表现为两种形式，一是城镇数目的增多，二是各城市内人口规模不断扩大。城镇化包括既有城市经济社会的进一步社会化、现代化和集约化。城镇化深刻地改变原来生活在农村社会的人们的组织方式、生产方式和生活方式。

国家统计局发布的 2013 年数据表明，2013 年年末，中国大陆总人口为136072 万人，城镇常住人口为 73111 万人，乡村常住人口为 62961 万人，中国城镇化率达到了 53.7%，比上年提高了 1.1 个百分点。仅看这一数据，我国的城镇化率处于较高的水平。但这个 53.7% 的城镇化率与国际上通常所说的城镇化率不是一个等同的概念。我国的城镇化率和国外的城镇化率有很大的不同，外国一般只有一种户籍管理制度，没有城镇户口和农村户口之分，而我国有两种户籍之分。53.7% 的城镇化率是把农村在城镇的常住人口统计在内，常住人口的统计口径是指在城镇生活、居住三个月以上者。统计局的数据同时显示，2013 年中国"人户分离人口"达到了 2.89 亿人，其中流动人口为 2.45亿人，"户籍城镇化率"（即户籍为城市人口的）仅为 35.7% 左右，两者相差17 个百分点，即 2.45 亿人口是"被城镇化"的。35.7% 不仅远低于发达国家80% 的平均水平，也低于人均收入与我国相近的发展中国家 60% 的平均水平。

城镇化是现代化的必由之路，是解决农业农村农民问题的重要途径，是推动区域协调发展的有力支撑，是扩大内需和促进产业升级的重要抓手。城镇化是中国经济和社会未来发展的重头戏，目标宏大，任务艰巨。李克强总理在2014 年《政府工作报告》中指出，今后一个时期，着重解决好现有"三个 1亿人"问题，促进约 1 亿农业转移人口落户城镇，改造约 1 亿人居住的城镇棚户区和城中村，引导约 1 亿人在中西部地区就近城镇化。要走中国特色的新型城镇化道路，这是十八大提出的新目标。为什么要提新型城镇化？新型城镇化"新"在什么地方？有什么新要求？

一是人本城镇化。《国家新型城镇化规划（2014—2020 年）》提出，走以人为本、四化同步、优化布局、生态文明、文化传承的中国特色新型城镇化道路。城镇化要坚持以人为本，以让农民变市民、提高城镇人口在总人口中的比重为特征，以使更多的农民共享现代城市文明为目的。关键是要保证农民的权益不受损害，防止土地被无序流转、农村集体建设用地被低价征收高价出售、农民被上楼等"被城镇化"现象发生。解决农民进城的一系列体制机制障碍，农民进城后要享受和城市居民一样的社会保障。推动户籍制度改革，实行不同规模城市差别化落户政策。把有能力、有意愿并长期在城镇务工经商的农民工及其家属逐步转为城镇居民。对未落户的农民实行居住证制度，使更多进城务工人员随迁子女纳入城镇教育、实现异地升学。推进城镇基本公共服务常住人口全覆盖，使农业转移人口和城镇居民共建共享城市现代文明。

二是城乡统筹城镇化。新型城镇化突出的一个"新"字，即城乡统筹、城乡一体，要统筹推进城乡建设，不仅要实现城市现代化，也要实现农村现代化。要把人口城镇化与新农村建设衔接起来，有重点地建设新农村。要选择一些条件较好、具有发展潜力的中心村进行重点建设，通过补贴等优惠政策把分散的农民吸引到中心村居住。要对中心村的基础设施、公共服务建设实行倾斜。

三是文明城镇化。新型城镇化一方面要提高外在的建设质量，另一方面要提高内在的农民的文明程度。城镇化旨在塑造城市文明，政府要通过各种方式，培养提高农民的城市文明程度。农民要逐渐改变原有的生产方式和生活方式，以适应城市文明的要求。新型城镇化不是简单的城市人口比例增加和规模扩张，而是要在产业支撑、人居环境、社会保障、生活方式等方面实现由"乡"到"城"的转变。

四是特色城镇化。新型城镇化要突出特色，要在特色定位、特色人文、特色产业、特色品牌上做好做足文章，避免走千城一面、万镇同形的老路。每一个城镇要尽可能做到一城一面、万镇万形、一城多品、一镇一品，只有在特色上做好文章，才能有竞争力。

五是生态城镇化。新型城镇化一定要走环境节约型新路，要节约利用土地资源，减少对现有生态的破坏，加强对生态的修复和保护，加强小城镇的垃圾和污水处理设施建设和正常运行，要把生态环保发展贯穿到城镇规划、基础设施建设、产业发展、能源供应、市场流通、居民消费等各个方面。

表 5-1   新型城镇化与传统城镇化的区别

传统城镇化	新型城镇化
城市优先发展	城乡互补发展
大城市过度发展	生态新城和小城镇协调发展
高能耗的建筑	低能耗绿色建筑
高环境污染冲击	低环境污染影响
少数人带多数人富裕	社会公平、以人为本的城市化
房地产商品化市场化	房地产既是商品又是基本保障品
盲目克隆外国建筑	中国传统城镇元素和现代元素融合

　　国家从战略层面优化城镇化布局和形态。城镇化布局和形态是城镇化的空间载体，如果没有这一载体，我们的建设行为、产业布局和人口流动就没有方向。《国家新型城镇化规划（2014—2020年）》阐明，以城市群为主体形态，促进大中小城市协调发展。优化提升东部地区城市群，培育发展中西部地区城市群，构建"两横三纵"城镇化发展战略格局（根据《全国主体功能区规划》划分，"两横"是指：由连云港至新疆的陇海—兰新线（又可称欧亚大陆桥）、长江中下游沿线；"三纵"是指：辽东半岛至北部湾的沿海一线、京哈—京广线、呼昆线，其中，呼和浩特至昆明是虚拟出来的，没有直接的交通线连接）。在发挥中心城市辐射带动作用基础上，强化中小城市和小城镇的产业功能、服务功能和居住功能，把有条件的县城、重点镇和重要边境口岸逐步发展成为中小城市。城市群的兴起与发展对这些城市化地区的崛起起着举足轻重的作用，必须继续将城市群作为新型城镇化道路的主体发展形态，促进大中小城市和小城镇合理分工、功能互补、集约发展。《国家新型城镇化规划（2014—2020年）》提出，到2020年要让1亿左右有能力、有意愿的农民工及其家属在城镇落户。解决1亿人落户，只占届时农民工总量的1/3左右，主要是已经在城镇长期务工经商和举家迁徙人员；落户的重点主要在县城、地级市和部分省会城市；特大城市的人口还要严格控制。

　　新型城镇化和新四化要深度融合、同步发展。当前，我国普遍存在工业化、信息化、城镇化和农业现代化发展不协调的问题。在未来发展中，必须加快推动新四化的深度融合，不断强化工业化对城镇化和农业现代化的带动功能，城镇化对工业化和农业现代化的联结功能，以及农业现代化对城镇化和工业化的支撑功能，以此健全以工促农、以城带乡的长效机制，推动城乡经济社会一体化发展。要通过大力推进信息化深度融入工业化、城镇化和农业现代化，促进工业转型升级，加快智慧城市建设，转变农业发展方式；要充分发挥新型工业化对农业现代化的改造提升作用，利用工业经济的"造血"功能不断增强城镇经济发展基础和财政实力，利用服务业的全面发展进一步提升城镇满足农业转移人口就业需求的能力；要处理好城镇化与农村经济壮大、现代农业发展、农业转移人口市民化之间的关系，通过推进新型城镇化，大力发展城镇非农产业，增强城镇的人口吸纳能力，为农业转移人口市民化提供更大的承载空间；要通过农业现代化将新农村建设与新型工业化、新型城镇化结合起来，以现代生产设备、生产技术和经营方法为依托，加快特色优势农业项目的规模化生产和市场化经营，强化农业龙头企业的领军地位和农村专业合作经济组织的发展，为工业化和城镇化提供可靠的劳动力、粮食以及农产品等要素保障。

新型城镇化建设的路径：第一，规划统领。为避免城镇化建设中的无序混乱和不断开膛破肚、不断拆建等顽症出现，必须加强规划，要制定城镇发展战略总体规划、经济发展规划、土地利用规划、建设规划、产业规划、环境规划等，做好各层规划的衔接协调。规划的制定过程中要吸收各方的智慧，要向市民公开，听取市民意见建议。规划要上升到地方立法的层面，以便规划贯彻执行。人大要加强监督，对违反规划的行为要坚决纠正。

第二，产业支撑。产业是城镇化的基础，没有产业（工业化）支撑的城镇化必定是空心的、畸形的、不可持续的。旧有城镇的产业要不断升级换代，旧城镇在发展新区域中要把产业和商业、居住同时建立起来，新城镇建设要做到产业和商业、居住同步进行。产业要形成特色产业、优势产业，形成产业体系或产业集群，进而形成产城互动。城镇化的核心是将农民变成产业工人，这需要以城市带农村、工业融农业、公司带农户、生产促生态。

第三，体制机制创新。城镇化加速扩张过程中，遇到土地、户籍制度、社会保障制度、教育卫生等公共资源滞后、公共设施建设落后等制约，破解这些难题，需要各地在体制机制上创新探索。要发挥市场在城镇化建设中的决定性作用，通过市场引导，调动各种力量、各种资源加快城镇建设。2013年中央一号文件首次提出的发展家庭农场是发展新型城镇化一种相对易行的方式，可通过深化农村经营体制改革，大力提高我国农业经营体系的水平，走农户联合和合作，多元化、多层次的经营体系这条路。

要紧紧依靠全面深化改革推进新型城镇化建设。深化户籍制度改革。户籍作为管理人口和社会的一种管理制度，具有鲜明的强制性、控制性和束缚性，与现代社会的管理理念相去甚远，必须加快改革。要按照国际通行做法，逐步建立以身份证管理为核心的人口流动制度，以居住地来划分城市人口和农业人口，以职业划分农业人口和非农业人口，使城乡公民在户籍上完全平等。

深化土地制度改革。推进农民住房财产权抵押、担保、转让，建立农民增加财产性收入渠道。允许农村集体经营性建设用地出让、租赁、入股，实行与国有土地同等入市、同权同价。建立城乡统一的建设用地市场，意味着土地价格形成机制将有根本性变革。

深化福利保障制度改革。在长期以来的城乡二元社会结构中，农民没有社会保障，尽管农民进城了，但不能获得与城市居民同等的福利保障待遇。建国以来对农民的历史欠账要在新型城镇化建设中逐步偿还。要逐步建立起全国统一的福利保障制度，大力推进失业、养老、医疗等福利均等化，尽管这是一个漫长的过程，但要着力地持续地推进。中国社会科学院城市发展与环境研究所发布城市蓝皮书《中国城市发展报告（2012）》指出，今后 20 年内，中国将有近 5 亿农民需要实现市民化，人均市民化成本为 10 万元，为此至少需要 40 万亿—50 万亿元的成本。农民市民化需要财政公共投入方面主要包括义务教育、保障性住房、医疗和养老、各种民政救助和社会管理、基础设施等。国务院发展研究中心数据显示，我国农民工总量超过 2.5 亿人，20% 的农民工子女无法入读全日制公办中小学校，参加除工伤保险之外的其他城镇职工社会保险的比率均未超过 30%。大部分地区未将农民工纳入住房保障对象。有专家提出，应从农村土地增值收益中拿出一部分资金，建立农民进城的保险基金。

深化劳动就业制度改革。就业是最大的民生，是农民进城的根基，稳定的就业能够使农民留在城里。要取消限制农民工就业范围的歧视性政策，促进城市单位、企业改变用人制度，公平、公正、公开招聘农民人才。取消农民外出务工许可证、流动就业证制度，归还、赋予和保护农民自由择业的权利。保障农民工的劳动权益，保障农民工与当地居民同等的教育权、公民权等权利。加强对农民工就业培训和指导。加快建立全国性的农村剩余劳动力供求信息中心，尽快建成全国统一劳动力市场。

深化投融资体制改革。城镇化建设需要巨额资金，要改变过去城市公共基础设施建设单一依靠政府财政投入的老路，建立多元投资体制，采取政府和市场相结合的办法，调动财政资金、社会资本、民间资本、企业资本等多渠道投资建设。鼓励大企业以市场化运作的方式参与建设，农民可以以抵押宅基地、农村房屋、集资等多种方式获得进城生活、居住和创业资金。农民的建设用地可以采取入股的方式就近进城。政策性银行和财政资金应加大对新建城镇特别是小城镇建设扶持力度，财政应建立小城镇发展基金。

城市化一方面带来了农民生活水平和文明程度的提高，另一方面快速推进中面临着发展陷阱。根据世界城镇化发展普遍规律，城镇化率30%—70%处于快速发展区间，我国正处于快速发展的通道中。中国在改革开放30多年时间当中，城市空间扩大了两三倍，但是，空间城市化并没有相应产生人口城市化。中国有2.6亿农民工，户籍问题把他们挡在了享受城市化成果之外。被寄于发展重头戏的城镇化正面临着发展陷阱：（1）大城市拥挤，"城市病"出现。吸纳能力强的大城市成为吸纳农民工的主阵地，大城市在急速膨胀中，交通、能源、空气、环境等不堪重负。（2）城镇发展，农村衰退。一面是城镇迅速发展，面貌日新月异，一面是农村衰退，青壮劳力进城打工，留在农村的是老弱病残幼，中国每天有100个左右的自然村庄消失。（3）生活在城镇，但身份还是农民。农民工在城镇工作生活居住，服务于城镇，但却是城镇里最低下的群体，他们享受不到城镇居民的各种福利。他们仍然是城镇的农村人。（4）资源环境压力大，心态失衡。大城市的资源环境压力大，小城镇的资源环境压力同样大，小城镇在迅猛发展中，垃圾、污水处理、道路、交通等基础设施跟不上。农民工在城镇打工，以牺牲赡养老人和培养孩子为代价，且生活艰难辛苦，长此以往心态失衡。

纵观世界历史，城市化在促进经济社会和人类文明发展的同时，也带来了一些弊端。城市不断扩容，侵占了大量耕地，农村土地矛盾尖锐；大量农村人口涌进城市，出现住房难、上学难、就业难，并出现了贫民窟；城市基础设施滞后，交通拥挤；城市环境污染，生态恶化；社会两极分化，城市治安压力增大；收入差距和贫富悬殊扩大。西方发达国家都程度不同地经历了城市病的痛苦，现今巴西、印度等发展中国家仍处在城市病的困扰中，这表明原有的城市化道路是有严重缺陷和不可持续的。

城市化过程中的城市病，特别是类似拉美国家的贫富分化加剧正在中国上演，我国原有城镇化模式不可持续，延续过去传统粗放的城镇化模式，会带来产业升级缓慢、资源环境恶化、社会矛盾增多等诸多风险，可能落入"中等收入陷阱"，进而影响现代化进程。新型城镇化必须由数量型向质量型转变。

目前城镇化发展中存在的主要问题是土地开发过热、规划调整过快、就业难、贫富悬殊等：

——土地城镇化过热。过度依赖土地开发，在以地生财的利益驱动下，依靠巨额土地出让金，拉大建筑框架，建设大广场、大马路，成片建设商品房，土地的城镇化快于人口的城镇化，2001—2010 年中，我国地级以上大中城市中，建成区面积平均增长 85%—90%，但人口增长仅有 36%。土地的利用十分粗放、大手大脚，城市中工业用地价格低廉导致企业尽量多占地圈地，政府占用大量的土地热衷于建造劳民伤财的形象工程，政府大楼与宾馆建设过度奢华，与我国国情完全背道而驰，引起群众强烈不满。

——规模扩张过大过快。全国大部分城镇的蔓延、扩张速度过快，地方政府过分注重城市建成区规模的扩张而忽视了城市人口规模的集聚，农业的转移人员作为城市的生产者，却无法融入城市成为市民，导致当前存在比较严重的城镇化滞后于工业化，城市建设质量不高等问题。不少地方领导特别是我国那些超大城市（人口大于 500 万人）每年仍在不断扩大，基本建设到处铺摊子，投资失误，造成用地失控，无序蔓延。"十一五"期间，全国土地出让每年平均达 660 万亩，还有农林水各部门每年占用近千万亩良田，这对于我国有限的土地资源是一个严重的挑战。各地区纷纷提出高指标的城镇化率作为政府的政绩目标，追求国内生产总值 GDP 的快速增长，并在开发区、新城建设上互相攀比，形成了盲目竞争与发展之势，缺乏科学发展观的指导与监督管理。我国许多地方的建设浪费十分惊人，不少地方的书记、市长都奢望将自己管辖的城市规模越做越大，很多城市的领导都把城市开发新区当作自己的政绩，每一届政府都要搞一个新区。有业内人士测算，根据《国家新型城镇化规划（2014—2020 年）》，在未来 7 年内，中国的新型城镇化建设计划将需耗资人民币 42 万亿元。巨大的资金需求对各地融资提出严峻考验。

——城市总体规划的调整过快。近 10 年来的经验教训证明，城市规划应当有一个相对稳定的规划实施期限，中央和国务院多次强调要防止盲目的、急功近利的规划调整。但很多城市领导一换，规划也跟着改变，一个领导一个规划，且不断求大，盲目攀比。领导视具有约束力的规划为儿戏，随意更换、随便更改。这无疑脱离了我国人多地少、自然资源脆弱的国情，脱离了城市与区域经济发展的客观规律。规划随着领导调整而调整造成的浪费是惊人的，是城镇建设中最大的浪费。

——就业问题难以解决。城镇化快速发展不仅要解决大量农转非后的就业人员，尤其是每年还得安排大专院校毕业生、研究生约 700 万人的就业，复员退伍军人还有六七十万人，就业问题很突出。我国城镇登记失业人数，由1991 年的 352.2 万，增长到 2012 年的 918 万人，失业问题已经成为我国现阶段社会经济中最为突出的问题之一。大专院校的毕业生与下岗工人"就业难"，带来很多社会安定问题。农民工的就业空间被压缩挤占。

——城乡关系不协调，贫富差距越来越大。城市里的繁荣豪华与农村中的衰落贫困、城市富人区的奢侈与穷人区的落后形成鲜明对照。公共服务设施的空间配置对于弱势群体缺乏公平性。在城市化的人口中，存在一个就业不充分、收入不稳定、生活困难的群体。

为了纠正和防止新型城镇化建设走偏路、歪路、弯路，《国家新型城镇化规划（2014—2020 年）》提出了 14 个应该注意的问题：以人为核心，不能以圈地为目的；靠产业支撑，不能搞成空心化；靠规划引领，不能随意拍脑袋；靠生态守护，不能破坏自然环境；靠文化底蕴，不能毁灭历史文物；新型城镇化是长期战略任务，是持久战，不能急功近利，打速决战；新型城镇化是人民主体、政府主导的城镇化，不能变成市长的城镇化，忽视市场的城镇化；重基本公共服务均等化，不能忽视个性服务市场化；重城乡基础设施一体化，不能只建新老城区，忽视农村社区；要尊重规律，把质量放在首位，不能只要速度，单纯追求城市化率；新型城镇化要资金，要用好的市场机制吸引投资，不能光打农民的主意，靠土地财政搞城市建设；新型城镇化要资源，要挖掘资源，保护资源，最重要的是节约集约利用资源；新型城镇化要人才，要引进人才，培养人才，最重要的是重用人才；重全面协调可持续发展，还要重有序发展、安全发展。发展要有顺序、有秩序，规划要有刚性，有弹性。发展要有安全意识、安全保障，要设置底线、黄线、红线和高压线。

第二节　以内需为重点的新引擎

　　增强内需拉动经济的主引擎作用，这是本届政府的新主张。李克强总理在2014年《政府工作报告》中提出，扩大内需是经济增长的主要动力，也是重大的结构调整。要发挥好消费的基础作用和投资的关键作用，打造新的区域经济支撑带，从需求方面施策，从供给方面发力，构建扩大内需长效机制。

　　转变经济发展方式，"三驾马车"的拉动作用要发生根本性转变，要由投资和出口拉动为主，转变为以内需拉动为主。经过30多年的发展，中国的发展正在走入一个新阶段，这个阶段不再"为生产而生产""为增长而增长"，而是将增长建立在多数人消费能力提高的基础上。走向消费大国是中国作为一个发展和转型中的大国的必然选择，是形成内生增长动力的必然选择，是经济发展成果惠及更多民众的必然选择。

　　拉动内需或扩大内需，即拉动或扩大某经济体内部的需求。内需即内部需求，一般把对外国的出口看作外需，内需就是相对的国内的需求。内需包括投资需求和消费需求两个方面。扩大内需，就是要通过发行国债等积极财政货币政策，启动投资市场，通过信贷等经济杠杆，启动消费市场，以拉动经济增长。对我国这样一个发展中大国来说，拉动经济增长的最主要力量仍然是国内需求，这是我国经济发展的坚实基础。内需可以用公式表示，即 $AD=C+I+G$，其中，AD 为总需求，C 是消费、I 是投资、G 是政府支出。消费就是消费者对食品、服装、耐用品、服务等等的消费。投资是企业的投资。政府支出是政府财政支出，包括公共建设、职员工资、转移支付（补助，救灾）等支出。

　　美国经济学家罗斯托认为，经济只有经历了起飞和成熟阶段才能达到高额群众消费阶段，在起飞和成熟阶段，投资对经济增长的拉动作用较强，而在高额群众消费阶段，消费需求的不断提高才能保证经济持续增长。

中国已成为一个投资生产大国，但还不是消费大国。被称为"世界工厂"的中国，目前轻工产品的钟表、自行车、电池、啤酒、家具、塑料加工机械、日用陶瓷、灯具、空调机、电冰箱、洗衣机、鞋等 200 多种产品产量居世界第一，小家电已占世界贸易量的 80%。但中国消费率长期低迷。从横向看，中国消费率不仅远远低于发达国家，而且落后于同等发展水平国家。1978—2005年，全球年均消费率呈逐步上升趋势，从 1978 年的 75.6% 上升到 2005 年的78.8%，中国 2005 年消费率仅为 50.6%。同为"金砖四国"的巴西、印度和俄罗斯 2007 年消费率分别达到 75.7%、64.9% 和 67.0%，中国仅为 49.0%，落后于同等发展水平国家 20 多个百分点。从纵向看，消费率呈逐步下降趋势，其中主要是居民消费率的下降。1978 年中国消费率为 62.1%，2005 年和 2008 年分别降至 50.6% 和 48.6%，为改革开放以来的最低水平。2000 年以来消费率下降更为明显，8 年时间下降了 13.7 个百分点。其中居民消费率下降尤为明显，1978 年为 48.8%，2008 年下降到历史最低点 35.3%。

扩大内需是保持国民经济长期、稳定发展的动力。判断经济形势的好坏，不仅要看经济增长速度，更要看影响经济增长的因素。从消费的经济贡献看，"短板效应"日益显著。2000—2011 年期间，消费需求对 GDP 的贡献率由65.1% 降至 55.5%，而投资对 GDP 的贡献率由 22.4% 提高至 48.8%。在消费需求中，居民消费占比由 2000 年的 74.5% 降至 2011 年的 72.2%，同期政府消费占比则由 25.5% 提高至 27.8%，政府消费对居民消费的挤出效应表现明显。与发达国家相比，我国消费需求不足的突出特点表现为低下的居民最终消费率。2000 年以来，经合组织（OECD）成员国的居民最终消费率平均水平一直保持在 55%—57% 之间。其中，美国一直保持在 70% 以上，英国超过了 60%，日本和韩国也在 50%—60% 之间。而我国居民最终消费率长期停留在 50% 以下，并呈现逐年下降的趋势。2000—2011 年期间，我国居民最终消费率从 46.4%下降到 35.5%，不仅降速快，降幅也很突出，必须引起高度重视。

第一，收入增长缓慢，不理想。一是城乡居民收入增长缓慢，农村市场启动乏力。根据国家统计局每年对十几万户居民家庭的直接调查结果，从 1978年到 2012 年，扣除物价上涨因素后，全国城镇居民人均可支配收入实际增长

10.5 倍，年均实际增长 7.4%；全国农村居民人均纯收入实际增长 10.8 倍，年均实际增长 7.5%。城市居民和农村居民分别比同期 GDP 年均增长率低 2.4 和 2.3 个百分点。到 2001 年年底，我国乡村人口占全部人口的比重高达 62.3%，而农村零售额仅占全部零售额的 25.2%，即占全部人口近 2/3 的农村人口所购买的商品仅占全部商品零售额的 1/4。二是城市下岗失业人数增多，困难群体范围扩大。困难群体已由传统的"三无人员"（无生活来源、无劳动能力、无法定抚养人）扩大到包括国有企业下岗职工、失业人员、困难企业职工等在内的一个比较大的群体。西南财经大学发布的《中国城镇失业报告》显示，2011 年我国城镇整体失业人数超过 2770 万人。三是居民预期收入不理想。预期支出明显增大。近年来，随着住房、教育、医疗等各项改革的全面推进，居民对未来支出的预期明显增加。尽管现行社会保障体系已形成基本框架，但还很不完善。

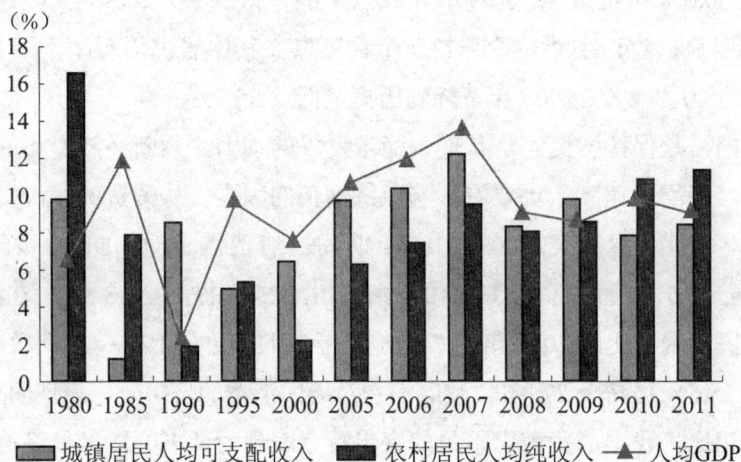

图 5-1　居民人均收入与人均 GDP 增长率

第二，社会保障水平偏低、覆盖面不宽。尽管我国社会保障体系基本形成，95% 以上的城乡人口有了基本医疗保险，企业退休人员基本养老金水平连续 10 年调整，月人均水平由 2004 年的 647 元提高到今年的 2070 元。但城乡特别是农村养老金水平过低，2013 年年底，全国城乡老年居民月人均养老金 82 元（其中各级政府全额负担的基础养老金 76 元），农村 60 岁以上老人大部分每月六七十元。全国还有 1 亿多人没有参加基本养老保险。2.6 亿农民工的医保和工伤保险都存在着较大的问题。

第三，传统的消费观念亟待更新。我国城乡居民收入水平普遍不高，又长期受传统观念和低工资、低消费的影响，对自身的消费总是采取自我抑制的办法，有的人不仅要考虑自己的生活，还要考虑对子女的经济补贴等，用于自身的消费不多。"新三年、旧三年，缝缝补补又三年"就是这种消费观的写照。从消费观念来看，我国整体上属于节俭型社会。据英国《经济学家》周刊指出，中国不仅是国家，而且是个人及家庭的世界储蓄冠军，中国人平均将其50%的收入储蓄起来，而德国人和美国人储蓄占收入的比例仅为20%和14%，这从我国城乡居民人民币储蓄存款年底余额不断刷新纪录中就可以看出，城乡居民人民币储蓄存款余额由1980年占当年GDP的8.8%，上升到2012年的76.9%。这么庞大的储蓄额，既是好事，同时也是一个潜在的可能产生消极作用的因素。因此，更新消费观念，懂消费、敢消费、会消费势在必行，于己、于社会、于国家都有利。

第四，消费环境恶化。消费环境的优劣也是影响居民消费行为的重要因素，消费环境良好可以有效激活居民的消费需求，反之，混乱无序的消费环境将在很大程度上抑制居民的有效消费需求。近年来，我国的消费环境有所恶化，价格欺诈、行业暴力、假冒伪劣产品充斥市场，食品安全问题严重及消费者维权困难等问题凸显。消费环境的恶化极大地影响了消费者的消费热情，造成了部分消费者不愿消费、不敢消费，从而在一定程度上加剧了消费需求的弱化。

经济发展的阶段性特点要求，中国要改变原来以投资和外贸出口拉动国民经济为主，为以国内消费拉动经济为主。中国应该尽快步入消费主导时代。由生产大国向消费大国转变是转变经济发展方式的必然要求。消费主导能够提高群众生活水平和质量，能够提高全体社会成员特别是中低收入群体的消费能力，更能体现以人为本；能够促进经济的内生动力，受国际经济影响的因素将有所减弱，使经济增长的基础更为牢固。

中国正处于走向消费大国的历史拐点。国际经济表明，在人均国民收入达到3000美元后，投资出口对GDP的影响呈下降趋势，消费成为经济增长的主要动力。因此，消费对GDP拉动的主导地位往往在人均国民收入达到3000—4000美元之间得到确立或加强，当前，中国已越过这个收入阶段，人均国民收入由 1978 年的 190 美元上升到 2013 年的 6747 美元。

中国消费状态正在发生积极的可喜的变化，现阶段消费特点主要是：第一，消费结构正处于转折性升级阶段。尽管中国的消费率绝对值比较小，但消费的增速相当快。消费升级趋势明显。从历史看，中国消费每 15 年会有一个升级，居民消费档次依次是低单价的日常生活用品→家电产品→住房、汽车→高级消费品、奢侈品。中国的城市家庭和部分农村家庭已进入住房、汽车阶段，少数人向高级消费品、奢侈品迈进。居民消费迅猛增长，尽管国民收入排位居中，但中国居民消费速度远远超过任何其他世界前 10 位消费大国的同期表现。据中金公司统计，1999—2008 年中国居民最终消费平均年增长 12.1%，而美国、日本、德国分别为 3.9%、0.0%、4.2%，最高的意大利也只有 8.3%。城市消费开始提速，根据美国、日本和韩国的经验，未来中国家庭消费将向交通、通信、教育、文化娱乐和医疗等倾斜。

第二，人口结构变动将扩大消费空间。工作人口比重、青年人口比重和城镇人口上升，是造成中国长期高储蓄率、消费增长缓慢的重要原因，但从发展趋势看，随着老龄化人口的增多，纯粹的消费者将增加，储蓄率必然下降，消费在 GDP 中的占比也将提高。中等收入群体增加将扩张消费规模。根据中国社科院的测算标准，中国中等收入阶层正在以每年 1% 的比重增长。1999 年中国中等收入阶层比重为 15%，2003 年达到 19%。预计到 2020 年，中等收入阶层将有望达到 40% 左右，社会结构也将实现从"葱头型"到"橄榄型"的跨越。根据社科院的测算标准，家庭财产在 15 万元至 30 万元之间可以算作是"中产"，目前中国城市居民中有 49% 的家庭符合这一标准，但考虑到中国农村大多数家庭收入偏低的现实，最终可以推测出，目前我国的中等收入阶层人数占全国人口的 29% 左右。届时，中国城市家庭将成为全球最大的消费市场之一，每年消费能力达 20 万亿元人民币。

第三，农村消费潜力将大大释放。2013 年农民人均纯收入达到 10600 元，近几年农村家电消费增长较快。根据城市消费情况，城市居民在达到人均收入 6000 元水平之后，在空调、电脑、手机等可选消费品上的需求出现爆发性增长。城市化进程加速了农村消费观念升级。基础设施投资推动农村消费。近几年农村基础设施建设投资增速较大，2013 年在固定资产投资（不含农户）中，第一产业投资 9241 亿元，比上年增长 32.5%；第二产业投资 184804 亿元，增长 17.4%；第三产业投资 242482 亿元，增长 21.0%，其中农业最高。

当下扩大内需急迫需要解决的问题是：一是增加居民收入，逐步提高居民收入在国民收入分配中的比重，提高劳动报酬在初次分配中的比重，努力实现居民收入增长和经济发展同步，推行企业工资集体协商制度。保护合法收入，取缔非法收入，整顿不合理收入，调节过高收入，提高占社会绝大多数劳动群体的收入。

二是增加农民财产性收入。推进土地制度改革，建立城乡统一的建设用地市场，允许农村集体经营性建设用地出让、租赁、入股，实行与国有土地同等入市、同权同价，农民要直接分享一定比例的市场价收益，按照台湾和韩国的经验，一般应在 30%—40%。保障农户宅基地用益物权，允许宅基地上的自建住房可以抵押、担保、转让。推进农民以转包、转让、入股、合作、租赁、互换等各种方式进行土地流转。发展壮大集体经济，实行农民以股份和定期分红的方式共享集体经济收益。

三是鼓励消费的政策。由于国内流通成本高，税收负担重，目前中国大部分日用商品，包括服装以及一些奢侈品，在中国大陆的价格普遍比国外高，这就造成大量的消费外流。新的一项调查显示，中国人在海外购买的产品人均 1 万—2 万元。要进一步加大家电下乡和城镇居民家电消费优惠力度，要实行农村小汽车消费优惠政策。实行电子信息消费优惠政策。

四是改善消费环境。在衣、食、住、行等消费的各个方面都存在着程度不同的假冒伪劣现象，轻则造成消费者的经济损失，重则危害群众的生命安全。由于土地价格过高和保障房、廉租房不足造成的高房价，促使政府采取限制购买政策。商品生产和经营中的欺诈、失信行为和政策不当，造成部分消费者把大量的消费转向国外。

为把消费作为扩大内需的主要着力点，本届政府采取一系列切实措施拉动内需：

第一，把投资作为稳定经济增长的关键。李克强总理指出，把投资作为稳定经济增长的关键。加快投融资体制改革，推进投资主体多元化，再推出一批民间投资示范项目，优化投资结构，保持固定资产投资合理增长。中央预算内投资拟增加到 4576 亿元，重点投向保障性安居工程、农业、重大水利、中西部铁路、节能环保、社会事业等领域，发挥好政府投资"四两拨千斤"的带动作用。2014年以来，扩大投资的举措，重点是铁路建设和保障性住房，2013年铁路建设完成投资6600亿元，2014年以来已达到1.11万亿元。2014年新开工保障性住房700万套以上，其中各类棚户区470万套以上，年内基本建成保障房480万套。

第二，把培育新的区域经济带作为推动发展的战略支撑。深入实施区域发展总体战略，优先推进西部大开发，全面振兴东北地区等老工业基地，大力推进中西部地区崛起，积极支持东部地区经济率先转型升级，加大对革命老区、民族地区、边疆地区、贫困地区支持力度。要谋划区域发展新棋局，由东向西、由沿海向内地，沿大江大河和陆路交通干线，推进梯度发展。依托黄金水道，建设长江经济带。以海陆重点口岸为支点，形成与沿海连接的西南、中南、东北、西北等经济支撑带。推进长三角地区经济一体化，深化泛珠三角区域经济合作，加强环渤海及京津冀地区经济协作。实施差别化经济政策，推动产业转移，发展跨区域大交通大流通，形成新的区域经济增长极。

第三，实现海洋兴国战略。全面实施海洋战略，发展海洋经济，大力建设海洋强国。深入实施《全国海洋经济发展"十二五"规划》，推动建立全国海洋经济发展部际联席会议制度。强化围填海管理力度。编制下达了2013年全国围填海计划，合理控制围填海规模。加强海洋污染防治。会同有关部门共同编制了《近岸海域水污染防治规划》，提出了渤海、黄海、东海和南海环境保护措施。

第四，培育消费热点，拓宽消费领域。扩大服务消费，支持社会力量兴办各类服务机构，重点发展养老、健康、旅游、文化等服务，落实带薪休假制度。清除妨碍全国统一市场的各种关卡，降低流通成本，促进物流配送、快递业和网络购物发展。国务院发布了《国务院关于加快发展体育产业促进体育消费的若干意见》、《国务院关于促进信息消费扩大内需的若干意见》等旨在促进消费的文件。关于促进信息消费的文件提出，到2015年，信息消费规模超过3.2万亿元。信息消费有利于增加我国在新阶段的消费内容，同时新的消费模式降低了衣、食、住、行等初中级阶段的消费成本，使既定收入可以满足更多需求，有效地发挥了扩大消费的作用。有测算表明，信息消费每增加100亿元，将带动GDP增长338亿元，无疑是比较适合当下作为扩大消费抓手的。未来发展信息消费，还要在积极引导传统企业加快转型升级、做好信息安全、维护消费环境等方面做工作，从而真正发挥其拉动消费的积极作用。

第五，减税和税改提高企业收入。2013年8月1日起，我国正式对小微企业中月销售额不超过2万元的小规模增值税纳税人和营业税纳税人，暂免征收增值税和营业税。2014年财政部、国家税务总局再度出台针对小微企业的"微刺激"减税政策，此次政策调整主要有两方面：一是"降门槛"，享受优惠政策的小微企业年应纳税所得额从6万元扩展至10万元；二是"延时间"，优惠政策有效期从2015年年底延长至2016年年底，切实减轻了小型微利企业的负担。这些措施每年将减轻企业和个人负担400多亿元，有利于刺激企业和个人消费。国家推出服务行业营业税改征增值税试点，生活服务领域也开展"正税清费"，提出将提高小微型生活服务性企业营业税起征点，扩大家政服务企业免征营业税范围，等等。这一系列的政策对培育新的消费增长点、扩大居民消费规模都将起到较大的推动作用。

第六，改善消费环境。2013年5月，国务院常务会议研究部署进一步加强婴幼儿奶粉质量安全工作，让孩子喝上"放心奶"上升为一项国家行为。李克强总理要求，大力整顿和规范市场秩序，继续开展专项整治，严厉打击制售假冒伪劣行为。建立从生产加工到流通消费的全过程监管机制、社会共治制度和可追溯体系，健全从中央到地方直至基层的食品药品安全监管体制。严守法规和标准，用最严格的监管、最严厉的处罚、最严肃的问责，坚决治理餐桌上的污染，切实保障"舌尖上的安全"。2014年以来，国家以食品药品安全标准体系、监测体系、生产流通全过程可追溯体系、市场准入制度、召回制度、诚信体系等为重点，建立覆盖各环节、最严格的食品药品安全监管制度；在环境保护方面，实施多污染物协同控制，强化多污染源综合治理。

继续实施2008年下半年以来出台的一系列刺激消费增长的政策，对于家电、汽车、摩托车下乡和家电、汽车以旧换新，应该扩大品种范围，提高补贴标准。在继续增加廉租房、经济适用房供给的同时，可考虑对城镇中低收入者购买一定面积的商品住房提供定额补贴，对农村居民在新农村建设规划内建设或改造住房提供补贴或贴息贷款。为了刺激消费，还要加大消费信贷推广力度，扩大消费信贷品种范围，放宽信贷条件，为城乡居民消费提供金融支持。

第三节 城乡一体化——城市功能延伸的新潜力

从党的十六大提出统筹城乡经济社会发展开始，到十八届三中全会对健全城乡发展一体化体制机制作出全面部署，城乡一体化上升到国家战略，已经成为指导我国经济社会发展工作中的重要方针举措，其体制与政策创新全面提速。

城乡一体化是工业与农业、城市与乡村、城镇居民与农村村民统筹谋划同步发展，是先进的城市功能向落后的农村功能延伸，并使农村和城乡基本同步的社会经济发展过程。城乡一体化是中国现代化和城市化发展的一个新阶段，通过体制改革和政策调整，促进城乡在规划建设、产业发展、市场信息、政策措施、生态环境保护、社会事业发展的一体化，改变长期形成的城乡二元经济结构，实现城乡在政策上的平等、产业发展上的互补、国民待遇上的一致，让农民享受到与城镇居民同样的文明和实惠，使整个城乡经济社会全面、协调、可持续发展。

城乡一体化早在以圣西门、傅里叶和欧文为代表的空想社会主义学说中就有原始构想，城市规划理论的奠基者霍华德提出"田园城市"的构想和著名的城镇—乡村"三磁体"理论，马克思主义经典作家认为从城乡对立走向城乡融合是城乡关系发展的必然，并指出城乡对立的消灭并不是一蹴而就的，达到城乡融合需要一个漫长的社会历史过程。20世纪50年代至70年代，刘易斯—拉尼斯—费景汉模型认为，经济增长和现代化需要"城市—工业"加速的增长和向以城市社会为基础的社会转化，需要将剩余劳动力从农村农业部门转移到城市工业部门，因而城市掠夺农村资源、资金和劳动力理所当然。利普顿批评了这种观点，提出的"城市偏向"理论认为，发展中国家城乡关系的实质就在于城市人利用自己的政治权力，通过"城市偏向"政策使社会资源不合理地流入自己利益所在地区，而资源的这种流向很不利于乡村的发展，其结果不仅使穷人更穷，而且还引起农村地区内部的不平等。"增长极"理论则倡导，发展中国家可以通过加大在大城市和地区中心发展资本密集型工业的投资力度来刺激当地经济增长，然后这种增长再通过"涓滴效应"扩散到乡村地区。20世纪80年代中期，日本提出了第四次全国综合开发规划，该规划以微电子技术和生物工程技术为核心手段，突出点（城镇）、线（网状基础设施）和面（农村区域）网络化发展的内容，建立自然—空间—人类系统，旨在建立一个城乡融合社会。20世纪末期，在亚洲的许多核心城市边缘及其间的交通走廊地带出现了与众不同的农业和非农业活动交错的地区，复杂而且复合的区域系统包含核心城市、边缘区、远郊地区、卫星城，城市与乡村界限日渐模糊，农业活动与非农业活动紧密联系，城市用地与乡村用地相互混杂。这代表了一种特殊的城市化类型。所有这些理论和实践都遵循着一个广泛的假设，即平等和均衡发展将贯穿整个地域。

新中国成立60年来，城乡关系经历了深刻变迁，城乡关系的发展历程大致经过三个阶段。第一个阶段，改革开放前的城乡二元结构。国家为推进工业化，在农村和城市进行了一场规模浩大、持久深远的社会变革，建立了计划经济体制，城市和农村分割为两个部门。这种二元城乡关系呈现出三个特征：工农产品不能平等交易；城乡之间要素不能自由流动；城镇居民与农民权利和发展机会不平等。

第二个阶段，改革开放至党的十六大城乡初步融合。由市场机制引入、城乡要素交流扩大，导致城乡关系由原来的分割状态转变为初步融合状态。城乡关系的新特征主要有：（1）工农业产品市场化交换程度的提高，推动了城乡关系的合理化。农业市场化改革使农村社会生产力的巨大潜力得以迅速释放，粮食生产从3500亿公斤提高至5000亿公斤，只用了18年。农业结构发生了显著变化，由以粮食为主向多种经营和农、林、牧、渔业全面发展转变，人均农产品生产量和消费量达到世界中等以上水平。（2）乡镇企业异军突起，城乡经济日趋紧密。国民经济结构已由改革开放以前的农村农业、城市工业二元结构转变为城市工业、农村工业、农村农业相结合的新型经济结构。（3）农村富余劳动力向城镇的大量转移，密切了城乡联系，对城乡隔离现象造成了巨大冲击。在城乡关系的转变中，农村劳动力转移具有决定性的意义。改革开放以来，农村劳动力流动的体制性障碍逐步消除，农民工总量持续增加，流动范围日益扩大，并成为产业工人的主体部分。

第三个阶段，十六大以来城乡统筹、城乡一体化发展。十六届三中全会首次提出"五个统筹"的发展理念，并将统筹城乡发展放在首位；2004年中央经济工作会议首次判断我国现在总体上已进入了以工促农、以城带乡的发展阶段；十七大报告首次提出"形成城乡经济社会发展一体化新格局"。城乡关系的特征表现为：一是小城镇大量涌现和迅速发展，弱化了城乡隔离的格局，奠定了城市化发展的基础。1998年，党的十五届三中全会确立了发展小城镇以带动农村经济和社会发展的重大战略。2002年，党的十六大把促进小城镇和大中小城市协调发展作为中国特色城镇化道路的重要内容，从政策上明确了发展小城镇在新农村建设和城镇化推进中的战略地位。中国的小城镇不仅担负着联系城乡的任务，同时也承担着完善城镇体系的功能，其城市特征逐步增强。二是强农惠农政策体系不断完善，工业反哺农业、城市反哺农村政策建立。国家实施了具有划时代意义的农村税费改革，这项改革直接带动了农村义务教育管理体制、县乡财政体制和乡镇机构等领域改革的深化，引起了农村综合性制度创新和城乡分配关系的重大调整，成为改革城乡二元结构的重要突破口。三是农村社会保障体系初步建立，城市公共基础设施建设和公共服务开始向农村延伸，初步建立了促进城乡经济社会一体化发展的制度框架。农村实行了社会养老保险和新型合作医疗，公共财政覆盖农村的范围不断扩大，自来水、道路、卫生等公共基础设施和服务向农村延伸，以向中心村集中为主的新农村建设得到重视并逐步推进。

李克强总理在《求是》发表的题为《关于深化经济体制改革的若干问题》一文中指出，统筹推进城乡一体化改革。城乡二元结构是不合理经济结构的突出表现和重要根源。改变城乡二元结构，必须建立城乡一体化发展体制机制。为此，要进一步放活农民，放手让农民去闯市场，形成农业现代化和新型城镇化相辅相成的局面。在推进现代农业制度建设方面，主要是坚持和完善农村基本经营制度，加快实施承包地确权登记颁证，鼓励土地经营权流转，发展适度规模经营；完善农产品价格形成机制，启动大豆、棉花目标价格补贴试点；完善农业补贴等政策，促进农业集约化和可持续发展。发展新型城镇化。

既然提出了新型城镇化，为何还要提城乡一体化，反之亦然。有的学者认为，这是同一概念的两种不同提法。有的学者把新型城镇化等同于或基本等同于城乡一体化。在党的十八大报告中，新型城镇化与城乡一体化是同时提出来的。报告中说："坚持走中国特色新型工业化、信息化、城镇化、农业现代化道路，推动信息化和工业化深度融合、工业化和城镇化良性互动、城镇化和农业现代化相互协调，促进工业化、信息化、城镇化、农业现代化同步发展。"可见，新型城镇化是城乡一体化的核心内容，新型城镇化就"新"在城乡统筹的一体化发展上。在概念的广度上，城乡一体化是一个更宽泛的概念，它包含着城镇化，而城镇化是一个相对狭窄的概念，城镇化是城乡一体化中最重要的方面和最主要的内容。中国特色城乡一体化的涵义，就是把工业与农业、城市与农村、市民与农民作为一个整体，通过体制改革、机制创新和政策调整等，实现城乡的逐步融合和一体化发展。

城乡一体化就是城乡在发展上协调发展、同步发展、一体发展，而不是重工业、轻农业，重城市、轻农村，厚市民、薄农民式的发展，具体内容应包括：总体规划、产业布局、基础设施、公共服务、社会保障、劳动就业、资源配置、收入分配、生态环境、社会管理等一体化。城乡一体化不是城乡均等化，不是城乡均等发展。不是要把差距拉平，在中国城乡差距将长期存在，这个长期至少在百年以上。现在强调一体化是要逐渐缩小差距，逐渐消除政策上、制度上、法律上等一切不平等。现今，城乡差距和不平等主要有：

第一，由户籍制度造成的城乡不平等。中国的城乡二元结构是历史的产物，并在计划经济时期得到强化。新中国成立初期，城乡就在不同程度上存在重大差别，从 20 世纪 50 年代开始，实行计划经济体制，城乡二元结构日益显著，而户籍制度又是其中的关键。1958 年，全国人大常委会通过的《中华人民共和国户口登记条例》规定："公民由农村迁往城市，必须持有城市劳动部门录用证明，学校的录取证明，或者城市户口登记机关的准予迁入证明，向常住地户口登记机关申请办理迁出手续。"二元户籍制度的形成使人分二等，即城镇市民和农村农民两种身份两大阶层，由户籍制度演化而成的"城乡分治，一城两策，一地两民，一事两制"的管理体制，衍生出就业、税费、教育、医疗、社保、文化等诸多的不平等。由户籍制度造成的农民成为事实上的二等公民，是中国最大的不平等。在经济、政治、社会三项公民最主要权利上，农民是弱者、缺失者、不平等待遇的受害者。户籍管理制度通过法律赋予的权力，经过法律部门的登记造册，把人员强制性地固定在某个村庄，不能自由地迁徙流动。户籍制度的人为分割，加剧了中国城乡之间早已存在的市民和农民两大群体之间的不平等，同时也加剧了社会两极分化。中国最贫穷最落后的人群是边远的、落后地区的农（牧）民。户籍制度要推进改革，关键是资金。2013年7月，中国社科院发布《城市蓝皮书》称，目前我国东、中、西部地区农业转移人口市民化的人均公共成本分别为 17.6 万元、10.4 万元和 10.6 万元，全国平均为 13.1 万元 / 人。

第二，农村土地制度加剧了农村不平等。农村土地制度和农村户籍制度是中国城乡二元经济结构的双胞胎。农村土地管理存在诸多问题。一是所有权空置是最大的问题。所有权空置的根源是产权所有权主体不清。农村集体所有，从法律层面来理解，农村集体应该是各个村委会，但法律并没有明确农村集体所有的主体指的是什么。而村委会作为集体土地所有权人既不是一级政府，也不是经济法人，它是农民自治组织。作为自治组织，从理论上来说，应该有处置财产——土地的权利，但法律上没有赋予这个自治组织有处置土地的权利。此外，这个自治组织从法律上和理论上来说是自治的，但实际上却受到村党支部的领导，党支部在村级事务中有实际的和最终的话语权和决定权。而党支部要受乡镇或社区、街道党组织的领导。二是征收过程存在着许多违法现象。国家有权征收农村集体土地，实际征收主要是地方政府行使国家权力进行征收，征收本身具有强制性。《土地管理法》规定：征地是国家的特有行为，被征地单位和人员要服从国家的需要。这意味着国家权利和农民集体权利的不对称、不对等，国家权利高于、大于农民集体权利。法律对于"公共利益"的解释模糊不清，什么叫公共利益，公共利益具体内容是什么？《土地法》都没有明确规定。致使许多地方将《宪法》规定的征地范围从"公共利益的需要"扩大到包括非公共利益需要的一切用地项目。《土地法》规定：控制建设用地总量，严格限制农用地转为建设用地。在实施征地和执行法律的过程中，地方政府总是尽可能地扩大建设用地数量和规模。在征地过程中，法律难以控制自由裁量权的任意行使，对政府动用征地权没有做出限制，致使地方政府表现出较强的随意性，征收目的不公开、不透明，征收的数量和规模不受约束和限制。而对地方政府的这些违法行为，农村集体组织既没有权力，也没有能力拒绝。三是低价征收和补偿费用过低问题十分普遍严重。国家对征收耕地的补偿费用没有具体标准或实施细则，地方政府在征收中都是以最低的标准来补偿。地方政府在征收农民土地时，农村集体组织没有议价权，农民个人更没有议价权，征地价格由地方政府单方面决定，政府为谋取自己的最大利益，都以最低的价格征收。政府从农民手中低价征收土地，然后投入较少的整理费用，甚至不整理，以高出征收价的十倍、几十倍、百倍的价格出让，政府收取了巨额土地出让金。巨大的利益使政府乐此不疲，热衷于卖土地。法律的规定一开始就明显地损害了农民利益，而倾向于保证政府利益。低价征收受到了农民的强烈反对，地方政府动用行政、处罚、赏罚等各种手段，甚至动用公安、法院、武警等国家机器，强行、强力、强制征用农民土地。

第三，农民诸多的政治、社会权利不平等。一是政治权利不平等。农民的知情权由于信息不对称、处于弱势地位而缺失；没有权利参与所在区域的社会管理；没有权利就所在区域城乡公共建设、公共设施等提出建议要求并得到尊重。二是社会权利不平等。农民被固定在土地上，没有迁徙的自由，不像城里人可以享受调动工作的权利，并随工作调动而迁移户口。农民的教育权不平等，农村教育资源缺乏且贫瘠，无论是九年义务制教育，还是成人再教育、职业教育、岗前培训教育等，都大大弱于城市。三是农民经济权利不平等。农民缺少融贷权，最主要的财产——住宅不能抵押贷款，最主要的经营权——土地承包经营权不得抵押贷款，宅基地不能抵押贷款。农民承担了更高的税赋。自建国以来，农民种的粮食就被迫平调、平价征购，缴纳"三提五统"等税费，直到 2006 年农业税取消后农民的负担才有所减轻。

第四，公共资源配置不平等。公共资源配置存在着严重的重城轻农问题。水、电、气、路、文化、体育、娱乐等公共设施，在农村基本都是靠农民自己投资建设，而市民却能够享受国家免费无偿投资，农村普遍地落后于城市。优质的医疗卫生和文化教育资源集中在城市，而广大农村的公共文化设施陈旧落后。在社保方面差距同样大，国家为市民提供金额大、收益面广的各类保障，而农民长期以来被排除在社保之外。自 2009 年起，农村逐步推行养老保险制度，但标准低，且个人要缴纳 100—500 元不等的金额，年满 60 岁以后每月可领取 55 元，现在一般许多地方涨到了 80 元。这与城镇居民特别是退休人员养老保险相差 10 多倍。农民没有就业的权利，要自己找工作。找不到工作没有失业保障金。农民享受不到市民享受的最低生活保障的权利。

第五，工农业产品价格"剪刀差"造成的收入差距。在新中国成立之初，由于工业化积累资金的需要，在价格政策上采取了农产品价格低于价值、工业品价格高于价值的政策，形成工农业产品价格的"剪刀差"。据统计，1952—1997 年的 46 年间，以工农业产品"剪刀差"的方式，农业为工业提供资金 12641 亿元，平均每年提供 274.8 亿元。由于工农业产品的"剪刀差"，使农民的收入缩水，而城镇居民的收入增加。

第六，城乡生产力和劳动力素质的巨大差异造成的收入差距。城市经济以工业和服务业为主，现代化程度较高，而农村以农业为主，现代化程度较低，反映在劳动生产率上的差异较大。农业与工业的劳动生产率之比，从 1952 年的 1.966 倍，持续扩大到 2003 年的 6.793 倍。从 1979 年到 2006 年的 27 年中，GDP 总量平均增长 9.7%，同期农业平均增长 4.6%，这么悬殊的落差，是造成城乡收入差距的一个重要原因。在实行以按劳分配为主体与多种要素参与分配的制度下，劳动力素质对收入分配具有决定性作用。劳动力素质很大程度上表现为教育程度。农民工是农村中教育程度较高的群体，但教育水平也偏低。据统计，2005 年，农民工中受过大专及以上教育的仅占 3.37%，高中及中专以上教育的为 19.34%，初中及以下教育的占 77.29%，而城市劳动力的上述比例分别为 28.05%、47.80% 和 24.16%。现阶段大致形成了以高中及大专以上文化程度为主体的城市劳动力群体、以初中文化程度为主体的农民工劳动力群体，以初中和小学文化程度为主体的农村劳动力群体。这表明教育程度是形成城乡收入差距的重要原因。

国外避免城乡二元结构主要模式有：美国基于市场经济和技术革新的城乡互动一体化模式；德国以均衡、持续发展为特征的民主式城乡一体化模式；日本、韩国先城后乡、政府主导的非均衡城乡一体化模式；拉美国家工业化和城市化失调的过度城乡一体化模式。

日本在城乡一体化发展中的经验颇值得中国借鉴。城乡居民享受同等的政治经济待遇，在房籍、政治权利、社会保障和人员流动等政策上对城乡居民一视同仁。消除阻碍人员、资金等经济要素在城乡间流动的壁垒，促进各种资源向农村和落后地区流动。重视城市化过程的总体布局，避免出现城乡结合部和"贫民窟"。日本采取细化配套措施，攻克制度壁垒。通过建立统一的社会保障体系、建设高标准的卫星城和小城镇、维持农产品较高价格以保障农民收入等措施，打通了城乡之间存在的各种壁垒。第一，统一社会保障体系和宽松的户籍制度是城乡居民相互流动的前提。在日本，居民的养老、失业和医疗保险全国统一，不以地区或身份区分，居民转移户籍几乎不受限制。第二，高标准建设大城市外围卫星城和小城镇是大城市减轻人口压力的前提条件。日本很多大城市的外围卫星和小城镇的基础设施、生活服务、文化娱乐等条件与大城市中心区相差无几，吸引了很多城市居民前去居住。充分利用好包括退休老人、不必每天通勤的上班族、小企业主及其雇工等群体的资本和消费需求，在很大程度上促进了日本中小城市和小城镇的发展，既避免了大城市人口过快膨胀，又拉动了农村发展，有力促进了城乡平衡和区域平衡。第三，采取各种措施维持农产品较高价格以保障农民收入。为增加农民收入，日本在对外贸易中多利用高关税、高检疫检验标准等有形或无形的"保护壁垒"，在国内则通过农协等行业组织或地区组织维持农产品较高价格。这实际上是以城市消费者出资的形式对农业进行隐形补贴。同时，为保障城市低收入阶层人群的基本生活，日本政府通过补贴等方式使国内市场鸡蛋、牛奶和面包等基本食品的价格处于较低水平。按照人口和国土比例，日本的人口密度约为中国的 3 倍，且其国土山地多平原少。在这种基本国情下，日本不仅实现了城乡共同富裕和高度城市化，还发展了农业、确保了大米完全自给和大部分蔬菜自给。

城乡收入差距大，一直是困扰中国经济社会发展的重大问题。有学者认为，改革开放以来，城乡收入差距大体经历了迅速缩小→逐渐扩大→平缓缩小→加速扩大→平稳下降的变动过程。农村率先实行家庭联产承包责任制后农民的收入迅速增加，城乡收入比值由 1978 年的 2.57 缩小到 1983 年的 1.82，成为历史最低点。之后城镇居民的收入增长速度超过农村，比值由 1984 年的 1.84 上升到 1994 年的 2.86，高于改革开放前的水平。20 世纪 90 年代中期，农村剩余劳动力转移到城镇就业，提高农产品收购价格等，使农民收入再度提升，城乡收入差距的比值逐步下降到 2.47。进入 21 世纪以后，城乡收入差距加速扩大，2001 年突破历史最高点 2.90，从 2002 年开始上升到了 3 以上，2009 年达 3.33。值得注意的是，从 2002 年到 2012 年 11 年中均保持在 3 以上的高位。从世界范围来看，中国目前的城乡收入差距明显偏高。世界银行有关报告指出，多数国家的城乡收入差距为 1.5，超过 2 的相当罕见。而我国连续 11 年超过 3，必须引起高度关注。

一些专家学者认为我国推进城乡一体化的模式主要有四种：一是北京、上海等"大城市带小郊区"的发展模式；二是成都、重庆等"大城市带大郊区"的发展模式；三是江浙地区以"小城镇带农村"的发展模式；四是"小城市带大农村"的发展模式。值得注意的是，小城镇、小城市是否具有足够的吸引力和辐射力来带动农村地区的发展？或者，"小城镇带农村"、"小城市带大农村"等发展模式能否取得持久的成功，尚需更长时间的观察与检验。

从党的十六大到十七大，关于城乡关系的理解和政策在我国城乡发展中具有转折性的意义。2012 年召开的党的十八大，标志着我国已经进入实质性推进城乡经济社会发展一体化的新阶段。十八大报告进一步提出推动城乡发展一体化的新战略，提出加大城乡统筹发展力度，增强农村发展活力，逐步缩小城乡差距，促进城乡共同繁荣的目标，特别是提出了加快完善城乡发展一体化体制机制，着力在城乡规划、基础设施、公共服务等方面推进一体化，对"形成以工促农、以城带乡、工农互惠、城乡一体的新型工农、城乡关系"作出了进一步的部署，从而在城乡一体化发展和建设上继续迈出新的步伐。推进城乡一体化，当前亟待加快三项改革：

第一，加快户籍制度改革。实现城乡统一的户籍制度。必须破解户籍制度造成的不平等鸿沟。逐步取消农业户口、非农业户口的鸿沟，以及由此衍生的蓝印户口、自理口粮户口、地方城镇户口、农场商品粮户口等多种户口类型，按照经常居住地登记常住户口的原则，逐步建立全国统一的户口登记管理制度，统称"中华人民共和国居民户口"。建立有序的户口准入制度，逐步实现迁徙自由。实行以具有合法固定住所为基本条件的户口迁移条件准入制度，在经常居住地通过购买、赠与、继承、自建等途径获得具有产权、达到一定标准的住房且居住一定期限的公民本人、配偶及直系亲属，可以在该经常居住地落户。当地经济社会发展所需特殊人才、特殊技能人员及其配偶、直系亲属可在当地落户，具体准入细则可由各省、自治区、直辖市人民政府制定，同级公安部门备案。

第二，加快土地制度改革。一是土地改革首先是确定土地一系列权利。农民要有三种权利：承包土地的经营权、宅基地的使用权、宅基地之上自建住房的房产权，相对三种权利的是三个证件：承包土地经营权证，宅基地使用权证，宅基地之自建住房的房产证。土地确权是基础，是根本。有了经营权证，土地流动中的经营权不清和法律纠纷问题相对较少发生。二是允许宅基地上的自建住房可以抵押、担保、转让。保障农户宅基地用益物权，建立农民财产性收入渠道。这意味着农民的宅基地作为一项"沉睡的资产"将被唤醒，将明显提升农民财产性收入。根据测算，中国农村的住宅存量庞大，2010 年为 210 亿平方米，略高于同期城镇住宅存量，即使考虑到这些农村住宅多属自建、价值较低，210 亿平方米的存量住宅已经是一笔规模极为庞大的存量资产。三是建立农村产权流转交易市场，推动农村产权流转交易公开、公正、规范运行。市场的建立是流转实现的途径，并且使流转规范运行，避免地下黑市交易。四是缩小征地范围，规范征地程序。完善对被征地农民合理、规范、多元保障机制。扩大国有土地有偿使用范围，减少非公益性用地划拨。这相当于土地市场的去行政化，通过缩小征地范围和减少划拨，从而在征地之外给市场留下更多的空间。五是允许农村集体经营性建设用地出让、租赁、入股，实行与国有土地同等入市、同权同价。六是建立城乡统一的建设用地市场，意味着土地价格形成机制将有根本性变革。新土改政策如果能真正按计划推进，其所带来的改革红利将随着改革的深入而越来越大，持续时间至少二三十年。公开信息显示，我国当前承包权耕地 12.77 亿亩，集体建设用地 2.5 亿亩，共 15 亿亩农用地。15 亿亩土地将带来多大的市场？据专家估算，仅承包耕地一项，每年将撬动 1.3 万亿元资金，而建设用地市场更大。根据《全国土地利用总体规划纲要（2006—2020 年）》，到 2010 年，全国城乡建设用地规模为 2488 万公顷，其中城镇工矿建设用地 848 万公顷。城乡建设用地分为城镇工矿建设用地和农村建设用地两类。由此可估算出，2010 年我国农村建设用地规模约为 1640 万公顷，即 2.46 亿亩。2012 年国土部公布的全国土地出让面积和合同成交价款分别为 32.28 万公顷和 2.69 万亿元，每亩的价格约为 56 万元。据此测算，建立城乡统一的建设用地市场后，2.46 亿亩的农村建设用地价格或高达 130 多万亿元。

第三，提高农村社保标准，完善城乡一体的社保制度。农村现有的养老、医疗等社会保障标准虽然建立，但标准过低、覆盖较窄。2014 年 4 月，财政部网站刊登了一篇署名为安徽省财政厅的文章指出，合肥市市民化成本人均约15.49万元。按照《国家新型城镇化规划（2014—2020年）》的目标，到2020年，全国常住人口城镇化率达到60%左右，户籍人口城镇化率达到45%左右，努力实现1亿左右农业转移人口和其他常住人口在城镇落户。以合肥为计算口径，按照每年2000万农民进城市民化计算，农民市民化年度新增加成本约3万亿元。中国社会科学院城市发展与环境研究所发布城市蓝皮书《中国城市发展报告（2012）》指出，今后20年内，中国将有近5亿农民需要实现市民化，人均市民化成本为10万元，为此至少需要40万亿—50万亿元的成本。城乡一体需要公共财政投入方面主要包括养老和医疗、保障性住房、各种民政救助和社会管理、基础设施等。国家和地方应该采取立法的方式确立国家和地方投入农村社会保障的比例。

转型的因果链条

　　为什么要进行政治体制改革，发展市场经济不进行政治体制改革行不行？
答案是否定的。经济基础决定上层建筑的产生、性质和变革。上层建筑并非被
动地适应经济基础的变化，而是对经济基础存在着反作用。经济基础要求上层
建筑同自己相适合，以利于自己的发展；上层建筑必须符合经济基础及其发展
的需要，否则就不能长期存在下去。政治体制改革的重点是，全面推进依法治
国，推进权力运行体系与权力制约机制改革，推进行政体制与行政执法体制改
革，推进惩治和预防腐败体系与反腐败体制机制改革，推进民主政治建设。

　　党的十八届三中全会通过的《中共中央关于全面深化改革若干重大问题的
决定》提出，经济体制改革是全面深化改革的重点，核心问题是处理好政府和
市场的关系，使市场在资源配置中起决定性作用，更好发挥政府作用。市场决
定资源配置是市场经济的一般规律。政府要严格依法行政，切实履行职责，该
管的事一定要管好、管到位，该放的权一定要放足、放到位，坚决克服政府职
能错位、越位、缺位现象。在资源配置中，市场起决定作用，市场唱主角，就
必然意味着政府起辅助作用，唱配角。由决定作用变成辅助作用，由主角变成
配角，政府的作用主要定位于调节、监管和引导。

　　社会主义市场经济必然产生与之相适应的社会主义文化，新的社会主义文
化必然对社会主义市场经济起到稳定作用。在从农业社会向工业社会，从传统
的小农经济、计划经济向现代市场经济，从封建集体专制向现代政治民主转型
过程中，中国的传统文化同样面临着转型。在传统文化向现代文化的转型中，
一部分适应政治、经济发展需要的优良的文化仍将保留并继续弘扬，一部分不
适应的可以称之为糟粕的文化将面临淘汰。

　　党的十八届三中全会提出，全面深化改革，必须以促进社会公平正义、增
进人民福祉为出发点和落脚点。公平正义是要建立以权利公平、机会公平、规
则公平为主要内容的社会公平保障体系，努力营造公平的社会环境，保证人民

平等参与、平等发展权利。民生是指民众的基本生存和生活状态，以及民众的基本发展机会、基本发展能力和基本权益保护的状况。教育就学是民生之基，就业创业是民生之根，收入分配是民生之本，医疗卫生是民生之急，社会保障是民生之盾。

第一节　政治转型的牵引作用

　　为什么要进行政治体制改革，发展市场经济不进行政治体制改革行不行？答案是否定的。马克思主义关于生产力和生产关系、经济基础和上层建筑的基本原理揭示了社会发展的普遍规律。按照唯物史观的基本原理，生产力是最活跃、最革命的因素，是社会发展的最终决定力量。生产力与生产关系、经济基础与上层建筑的矛盾，构成社会的基本矛盾。这个基本矛盾的运动，决定着社会性质的变化和社会经济政治文化的发展方向。经济基础和上层建筑的矛盾受生产力和生产关系矛盾的制约，生产力和生产关系矛盾的解决又依赖于经济基础和上层建筑矛盾的解决。生产力和生产关系之间、经济基础和上层建筑之间的矛盾运动推动着社会形态的依次更替。生产力发展到一定的阶段，必然要求生产关系的调整，而生产关系的调整必然要求上层建筑调整。

　　按照马克思主义学说，经济基础是指由社会一定发展阶段的生产力所决定的生产关系的总和，是构成一定社会的基础；上层建筑是建立在经济基础之上的意识形态以及与其相适应的制度、组织和设施，在阶级社会主要指政治法律制度和设施。一定社会的基础是该社会的经济关系的体系，即生产关系的总和，主要包括生产资料所有制、生产过程中人与人之间的关系和分配关系等三个方面，其中生产资料所有制是首要的、决定的部分。而一定社会的上层建筑是复杂庞大的体系，由该社会的观念上层建筑和政治上层建筑两个部分组成。观念上层建筑包括政治法律思想、道德、宗教、文学艺术、哲学等意识形态。政治上层建筑指政治法律制度和设施，主要包括军队、警察、法庭、监狱、政府机构和政党、社会集团等，其中国家政权是核心。经济基础是上层建筑赖以存在的根源，是第一性的；上层建筑是经济基础在政治上和思想上的表现，是第二性的、派生的。经济基础决定上层建筑，上层建筑反作用于经济基础。

经济基础决定上层建筑的产生，决定上层建筑的性质，决定上层建筑的变革。经济基础发生改变，上层建筑或慢或快也要发生变革。同一社会形态内经济基础的量变和部分质变，决定了上层建筑要发生相应的量变和部分质变。一种性质的经济基础为另一种性质的经济基础所代替的根本质变，决定着全部庞大的上层建筑的根本变革。

上层建筑并非被动地适应经济基础的变化，而是对经济基础存在着反作用，表现为：一方面，上层建筑与阻碍和反对与之相适应的经济基础的力量进行斗争，维护和促进经济基础的形成、巩固和发展；另一方面，上层建筑固守制度和思想，成为阻碍经济基础发展的力量。经济基础要求上层建筑同自己相适应，以利于自己的发展；上层建筑必须符合经济基础及其发展的需要，否则就不能长期存在下去。这就是上层建筑适应经济基础状况的规律。唯物史观既反对否定经济基础决定作用的唯心主义，又反对否定上层建筑反作用的形而上学观点。这两种观点都是违背上层建筑适合经济基础状况的规律。

改革开放 30 多年的实践充分说明，经济体制改革和政治体制改革交相推进、相辅相成、互相依赖、密切相关、缺一不可。只搞经济体制改革，不搞政治体制改革，经济体制改革也搞不好，反之亦然。农村大包干和十一届三中全会相互促发，中国进入从贫穷到富裕的时代。20 世纪 80 年代末、90 年代初，东欧发生巨变，中国也出现了"六四"风波，经济和社会发展在"姓社""姓资"的争论中徘徊不前，甚至出现倒退。1992 年邓小平南方谈话力转局势，随后中共十四大确立了社会主义市场经济体制，经济和社会再次驶入快速发展轨道。生产力发展了，拥有或代表先进生产力的个体和私营企业主能否加入中国共产党？如果不能，共产党如何促进生产力发展，如果能，就必须破除教条主义和政治上的陈规。面临生产力发展的新形势，时任总书记江泽民提出了"三个代表"重要思想，解决了新时期共产党能够和应该代表先进生产力、先进文化和最广大人民根本利益三个重大的、根本的、原则的问题。当改革进入到深水区，经济和社会发展处于缓慢和僵持阶段，需要政治体制改革牵引的时候，十八届三中全会作出了全面深化改革的战略决策。

伟大的战略家、思想家邓小平深刻地阐述了政治体制改革的重要性和政治体制改革与经济体制改革的关系。早在 1980 年 8 月 18 日，邓小平关于党和国家领导制度改革的讲话（"8·18 讲话"）就明确提出："政治体制改革同经济体制改革应该相互依赖，相互配合。只搞经济体制改革，不搞政治体制改革，经济体制改革也搞不通。"1986 年，邓小平 20 多次提出要进行政治体制改革。邓小平指出："现在经济体制改革每前进一步，都深深感到政治体制改革的必要性。不改革政治体制，就不能保障经济体制改革的成果，不能使经济体制改革继续前进，就会阻碍生产力的发展，阻碍四个现代化的实现"，"不搞政治体制改革，经济体制改革难以贯彻。"①

邓小平深刻地揭示了政治体制改革和经济体制改革相互依赖和配合的辩证关系。只搞经济体制改革，不搞政治体制改革，在实践中是难以行得通的。经济体制改革和政治体制改革不可截然分开，要改革传统体制，就必须同时改革组成传统体制的经济体制和政治体制两个方面。只改革其中的一个方面，改革就不配套，就很难获得实质性、突破性进展。这正是他对马克思主义基本原则纯熟的、结合实际的创造性运用，是他的改革思想理论在实践中的重大丰富和发展。

政治体制改革怎么改？改什么？早在 20 世纪 80 年代初，共产党就作出了伟大的规划。1980 年 8 月 18 日至 23 日，中共中央政治局（扩大）会议召开，邓小平在会上作了《党和国家领导制度的改革》的讲话，讲话的主要内容有五个方面：一是国务院领导成员变动，中央的考虑是权力不宜过分集中，兼职、副职不宜过多，着手解决党政不分、以党代政的问题，从长远考虑，解决好交接班问题。二是阐明我国党和国家领导制度改革的目的，是为了发挥社会主义制度的优越性，加速现代化建设事业的发展。三是揭示我国现行政治体制存在的主要弊端。主要有：官僚主义现象、权力过分集中现象、家长制现象、干部领导职务终身制现象和形形色色的特权现象等，强调要着重从制度方面来解决问题。四是提出肃清封建主义和资产阶级思想影响的任务。指出，肃清封建主义残余影响，重点是切实改革并完善党和国家的制度，从制度上保证党和国家政治生活的民主化、经济管理的民主化、整个社会生活的民主化。五是指明改革应采取的根本性措施是，实行民主集中制、党政分工制、中央统一领导下的

---

① 邓小平：《邓小平文选》第三卷，人民出版社，2001 年 4 月，第 176、177 页。

地方分权的管理制度；健全保障人民民主权利的各项制度。这个重要讲话经 8 月 31 日政治局会议讨论通过，成为党和国家领导体制改革的纲领性文件。

邓小平政治体制改革理论的内容，主要体现在以下八个方面：一是认为政治体制改革必须同经济体制改革相配套、相适应，不搞政治体制改革必然会阻碍经济体制改革，拖经济发展的后腿。随着经济体制改革的逐步深入，越来越感到政治体制改革的必要性和紧迫性。二是认为政治体制改革是全面改革向前推进的一个标志。我们所有的改革最终能不能成功，还是决定于政治体制改革。三是认为权力过分集中是旧的传统政治体制的基本特征和"总病根"，政治体制改革要注重解决权力过分集中这个根本问题。四是认为发展社会主义民主，健全社会主义法制，使民主制度化、法律化，是必须长期坚持的坚定不移的目标，绝不允许有任何动摇。五是认为党政不分、以党代政是传统政治体制的主要弊端，政治体制改革要把党政分开放在第一位，这是一个关键。六是认为政治体制改革要致力于改善党的领导，党只能在宪法和法律的范围内活动，要坚决铲除"以党治国"这个"国民党的遗毒"。七是认为肃清思想政治方面封建主义的残余影响，是政治体制改革的一项重要任务。这个任务重点在于改革和完善党和国家的制度，从制度上保证党和国家政治生活的民主化、经济管理的民主化、整个社会生活的民主化。八是认为政治体制改革要坚持既坚决、又审慎的方针。决策一定要慎重，看到成功的可能性较大以后再下决心，但改革总要有一个期限，不能太迟。邓小平关于政治体制改革的理论，是对国内国际社会主义政治建设历史经验和教训的深刻总结，集中体现和凝聚了全党的智慧，构成了一个科学的思想体系，具有极为重要的理论意义和实践意义。

党的十一届三中全会以来，中国在进行社会主义经济体制改革的同时，也开展了政治体制改革，取得了积极的成果，某些方面取得了较大突破，比如领导干部终身职务制的废除，党与政府重叠的对口部门的取消；人民代表大会制度和政治协商制度的发展；村民自治制度和基层民主制度的创新；人事制度的改革；公务员制度的初步建立；行政机构的多次改革等等。党的十三大对政治体制改革第一次进行了系统论述和部署。1987 年 11 月召开的党的十三大把政治体制改革提上了议事日程，政治体制改革的主题是建设社会主义民主政治，其最终目的是为了在党的领导下和社会主义制度下更好地发展社会生产力，充分发挥社会主义制度的优越性。中国政治体制改革的长期目标是建立高度民主，法制完备、富有效率、充满活力的社会主义政治体制。中共十三大政治报告的第五部分提出了政治体制改革的内容和任务，提出不进行政治体制改革，经济体制改革不可能最终取得成功。党中央认为，把政治体制改革提上全党日程的时机已经成熟。报告提出了七项工作任务：一是实行党政分开。这个问题不解决，党的领导无法真正加强，其他改革措施也难以顺利实施。因此，政治体制改革的关键首先是党政分开。党政分开即党政职能分开。二是进一步下放权力。凡是适宜于下面办的事情，都应由下面决定和执行，这是一个总的原则。三是改革政府工作机构。为了避免重走过去"精简——膨胀——再精简——再膨胀"的老路，这次机构改革必须抓住转变职能这个关键。要按照经济体制改革和政企分开的要求，合并裁减专业管理部门和综合部门内部的专业机构，使政府对企业由直接管理为主转变到间接管理为主。四是改革干部人事制度。改变集中统一管理的现状，建立科学的分类管理体制；改变用党政干部的单一模式管理所有人员的现状，形成各具特色的管理制度；改变缺乏民主法制的现状，实现干部人事的依法管理和公开监督。当前干部人事制度改革的重点，是建立国家公务员制度，即制定法律和规章，对政府中行使国家行政权力、执行国家公务的人员，依法进行科学管理。五是建立社会协商对话制度。建立社会协商对话制度的基本原则，是发扬"从群众中来、到群众中去"的优良传统，提高领导机关活动的开放程度，重大情况让人民知道，重大问题经人民讨论。六是完善社会主义民主政治的若干制度。目前，侵犯群众权利的现象仍时有发生。因此，必须抓紧制定新闻出版、结社、集会、游行等法律，建立人民申诉制度，使宪法规定的公民权利和自由得到保障，同时依法制止滥用权利和自由的行为。七是加强社会主义法制建设。社会主义民主和社会主义法制不可分割。没有全社会的安定团结，经济建设搞不成，经济体制改革和政治体制改革也搞不成。国家的政治生活、经济生活和社会生活的各个方面，民主和专政的各个环节，都应做到有法可依，有法必依，执法必严，违法必究。

政治体制改革的复杂和敏感程度远远超过经济体制改革，国际大环境、国内小环境，经济、文化和社会等各种条件都对政治体制改革产生正面的或反面的、大的或小的影响，时机稍纵即逝。错过机会，或时机不成熟，政治体制改革的效果必然适得其反。笔名"皇甫平"的前《人民日报》副总编周瑞金撰文指出，改革开放 30 年来，中国政治体制改革有过三次难得的机会。一次是

1980 年 6 月，中央政治局常委会讨论肃清封建主义的影响和改革国家制度的问题。8 月，中央政治局举行扩大会议专题讨论党和国家制度的改革，邓小平同志代表常委作了重要讲话，政治体制改革提上党和国家的议事日程。后来，由于波兰"团结工会"发动了工人大罢工，领导层担心国内局势震荡，便放缓了政治改革的步伐。时隔六年，1986 年 5 月邓小平再次提出政治体制改革。6 月 28 日在中央政治局常委会上，他发表了重要讲话。当时，中央成立了五人政治体制改革研讨小组，形成了《关于政治体制改革的总体设想》，党的十二届七中全会顺利地通过了这个文件，但没有对外公布。中共十三大政治报告中第五部分集中论述了政治体制改革的内容。这场得到邓小平全力支持的政治体制改革，由于 1989 年春夏之交一场政治风波，再一次失去良机。第三次是 1997 年春，中共十五大召开前夕，当时中央党校一批省部级官员曾向中央建议，在十五大重提政治体制改革任务。当时主持十五大文件起草工作的温家宝同志受江泽民总书记委托，到中央党校听取了他们的意见。后来，又传达江泽民总书记的意见说，十五大提这个问题已经来不及了，计划在十五大到十六大之间召开一次中央全会，专题研究政治体制改革问题。后来，由于发生了北约轰炸我驻南斯拉夫大使馆和"法轮功"围堵中南海事件，专题研究政治体制改革的中央全会未能召开。

2012 年召开的党的十八大把中国改革开放推进到一个新高度，举世瞩目的党的十八届三中全会通过了《中共中央关于全面深化改革若干重大问题的决定》（以下简称《决定》），在政治体制方面，集中了第四、第八、第九、第十的四个部分 14 个条目以及其他相应的论述，按照紧紧围绕坚持党的领导、人民当家作主、依法治国有机统一，加快推进社会主义民主政治制度化、规范化、程序化，建设社会主义法治国家，发展更加广泛、更加充分、更加健全的人民民主的根本要求，研究制定了全面深化改革的总体方案，向人们释放了以更大勇气和智慧推进政治体制改革的信号。十八届四中全会通过了《中共中央关于全面推进依法治国若干重大问题的决定》，提出全面推进依法治国，总目标是建设中国特色社会主义法治体系，建设社会主义法治国家。即：在中国共产党领导下，坚持中国特色社会主义制度，贯彻中国特色社会主义法治理论，形成完备的法律规范体系、高效的法治实施体系、严密的法治监督体系、有力的法治保障体系，形成完善的党内法规体系，坚持依法治国、依法执政、依法行政共同推进，坚持法治国家、法治政府、法治社会一体建设，实现科学立法、严格执法、公正司法、全民守法，促进国家治理体系和治理能力现代化。两个《决定》提出的全面深化的政治体制改革，所涉及的范围之广、力度之大，可谓前所未有，令人耳目一新。

习近平对深化政治体制改革作出了系列论述。他指出，走中国特色社会主义政治发展道路，必须继续积极稳妥地推进政治体制改革。要以保证人民当家作主为根本，坚持和完善根本政治制度和基本政治制度，更加注重健全民主制度、丰富民主形式，从各层次各领域扩大公民有序政治参与，发展更加广泛、更加充分、更加健全的人民民主。他强调，按照结构合理、配置科学、程序严密、制约有效的原则，逐步建立健全决策权、执行权、监督权既相互制约又相互协调的权力结构和运行机制，确保国家机关按照法定权限和程序行使权力。规范各级党政主要领导干部职责权限，科学配置党政部门及内设机构权力和职能，明确职责定位和工作任务。他强调，转变政府职能是深化行政体制改革的核心。行政体制改革是政治体制改革的重要内容，是推动上层建筑适应经济基础的必然要求，必须随着改革开放和社会主义现代化建设发展不断推进。要按照建立中国特色社会主义行政体制目标，深入推进政企分开、政资分开、政事分开、政社分开，建设职能科学、结构优化、廉洁高效、人民满意的服务型政府。他指出，协商民主是我国社会主义民主政治的特有形式和独特优势，是党的群众路线在政治领域的重要体现。要推进协商民主广泛多层制度化发展，在党的领导下，以经济社会发展重大问题和涉及群众切身利益的实际问题为内容，在全社会开展广泛协商，坚持协商于决策之前和决策实施之中。他提出，全面推进科学立法、严格执法、公正司法、全民守法，坚持依法治国、依法执政、依法行政共同推进，坚持法治国家、法治政府、法治社会一体建设，不断开创依法治国新局面。

十八大以来，中国政治生态出现了崭新的气象，由一系列政治体制改革产生了三大显著效果：

第一，全面推进依法治国，总目标是建设中国特色社会主义法治体系，建设社会主义法治国家。完善以宪法为核心的中国特色社会主义法律体系，加强宪法实施；深入推进依法行政，加快建设法治政府；保证公正司法，提高司法公信力；增强全民法治观念，推进法治社会建设；加强法治工作队伍建设；加强和改进党对全面推进依法治国的领导。坚持依法治国首先要坚持依宪治国，坚持依法执政首先要坚持依宪执政。健全宪法实施和监督制度，完善全国人大及其常委会宪法监督制度，健全宪法解释程序机制。建立行政机关内部重大决策合法性审查机制，建立重大决策终身责任追究制度及责任倒查机制。建立领导干部干预司法活动、插手具体案件处理的记录、通报和责任追究制度，建立健全司法人员履行法定职责保护机制。推动实行审判权和执行权相分离的体制改革试点，最高人民法院设立巡回法庭，探索设立跨行政区划的人民法院和人民检察院，探索建立检察机关提起公益诉讼制度。把法治建设成效作为衡量各级领导班子和领导干部工作实绩重要内容、纳入政绩考核指标体系，把能不能遵守法律、依法办事作为考察干部的重要内容。

第二，权力运行体系与权力制约机制改革取得积极进展。政治体制改革的核心问题，在于政治权力问题。我国现有的权力结构和权力配置上，存在着决策权、执行权、监督权集于一身的问题，如何破解？十八大提出，我们的权力来自人民，为人民所用，要让人民监督权力，让权力在阳光下运行，要"坚持用制度管权管事管人"，要采取"把权力关进制度笼子的根本之策"。权力应该如何运行呢？十八大首次明确提出了"权力运行体系"的新概念和基本思路，即构建决策科学、执行坚决、监督有力的权力运行体系。要做到权力运行的决策科学、执行坚决、监督有力，重要的在于公开，要推行地方各级政府及其工作部门权力清单制度，依法公开权力运行流程。完善党务、政务和各领域办事公开制度，推进决策公开、管理公开、服务公开、结果公开。还要进行权力制约和协调机制改革，形成科学有效的权力制约和协调机制。

第三，行政体制改革与行政执法体制改革。提出了深化行政体制改革，转变政府职能，创新行政管理方式，建设法治政府和服务型政府，优化政府组织结构，提高科学管理水平等诸项任务。深化行政体制改革开场戏就是要简政放权，壮士断腕、自我革命。全面推进依法治国是一个复杂的系统工程，头绪很多，当前要特别着力的是建设法治政府、完善法治经济。必须依法全面履行政府职能，推进机构、职能、权限、程序、责任法定化，推行政府权力清单制度。深化行政执法体制改革，健全行政执法和行政司法衔接机制，全面落实行政执法责任制。强化对行政权力的制约和监督，完善纠错问责机制。全面推进政务公开，坚持以公开为常态、不公开为例外原则。从原来的"政府管理"到现在的"政府治理"，虽只有一字之差，却是治国理念的跨越式飞跃。治理的特点在于，一是强调主体多元。政府作为管理者是主体，人民及组织、单位、公司、企业等社会成员都是某一方面的主体角色，都是主体之一。二是强调协调合作的方式方法，政府和人民之间、各种机构之间，多采取自愿平等合作的手段和方法，改变过去那种强制、操控的办法。

第四，惩治和预防腐败体系与反腐败体制机制改革。十八大以来，中央高悬反腐利剑，做到有腐必反，"打老虎与打苍蝇"相结合，共有60多位副部级以上腐败干部被"关进笼子里"，反腐力度之大、震动之大、影响之大前所未有，深得民心。《决定》再一次重申，"健全惩治和预防腐败体系，建设廉洁政治，努力实现干部清正、政府清廉、政治清明"，"加强反腐败体制机制创新和制度保障"，"健全改进作风常态化制度"。把惩防体制体系与反腐败体制机制创新和制度建设结合起来，凸显了中央反腐倡廉的决心和策略。三中全会所强调和部署的反腐败斗争，定位于"制度式"。关于惩治和预防腐败体系与反腐败体制机制，中央提出了"三个不"新思路，即：要加强理想信念教育，使领导干部从思想上把好关，"不想腐"；要强化制度建设和监督管理，使领导干部无法腐败，"不能腐"；要坚持有腐必惩、有贪必肃，措施严厉，下场可悲，使领导干部畏惧战栗，"不敢腐"。这是新一届党中央反腐倡廉工作的总思路，应该围绕着这"三个不"，构建惩治和预防腐败体系与反腐败体制机制的主要方面和主要环节。此外，还要建立官员财产的申报和公示制度等有力反腐的制度。

中国政治体制改革必须高度重视战略和策略问题，要做到八个结合：一是把政治体制改革与经济体制改革结合起来，并且以经济体制改革的名义推进。二是把发展民主与健全法制结合起来，强调民主要制度化、法律化，坚持依法治国。三是把政治体制改革与尊重和保障人权结合起来，依法保证全体社会成员平等参与、平等发展的权利。四是把发展民主法制与完善基层群众自治制度和改善民生结合起来，让人民群众在改革中享受到直接的实惠。五是把执政党依法执政与参政党依法参政结合起来，完善中国特色的政党政治。六是把共产党的党内民主与人民民主结合起来，以党内民主来带动人民民主。七是把党内监督、行政监督、法律监督与公民直接监督结合起来，建立和完善公民舆论监督和信访制度。八是把选举票决民主与协商民主结合起来，完善公民有序的政治参与形式。

民主政治的核心是人民当家作主。国家的一切权力属于人民，人民民主是社会主义的生命，没有人民民主就没有中国特色社会主义，就没有中国国家治理的现代化和中华民族的伟大复兴。必须坚持和完善人民代表大会制度这一保证人民当家作主的根本政治制度，要改革和完善选举制度，把直接选举人大代表的范围由乡一级扩大到县一级，实行普遍的差额选举制度，逐步实行城乡按相同人口比例选举人大代表。修改宪法，健全并突出强调公民的基本权利和义务制度，确立公民在法律面前一律平等、国家尊重和保障人权等一系列重要原则。加强和完善全国人大及其常委会的职权，规定全国人大和全国人大常委会共同行使国家立法权，共同监督宪法实施。在县级以上地方各级人民代表大会设立常务委员会，赋予省级人大及其常委会、较大的市人大及其常委会制定地方性法规的职权。完善保证国家权力机关依法行使职权的制度，制定完善全国人大组织法、地方组织法、立法法、监督法、议事规则等一系列加强和规范人大组织和职权的重要法律。要改变人大代表选举办法，真正由人民选举他们心目中能够代表他们利益、能够行使人大代表权利和职责的人大代表。政府主要官员要逐渐由组织任命过渡到由人民代表选举产生，增强政府主要官员产生和行使职责的合法性。要推进党内民主建设，既要有间接民主，更要有直接民主，推进直选、竞选和代表制体制机制建设，进一步落实党员群众知情权、参与权、选举权、监督权。真正保障广大人民群众的民主选举、民主决策、民主管理、民主监督的权利。把写在宪法法律上的人民当家作主等民主权利落到实处。

第二节 政府之手的调节监管作用

党的十八届三中全会提出，经济体制改革是全面深化改革的重点，核心问题是处理好政府和市场的关系，使市场在资源配置中起决定性作用，更好地发挥政府作用。两者的关系是什么？习近平总书记作出阐述：二者是有机统一的，不是相互否定的，不能把二者割裂开来、对立起来，既不能用市场在资源配置中的决定性作用取代甚至否定政府作用，也不能用更好发挥政府作用取代甚至否定使市场在资源配置中起决定性作用。习近平指出，科学的宏观调控，有效的政府治理，是发挥社会主义市场经济体制优势的内在要求。李克强总理2014年在《求是》杂志题为《关于深化经济体制改革的若干问题》一文中指出，我国经济社会发展的诸多问题都与政府职能和管理方式密切相关。政府职能不转变，其他方面的改革就难以推动。政府是改革的组织者、推动者，也是改革的对象，必须对自身进行改革。

政府在市场经济中的作用是什么？习近平总书记、李克强总理指出，深化行政体制改革，创新行政管理方式，健全宏观调控体系，加强市场活动监管，加强和优化公共服务，促进社会公平正义和社会稳定，促进共同富裕。政府要严格依法行政，切实履行职责，该管的事一定要管好、管到位，该放的权一定要放足、放到位，坚决克服政府职能错位、越位、缺位现象。

市场决定资源配置是市场经济的一般规律。在社会经济活动中，自然资源、资本、劳动力、技术等要素资源具有稀缺性，其配置合理与否决定了能否实现资源的最优利用、获取最佳效益、实现社会福利最大化。配置资源的力量一是政府，二是市场，市场是配置资源最好、最有效的力量。完善社会主义市场经济体制必须遵循这条规律，由生产者自由自主地决定生产经营活动，所有的生产者在市场自由、平等地竞争，由市场决定交易，由市场决定价格，价值随价格波动，由市场决定企业的盈亏和生死存亡。

由市场配置资源还是由政府配置资源是市场经济和计划经济的分水岭。凡是主要或基本或完全由市场配置资源的都属于市场经济，凡是主要或基本或完全由政府配置资源的都属于计划经济。中国的现状是主要或基本由市场配置资源，还没有完全由市场配置资源，所以说中国现在是一个以市场经济为主的国家，政府还控制着部分重要生产资料和行业的价格，还不是完全的市场经济国家。十八届三中全会的《决定》要求"大幅度减少政府对资源的直接配置，推动资源配置依据市场规则、市场价格、市场竞争实现效益最大化和效率最优化"。

在资源配置中，市场起决定作用，市场唱主角，就必然意味着政府起辅助作用，唱配角。由决定作用变成辅助作用，由主角变成配角，政府的作用主要定位于调节、监管和引导。这是我国经济发展到新阶段，政府角色的一个重大的、根本性的转变。这表明，中国社会主义市场经济由半完全的、半成熟的向完全的、成熟的市场经济在理论上迈出了关键一步，在实践上迈出了重大的一步。这一重大的转变，无论对市场，还是对政府都是一次重大的挑战。对市场来说，市场能否在资源配置中起决定作用，配置过程能否保证公开、公平、公正，能否做到自由竞争，能否做到有序的自由竞争，生产者和交易行为人能否自觉自发地遵守市场规则，能否自觉地维护市场规则。市场规则谁来制定，如果有人破坏这些规则怎么办？谁来维护市场秩序？对于政府来说，政府的角色如何转变，新的角色定位是什么，政府的权力如何行使，权力的边界在什么地方，政府如何行使立法权，如何行使执行权，行使错了怎么办，能否甘当市场经济的配角，能否在成为配角的情况下发挥好调节、监管和引导作用，能否促进社会主义市场经济发展，会不会走不通又回到政府起决定作用、唱主角的老路上，等等，一系列新问题、新挑战对政府提出了严峻的考验。

政府在市场中发挥调节监管作用有一个前提，这个前提就是政府自身改革。习近平总书记、李克强总理指出，更好发挥政府作用，就要切实转变政府职能。如果政府安于现状不想改、畏首畏尾不敢改、左右观望等待改，自身就会成为改革的障碍。2014年本届政府开门办的第一件大事就是加快转变职能，简政放权、放管结合，其实质是政府的自我革命。今后要继续推进政府职能转变，完善管理体制和运行机制，理顺政府和市场、政府和社会、中央和地方的关系，逐步建立各级政府的权力清单制度，推动政府全面正确地履行职能，建设法治政府、创新政府、廉洁政府。

总结 30 多年改革实践的经验教训，凡是按市场经济和现代社会的要求，实现了权力下放，政府管得少，生产者获得自由权利的地方和时期，改革就获得了成功；凡是按计划经济和行政命令，权力下放少，政府管得多，生产者没有自由权利的地方和时期，改革就出现了问题。农村改革之所以成功，就是因为农民拥有自由权利，实现了土地和生产资料、生产和经营的自由结合，产生了最大的生产效率。全民所有制企业的改革之所以走了许多弯路，出现了不少问题，至今仍在艰难探索中，根本原因就在于没有自由权利，没有完全的生产、经营的自由自主决定权，没有把全民所有资产的经营管理权力由政府转移到全民所有制经济组织手里。

在中国，过去，政府是市场经济中的主角，它既是组织者，也是监管者；既是裁判员，也是运动员；既是规则的制定者，又是规则的执行者，同时又是规则的被执行对象。这种双重角色或多重角色造成了角色混乱，角色混乱必然在市场经济中产生越位、缺位和错位。

——越位。越位是指超越本组织的权限去做权限之外的事。越位是中国政府在经济活动中最常见、最突出的问题，主要表现为：直接干预生产者生产经营活动，生产经营活动本应由企业自主决定；决定企业投资审批事项，企业兴办和投资项目需要层层审批，需要各种手续，政府把关过多、层级过多、手续过繁；对企业进行各种检查，对企业的安全、环境、科技、劳保、工青妇等进行各种名目的检查，除了必要的、常规的检查和抽查之外，政府其他检查过多、过频；代替中介组织和行业协会职能，财务审计、行业标准、行业规则、资产评估等应由中介组织或行业协会管理，但却是政府来管理，而大量的中介组织特别是行业协会没有转变角色，拥有部分政府权力，是事实上的"二政府"；行政立法权过多、过大、过滥，发改委、国土、工商、税务等部门纷纷代表国家和地方政府制定行政法律法规，税收、规划、土地、治安等方面的重要法律法规应该由全国和地方人大立法，而不应该由政府立法；行政执政权过大、过滥、随意，地方行政法律法规都由地方政府制定，政府在制定过程中既考虑到执行问题，即易于政府执行，同时政府拥有对行政法的解释权和裁量权。

——缺位。缺位是指本组织的本职工作没有管、没有做、没有落实。缺位是中国政府在经济活动中较为常见、普遍的一种现象，主要表现为：检查把关缺位，质检、安检、环检（环境检查）等应该制度化、常规化，应该在重要的环节或关口进行检查，这些检查缺位，是导致假冒伪劣盛行的一个重要原因；服务缺位，社会管理和交通、文化、卫生、教育、体育等公共基础设施、公共产品短缺不足，服务差，农村短缺不足、服务差更为严重；边界、交叉、接壤等地带和地方工作缺位，这些地带或地方有好处的、易做的工作各部门争相前往，没有好处的、难做的工作各部门竞相推诿，比如城乡结合部的治安和社会服务、社会管理等，流通和销售环节的质量安全；执法缺位，规划混乱、建设混乱、治安混乱、假冒伪劣泛滥，等等，在这些地方缺少政府执法机关的身影。

——错位。错位是指对本组织的工作职能定位不准而实施的行为。错位是中国政府在经济活动中较为常见、容易发生的现象，主要表现为：管理错位，社会管理的许多方面要依靠社会组织如社区、中介、行业协会等自己管理，但政府却代替这些组织机构行使管理权限。如社区、行政村等应依靠自治组织来实施管理，但政府插手过多、干预过多；服务错位，同社会管理一样，社会服务的许多方面要依靠社会组织、民间机构和企业来提供，但政府却代替这些组织机构提供服务；以罚代法，行政执法中一个普遍的现象是以罚代法，即以经济处罚代替应受到的刑事、民事等法律处罚；息事宁人，大事化小，小事化了，出现了医疗纠纷、卫生安全事故纠纷、群体性上访等，一些地方政府采取和稀泥的办法，不分是非对错，不按法依规处理，而是以高价钱息事宁人。

尽管政府在发展经济中出现了越位、缺位、错位的问题，但在现阶段，市场不会自然地自发地起决定作用，它仍然需要政府的引领作用和奠基作用。市场经济需要一系列的制度，这些制度包括规则、法律、法规、政策等，市场经济自发形成的原则和规则必须形成文字，上升到法律、法规和政策的高度。这些制度必须是科学的健全的。只有科学的健全的制度才能保证市场经济的正常运行。市场制度必须由政府组织制定。制度只有执行，且公开、公平、公正地执行才有价值，否则就是一纸废文毫无价值。而政府就是制度的执行者和最终裁判者。制定制度、执行制度，维护市场经济的正常秩序，这就是政府的引领作用和奠基作用。在新的角色定位中，政府仍然大有可为，且要求更高，具体地说，政府在资源配置中要发挥三个作用，即引导性作用、规制性作用和补缺性作用。

第一，引导性作用。市场配置资源具有一定的盲目性，这是市场经济自身固有的弊端，市场不能完全科学合理地解决社会化大生产所要求的社会总供给和社会总需求平衡以及产业结构合理化之间的矛盾，经济周期性波动和区域性、系统性经济风险容易发生，地区经济发展的过度不平衡难以协调。而解决这些问题的能力正是政府的长处，政府可以通过发挥引导性作用来间接影响资源配置。引导性作用主要是通过制定和实施中长期经济发展战略、产业规划、市场准入标准等，引导一定资源向某些产业、区域流动；以财政政策、货币政策、信贷政策、产业政策等为主要手段，实现对经济活动的宏观调控，平抑经济波动，促进经济均衡可持续发展。

第二，规制性作用。自发的市场机制追求的是利润的最大化，对利润的贪婪必然会损害公平和公共利益。社会不仅要追求效率、利润，同时还要追求公平。政府要为市场制定公开、公平、公正的制度，为市场发展奠定好基础，建设统一开放、竞争有序的市场体系，制约各种形式的垄断，反对市场封锁和不正当竞争；实施市场监管，维护市场秩序，惩处不法行为，维护自由和平等竞争，保护消费者权益；促进和规范中介组织发展；保护劳动者权益；建立健全社会征信体系；完善企业破产制度等。

第三，补缺性作用。市场机制能够自发地调整市场各要素和资源的合理流动，但也存在着阶段性、局部性信息失灵，从而导致资源的错配。市场在追求利润最大化的原始冲动中，自然而然地会放弃利润小或无利润的社会公共品的生产供给，轻视社会弱势群体（低收入人群）的产品生产供给。在市场不能有效地提供社会公共产品生产供给、弱势群体产品生产供给的情况下，作为一个完整的追求公平的社会，这种产品的有效生产供给是必不可少的。这就需要政府发挥补缺性作用，通过提供公共产品、公共服务、特殊产品和服务（针对社会特别困难人群），促进共同富裕、社会公平正义。在公共产品、公共服务、特殊产品和服务上，政府是最主要的供给主体，也是管理者，应该承担必要的责任，建设公共服务型政府。同时，政府在公共服务供给中应注意发挥市场的作用，使公共服务的提供与生产适当分离，在生产环节善于运用市场力量，引入竞争机制。在收入分配方面，市场配置资源的机制能够提高效率，但也容易造成收入差距过大，影响社会公平和稳定。这就需要政府发挥作用，在保持合理的初次分配格局基础上，通过二次分配和三次分配为低收入群体提供必要生活保障所需要的收入。

政府在经济活动中的角色发生重大转变，要学会运用市场的办法管理市场，其中一个重要的途径是发展中介组织、行业协会等社会组织。党的十八大报告在论及"社会建设"时，有这样一段话："加快形成政社分开、权责明确、依法自治的现代社会组织体制。"之所以强调"政社分开"，是因为社会具有自我管理、自我服务、自我发展、自我完善的功能，社会要健康有序的发展，其主要动力应该来自社会内部，即社会的需求，如果凡事政府都要介入，都要用行政手段去干预，容易造成越位、缺位和错位，效果适得其反。政府要大力发展中介组织、行业协会等社会服务组织，调动和引导社会组织的力量管理社会。

未来的中国政府应该是服务型政府。2007年中共十七大报告提出要加快行政管理体制改革，建设服务型政府。把服务型政府的建设作为我国行政体制改革的一个重要目标。服务型政府是公民本位的参与式政府，公民与政府的良性互动是服务型政府建设的基础。这种活动必须依赖一定的组织载体即社会组织来发挥中介桥梁作用。党的十七大报告中提出要重视社会组织建设和管理。社会组织在狭义上指的是为了实现特定的目标而有意识地组合起来的社会群体，如企业、政府、学校、医院、社会团体和一些新型的社会组织形式。这里所说的社会组织，即政府和企业之外面向社会提供专门领域公共服务的法人实体。社会组织是指依照法律、法规或根据政府委托在民间设立的参与社会公共管理和公共服务，从事社会公益和互益活动的各类组织，与政治组织和经济组织相对应。社会组织不仅可提供一定的社会公共服务、维护一定群体的利益、推进民主政治，而且还能分担社会风险、化解社会矛盾、维护社会的和谐与稳定。

在国际上，拥有社会组织的多寡已成为衡量一个国家和谐程度的重要标志。自20世纪90年代以来，伴随着中国改革开放的历史进程和全球结社浪潮，中国社会涌现出以社会民间力量为主导，以非政府性、非营利性、社会性为特征的组织形式，并以迅猛之势快速发展起来。但总体上社会组织还是少，目前我国最短缺的组织就是服务于市场的社会组织。一是这类社会组织过少，远远不能满足市场经济的需求；二是这类组织受到政府的严格管理，以服务政府为上，而不是以服务市场为上，沦为"二政府"；三是部分这类组织能力弱、水平低、职业操守差，权威性和公信力低。

必须尽快破解制约社会组织的陈规旧律：一是法律法规滞后为社会组织广泛参与设置了门槛。我国非营利组织（包括一些服务型组织）的登记成立，不仅要得到中央和地方民政部门的许可，还必须找到一个与自身业务相关的业务主管单位，这种双重管理原则的设定也为很多的非营利组织设置了相当高的门槛，使得大批活跃在民间的非营利组织被拒之于合法登记的门槛之外。二是社会组织相关的法律层级低，无法起到普遍的规范作用。目前我国关于非营利组织的法规还不健全，只有国务院颁布的《社会团体登记管理条例》、《民办非企业单位登记管理暂行条例》和《基金会管理条例》。这些行政法规立法层次不高且数量少，可操作性差，无法有效管理日益发展的社会组织。法律地位的不稳定性一直是悬在社会组织头上的利剑，使得我国社会组织的发展活动短期行为明显。

在政府角色发生历史性转变的关头，必须采取切实的措施，大力推进社会组织建设、促进社会治理。一是修改完善相关法律法规，为服务型社会组织的发展奠定制度基础。制定专门的服务型社会组织管理的法律法规迫在眉睫。在我国，有必要出台一部服务型社会组织法，来解决宪法和行政法之间立法缺位的问题。通过立法明确政府与服务型组织之间的平等合作关系。二是制定和完善有利于社会组织生存壮大的政策措施。政府职能转变和社会组织发展互为条件，相互促进。因此，要积极推进政府职能转变，通过政府职能转变，政府主动把一些不该管或不需要管的事，转移给社会组织，从而为社会组织的发展壮大提供更为广阔的发展空间。借鉴发达国家经验，建立有利于社会组织开展社会服务的公共财政政策，采取政府委托经营、政府购买服务、政府补贴服务等措施，扶植、壮大社会组织。三是放宽登记管理制度，实行登记制与备案制相结合。改革服务型组织登记管理体制，把是否登记作为能否取得法人资格的标准，采取登记制和备案制相结合的管理制度。备案制就是对那些不符合法律规定登记条件，但是政治上没有问题，同时又有益于社会的服务型组织进行备案，赋予它们一个合法的身份，便于它们为市场经济服务。

政府在转变角色、转变职能、制定市场规则、维护市场秩序、提供公共产品和服务等过程中，要着力破解中国政府独特的两重身份的困扰。有专家学者指出，社会主义中国与西方国家不同，政府不仅是政治实体，而且还受国家委托履行经济实体的职能，拥有大批国有企业，全民所有制企业，实际是政府所有制企业，政府一身兼有"政治实体"和"经济实体"的两重身份，同时履行两种不同职能，使得政府既不能成为真正的公共服务者，也不能成为国有资产的有效所有者。由于兼有两重身份，各地政府不仅为本地区提供公共产品与服务，而且热衷于投资竞争性行业，运用手中掌握的政治资源和经济资源，大力兴建各种产业基地和开发园区。双重身份使得政府在国有企业改革中经常错位，要么所有者缺位，要么政府越俎代庖。双重身份必然使政府在资源配置中不会袖手旁观，而将决定部分资源的配置，使其向国有企业倾斜。这势必与市场在资源配置中的决定性作用发生冲突。双重身份还使得政府的不同职能相互打架。全面深化改革必须破解政府双重身份与双重职能这一难题，只有把作为"经济实体"的身份与职能从政府身上分离出去，政府才能充分履行"政治实体"的身份与职能，成为公共服务型政府。

第三节　文化转型的稳定作用

　　文化转型是指一种新的文化形态替代旧的文化形态，表现为文化的变革、进步过程。文化转型的实质是指特定时代特定民族或社会群体中主导性文化模式的新旧转换过程。文化转型一般是指大的历史尺度上所发生的主导性文化的根本转变。社会主义市场经济必然产生与之相适应的社会主义文化，新的社会主义文化必然对社会主义市场经济起到稳定作用。

　　任何文化总是产生于一定的生产力和生产关系之上，一定的生产力和生产关系都必然产生与之相适应的文化。文化建立在经济基础之上，小农经济和土地私有制产生了封建社会，工业化生产产生了资本主义社会。随着生产力的发展、生产关系的调整，随之而来的是整个社会政治体制发生了变革，与此同时，文化也经历了变革。近代西方的文化变革，有两个来源，一是文艺复兴，二是宗教改革。中世纪之后，欧洲基督教神学文化受到了新兴资产阶级的挑战，经过文艺复兴和宗教改革两大运动，建立起现代资产阶级的文化。当新兴的资本主义萌芽出现的时候，在商业最发达活跃的意大利佛罗伦萨等地，便兴起了冲破教会神学束缚的文艺复兴运动，它的阶级基础就是新兴资产阶级，直接原因是教会控制人们的思想，激起资产阶级与平民的不满，在欧洲流行的黑死病加剧了人们对思想束缚的不满，而处于丝绸之路的重要路段的意大利，较早接受了东方文化（造纸术、印刷术）的影响，大量的古希腊、古罗马文化典籍从东罗马帝国汇至于此。

　　在 5—17 世纪中叶长达 1200 多年的时间里，欧洲封建社会的主要支柱之一是基督教神学，这一思想统治体系同时也是当时社会政治制度的重要组成部分。在基督教神学政教合一的严酷高压统治下，宗教改革何以能够发生？经济上，随着生产力的发展与技术的进步，新兴的资本主义萌芽破土成长，封建主义生产方式开始瓦解；新兴资产阶级要求打破天主教神学的精神束缚；政治上，欧洲民族主义观念勃然兴起，要求建立统一的民族国家，打破天主教的控制；文化上，文艺复兴为人们挑战天主教会提供了理论和思想依据；宗教上，天主教会在四分五裂的德意志土地上势力极大，不仅精神上统治着德意志，还从德意志掠取了大量财富；社会上，整个欧洲黑死病蔓延起了推波助澜作用。两大思想文化运动，直接促进欧洲产生了现代资产阶级文化：自由、平等、人性、科学。资产阶级文化一经产生便成为一根红线，贯穿着资本主义的发展，成为资本主义世界的稳定器。

近代中国文化经历了三次大的变革，一是洋务运动，二是戊戌变法，三是五四运动。经过两次鸦片战争之后，一直以五千年悠久文明傲立于世的中国第一次发现，世界上竟然有比我中华更强盛的国家，第一次鸦片战争开始，英国不过 4000 余人、48 艘船舰；第二次鸦片战争开始，英法联军不过 5600 余人，但中国数万军队却不堪一击，看似坚固无比的海防、边防却脆如薄纸。中国为什么败了，败在什么地方？以爱新觉罗·奕䜣和李鸿章为代表的洋务派发起了以引进西方军事装备、机器生产和科学技术来进行"自强"、"求富"的洋务运动。发生于 19 世纪 60—90 年代的洋务运动尽管在甲午战争中以失败告终，但却使中国出现了第一批近代企业，为中国近代化的起步开辟了道路，是中国近代化的开端。洋务运动提出"师夷长技以制夷"、"中学为体，西学为用"。反对洋务运动的以倭仁为代表的顽固派，高唱"立国之道，尚礼义不尚权谋，根本之图，在人心不在技艺"，主张"以忠信为甲胄，礼义为干橹"，抵御外侮。洋务派和顽固派有一点认识是共同的，也是当时中国人的普遍看法：即中国的政治制度、经济制度等等都比国外要好，唯一不如他们的就是坚船利炮。

两次鸦片战争失败，特别是中日甲午战争失败，期间不过区区 50 年，泱泱大国却接二连三地惨遭失败，甲午战争是一个蕞尔小邦的日本打败了他数千年来一直远在他之上的强盛的老师，文明大国被东夷小国所败，是可忍孰不可忍。而中国开始以贫穷、落后、愚昧的面貌展露在世界面前，被称为"东亚病夫"、支那（贬意为猪）。由《马关条约》的强烈刺激而产生的戊戌变法（又称百日维新），是指 1898 年 6 月 11 日至 9 月 21 日以康有为、梁启超为主要领导人物的资产阶级改良主义者通过光绪帝进行倡导学习西方，提倡科学文化，改革政治、教育制度，发展农、工、商业等政治改良运动。这是几千年以来中国封建帝制最大的一次政治变革，但仅仅 103 天就失败了。变革展开了三个"要不要"的论战，即要不要实行维新变法，要不要改封建君主专制制度为君主立宪制度，要不要改革封建的教育制度。这是一场维新与守旧、变法与反变法的争论，是中国的资本主义思想同封建主义思想的第一次正面交锋。

戊戌变法虽然只有短短的百天，但却在中国历史上产生了重大的影响，第一，它推动了中国政治制度的一系列改革，改革法制，预备立宪，成立咨政院、咨议局，建立学堂，奖励民办工厂，废除隋唐以来实行了千年的科举制度。第二，它推动了中国的思想解放运动。变法理论深入人心，人们普遍认为，不变没有出路，变是古今通理，中国还应该大变、全变。民主思想进一步传播，维新派只敢讲"民权"，承认人民有参与管理政治的权利，但是不敢讲"民主"，不肯承认人民是国家和社会的主人。戊戌维新之后，民主思潮就充分发展起来了。激起了新一轮向西方寻求救国真理的热潮。戊戌维新失败后，更多的年轻人出国留学，更多的西方学说被译介到中国，中国的思想界更为活跃。新式文化事业勃兴，国内出现办学热，创办新式报刊热，出版新书热。白话报刊更多出现，白话文得到更多提倡。除"小说界革命"外，维新派继续倡导"诗界革命"、"曲界革命"、"思想革命"、"道德革命"、"宗教革命"以至"史学革命"，等等。

五四运动是 1919 年 5 月 4 日发生在北京以青年学生为主的一场学生运动，广大群众、市民、工商人士等中下阶层共同参与的一次示威游行、请愿、罢工、暴力对抗政府等多种形式的爱国运动，是中国人民彻底的反对帝国主义、封建主义的爱国运动。五四运动表现了反帝反封建的彻底性。五四运动是一次真正的群众运动。如果说，辛亥革命的根本弱点之一，是没有广泛地动员和组织群众，那么，五四运动本身就是一场群众性的革命运动。中国工人阶级、学生群众和新兴的民族资产阶级都参加到运动中。五四运动促进了马克思主义在中国的传播及其与中国工人运动的结合。五四运动是由学生先发起，由工人扩大的坚决的反帝运动，是无产阶级领导的新民主主义革命。除了波及中国思想文化，政治发展方向，社会经济潮流，教育考试制度，亦对中国共产党的发展产生了重要的作用，同时它对现时中国共产党领导下的中国社会亦有着不可低估之影响。

五四的精神是爱国、自救、进步、科学、民主。五四运动使苏俄在中国播下无产阶级暴力革命的种子，中国共产党的成立和国民党的改组便充分显示出当时布尔什维克革命是当时半封建半殖民地中国的唯一出路。五四运动以后，工人罢工和政治斗争依然不断，1920 年 5 月 1 日，北京学生联合会散发《五一历史》传单，使马克思主义、共产党理论传入工人阶层，为共产党诞生创造了群众基础。

从洋务运动到戊戌变法再到五四运动，我们看到了生产力发展带来的生产关系的调整，由此带来的经济和政治的变化。中国这三场运动是外部危机引发的，而引发这三次外部危机的正是生产力先进的国家，同时也是生产关系调整即新兴资产阶级产生的国家。从 13 世纪开始，世界的经济和政治大环境开始发生变化。商业发展引发了文艺复兴，地理大发现促进了世界贸易，并促发了西方工业和海洋强国的殖民浪潮，海上殖民和纺织、冶金等机器生产，乃至以蒸汽机开启的工业革命，使英国迅速崛起为世界第一强国。一直以中国为师的日本在明治维新中"脱亚入欧"，效法英美制度而在亚洲率先强盛。至中国洋务运动发生时，资本主义世界体系已最终完成，人类进入了一个大发展的全新时期。这个新时期的主要特点就是整体化和近代化。讲究统一的世界市场，分散、落后的国家不可避免地被纳入整体中。近代化就是资本主义代替封建专制的过程。而仍然沉浸在农耕时代和封建专制时代的中国，已经步入了历史的黄昏，所谓"历史的黄昏"就是小农经济的黄昏和封建专制制度的黄昏。而西方正是历史的早晨，所谓"历史的早晨"就是工业革命的早晨和资本主义的早晨。在没有外部干扰的封闭中，中国这个黄昏中的老人自我感觉良好，一当遇到强壮的早晨，两相冲突，自觉根深叶茂的黄昏立即败下阵来。这种冲突决非偶然，而是早晚会来临的必然。

欧洲在生产力发展、生产关系调整的同时，产生了与之相适应的资本主义文化，产生了与之相适应的政治制度，这就是欧洲，后来也是美日强盛的根源，即：以私有制为基础的经济制度，以自由、平等、民主为核心的文化制度，以三权分立为骨架的政治制度。从 1640 年英国资产阶级革命以来，西方资本主义国家已经傲立于世界之林近 400 年，至今仍然生机勃勃地主导着人类社会。

中国近代史上的三大运动，在政治和文化上由浅入深，由表及里，是一个逐渐地、层层地剥去历史外衣的过程，是一个逐渐发现和走近真理的过程。洋务运动发现了"器"之不足，于是引进、制造西洋之器。结果，引进来的、制造出来的西洋之器，还是被他人之洋器打败，同是洋器何以我败他胜？戊戌变法发现了根源在于政治制度和教育，于是准备立宪和建立学堂等，可惜这场伟大的变革短命夭折了。立宪变成了拉票和闹剧，维新的支持者袁世凯当上总统之后复辟了帝制，中国进入了军阀混战时期。中国作为第一次世界大战的战胜国并未受到公正的待遇，是什么原因，中国的出路何在？1919年爆发了反帝反封建的五四运动。从洋务运动、戊戌变法再到五四运动，历史的脉络演进为：一是政治上，由"器"而制度，最后推翻帝制建立共和，是一条反帝反封建，追求民主、共和之路；二是经济上，引进现代工业，建立中国工业体系，发展民族资本主义；三是文化上，全面、深刻地反思儒家文化，学习西方先进文化，鲜明地提出"民主、科学"的口号。三大运动是在西方列强的欺辱之下被动的自强自救运动，是在政治上、经济上、文化上都以西方为坐标的救亡图存和复兴之路。直至中华人民共和国的建立，领导这个国家的共产党的指导思想不是孔孟的儒家学说，不是老庄的道家思想，而是西方的马列主义。俄国十月革命之后，中国共产党一经接受马列主义，就始终以这个思想指导中国的革命、指导中国的建设。从1921年中国共产党创立，到今天的改革开放，中国共产党的纲领没有变，指导思想没有变。经过20世纪50年代末60年代初三年灾害和十年浩劫的"文化大革命"，共产党的指导思想还是没有变。改革开放实行市场经济，共产党的指导思想依然没有变。共产党的指导思想是先进文化的典型代表，这种先进的文化一经产生，便具有不可动摇的稳定作用。尽管没有变，但在历史的不同时期，指导思想的内涵和外延都在不断地变化，随着时代的变化而丰富、发展。

中国文化有着优良的传统和强大的生命力。在人类文明的进程中，中国文化既悠久且辉煌，生生不息，长达五千年，在世界文明史中独一无二。作为后人，我们心存感激；世界人民，应该心怀敬意。但无论多么久远，多么辉煌，它都是过去时，它不能必然地把辉煌传到现在，也不能必然地带到未来。曾经无比悠久、灿烂辉煌的古埃及、古印度、巴比伦文明都在历史的长河中被无情地冲刷而灰飞烟灭。逆水行舟不进则退，自然界如此，人生如此，国家亦如此。

国家与国家之间的战争，其实是一个国家政治、经济、文化等各方面力量较量的一种最典型的反映。国家落后，是因为制度落后，制度落后是因为文化落后，文化落后是因为经济落后。反过来，经济落后则文化落后，文化落后则制度落后，制度落后则国家落后。在由政治、经济、文化基本三要素构成的国家中，其实三者的关系是互为因果，经济只不过是从根本意义上来说具有决定性作用，经济不可能离开政治和文化单独起作用乃至起决定性作用。最简单的道理是，经济活动的主体是人，人的活动（活动的方式）受着政治和文化的支配。

在从农业社会向工业社会，从传统的小农经济、计划经济向现代市场经济，从封建专制向现代政治民主转型过程中，中国的传统文化同样面临着转型。在传统文化向现代文化的转型中，一部分适应政治、经济发展需要的优良文化仍将保留并继续弘扬，一部分不适应的可以称之为糟粕的文化将面临淘汰。这些将被抛弃和应该抛弃的文化主要有：

第一，等级文化。中国社会是一个等级社会，自古如此，至今照旧。政治上，从商朝的爵位制、秦朝的三公九卿制、汉代的禄秩等级制、魏晋时期的九品中正制和清朝的九品十八级，到今天的从科级、处级、局级、部级和国级，可谓等级森严。文化上，强调"立宗子、别嫡庶、定名位、正尊卑、辨等差、分贵贱、序世系和敬祖宗"等封建血缘宗法，由家庭—家族—宗族—社会，确立了长幼尊卑，君臣父子的不平等、不对称的等级差序关系，其基本内容是明辨父子、夫妇、长幼、亲疏之差序，并推演到鬼神、君臣、父子、贵贱、亲疏、爵赏、夫妇、政事、长幼、上下之"十伦"宗法伦理中关系差序。社会上，士、农、工、商，长幼尊卑不可逾越。中国社会以三纲五常为秩序，三纲为纲，五常为目，五常服务于三纲。在统治上，君叫臣死臣不得不死，父叫子亡子不得不亡。身份上，人分三六九等，业分三教九流。由三纲的基本构架，构成一个统治上严密、思想上严谨的等级社会，据等级制定出一套社会准则，君为臣纲，父为子纲，夫为妇纲，父子之间秉之以孝，兄弟之间秉之以悌，朋友之间秉之以信，君臣之间秉之以义。既注重共同的行为准则，更强调不同等级有不同的行为准则，"忠孝"是"卑贱"对"尊贵"的行为准则，"仁"是上对下的同情与施恩，"义"则是与之不对等的"利"相薄的道德取舍。

第二，官本位文化。中国人把官位看得很重，国人多以为，人生最大的成功是当官，博取功名，学而优则仕。人生的最高目的是治国、平天下。当官是评价一个人成功与否的标准，万般皆下品唯有读书高，读书的唯一目的就是为了进科取仕。在中国，官位具有特权、特殊待遇。当官，地位高，当了官就是老爷，被人称为"官老爷"；当官，受人尊敬，下官对上官、平民对官员，起行坐卧都要避让、谦让；当官，拥有生杀予夺大权，可以定夺他人的生死和财产多寡。当官，拥有的权力大于法律，官员直接断案，拥有执法权和对法律的解释权。当官，违法处罚和平民不一样，刑不上大夫，犯同样的罪，当官的处罚轻，为民的处罚重。官本位文化像一个巨大的磁场，一方面，将社会精英吸纳进集权政治的权力场之中，权力场在发展扩大，固化了自上而下的权力金字塔层级结构，强化了帝王的政治统治；另一方面，权力场的腐朽、堕落和异化，也形成了官本位高于民本位的政治理念、"人治高于法治"的政治文化和"集中高于民主"的政治作风。

第三，奴性文化。奴性是指卑鄙的或下贱的奴隶根性或驯从，奴态、卑从、恭顺的性质或状态。奴性是一种内化为自身主动性、自觉性的意识与行为，表现为对被给予的，对自身有消极意义的事物的无原则的接受性。奴性有四个要素：内化为自身主动性、自觉性，最初是外在强加的，但逐渐内化为自身自觉意识；被给予的，被动的，而非自找的；对自身有消极意义的事物，对自身没有益处；无原则接受，接受的无条件性。中国人的奴性有几种典型的表现：一曰顺从、盲从。习惯于听从皇帝的话，皇帝的话都是金口玉言。习惯于听从圣贤的话，圣贤的话都是圣训至理。习惯于听从当官的话，当官的话就代表着正确。凡此三者都不容置疑，一律信从、听从、顺从、跟从。二曰迷信。崇尚皇权、圣贤和各种权力，迷信权力、命运。皇帝是真龙天子，不管他先前是什么样的人，当官都是命里注定，遭遇不幸也是命里注定。三曰忍。对于暴君暴官、暴行，一律奉行"忍"字。无论是残酷暴政，还是横征暴敛、强奸民意，乃至大开杀戒、刀架脖子，中国人都是一个字——忍。对于一切天灾、人祸，能忍则忍。万事忍为上。四曰明哲保身。各人自扫门前雪，莫管他人瓦上霜。遇到事装作没有看见。事不关己高高挂起。灾难中不同情任何人。绝不犯"天条"，绝不犯上，绝不主动惹事。只求苟且安活。五曰随大流。不当出头鸟，枪打出头鸟，出头的椽子先烂，木秀于林风必摧之，中国古训没有教人当出头鸟的。随大流就是儒家哲学讲的中庸，不偏不倚执其中、用其中。

第四，人情文化。中国人长期生活在小农社会里，人们的生活圈子是家庭、家族和乡邻，低头不见抬头见，由此形成了一种人情文化。中国人的基本社会关系是以自己为中心，从血缘关系—亲缘关系—地缘关系依次向外扩展。中国的社会结构以血缘、亲缘和地缘为纽带，与外部世界发生联系。在这样的社会，每一个人都有一个以自己为圆心、以人情为半径的"关系同心圆"。中国人的基本社会关系，圆心小邻域是血缘关系，圆心大邻域是亲缘关系，圆环部分则是地缘关系。人情是中国人处理自己与他人关系、自己与外部世界关系的核心，亲则近，近则通。中国人处事，凡是亲近者都给予方便关照，凡是疏远者都要设卡刁难。中国人以懂人情、擅处人情为立足之基，把人情放在第一位，情大于理，理大于法。当情、理、法三者相冲突的时候，中国人处事的原则是理和法都让位于情。讲感情、重情谊是人类美好的品性，但以情为处事的原则、做人的准绳，那么社会就必然没有共同的规则，没有共同规则的社会必然是一个难以保持长期稳定的社会，必然是一个不能保证每个人公平发展的社会。

第五，人伦文化。人伦即人与人之间的道德关系。中国古人认为，人有五伦：父子、君臣、夫妇、兄弟、朋友。父子有亲，君臣有义，夫妇有别，长幼有序，朋友有信。中国人认为，这是天下最通畅的大道，是天下古今所共由之路。中国人的智慧是人伦智慧，中国人的哲学是伦理哲学，世事洞明皆学问，人情练达即文章。中国人把人与人之间的关系看成是人与物、主体与客体、我与非我等一切关系的核心。中国人把智慧重点用在处理人与人之间的关系上。主要记载孔子及其弟子言行的儒家经典之作《论语》，较为集中地反映了孔子的思想，内容广泛但多半涉及人类社会生活问题，教给后人如何为人处世的道理。直到近代新文化运动之前，约在两千多年的历史中，《论语》一直是中国人的初学必读之书，对汉民族的心理素质及道德行为起到过重大影响。

与小农经济、计划经济相适应的等级、官本位、奴性、人情等文化相对立，市场经济要求平等、自由、个性、法治和科学。

第一，平等文化。平等是指政治、社会或经济地位处于同一水平；没有或否认世袭的阶级差别或专断的特权。它至少包含三方面的意思：所有的人生来是平等的；法律面前人人平等；在权利、责任、义务、价值等方面人人是平等的。平等是人和人之间一种关系、人对人的一种态度，是人类的终极理想之一。平等是人权的本质属性。人权平等意味着政治自由权利与经济社会权利的绝对平等，但并不意味着社会财富再分配以及社会成员经济地位的绝对平等。国家应保障人人享有平等人权，同时也应保障每个人基于其社会贡献所要求得到的权利、利益与尊重。国家应保障人人享有生命健康权、人格权、劳动权。

法治社会贯穿最基本的原则就是人人平等。适用法律平等，是人们生存权中合情合理的基本请求。《世界人权宣言》指出："'人人生而自由'，'在尊严和权利上一律平等'，'人人有资格享受本宣言所载的一切权利和自由，不分种族、肤色、性别、语言、宗教、政治或其他见解、国籍或社会出身、财产、出生或其他身份等任何区别。"我国《民法》在平等保护人权方面已经具有明确规定，但在内容和司法实际操作中，还有待于进一步具体完善和监督实施。

在市场经济中，当前要特别重视不同性质的主体地位一律平等，即国有、集体、合作制、股份制、个体、私营、民营等不同性质的经济主体，在法律上、政策上、国民待遇上、经济活动中等各个方面，不应该有身份的歧视，不仅在法律和政策的规定一律平等，还要在现实中做到一律平等。

在坚固的等级文化的土壤里，要种入平等这株美丽的鲜花，必须要把这种理念和思想像阳光照耀在每一片土地上，像轻风一样吹拂到每一个角落。这将是一个十分漫长的过程。

第二，自由文化。自由，其政治学的概念是一种免于恐惧、免于奴役、免于伤害和满足自身欲望、实现自我价值的一种舒适和谐的心理状态。自由的一般意义可定义为人的一种状态，即他的行动不受除自己意志及天性外的任何限制。自由有多种含义：一是指由宪法或根本法所保障的一种权利或自由权，能够确保人民免于遭受某一专制政权的奴役、监禁或控制，或是确保人民能获得解放。二是指任性意义的自由。想说什么就说什么，想做什么就做什么。自由放任。三是指按规律办事意义下的自由，所谓对必然的认识和改造。四是指自律意义下的自由。五是指人在自己所拥有的领域自主追求自己设定目标的权利。

自由是社会人的权利。与自由相对的，是奴役。对一个社会的个体人而言，自由是指他（她）希望、要求、争取的生存空间和实现个人意志的空间，这个空间包括社会的、政治的、经济的、文化及传统的等外部条件，同时也包括个人体质、欲望、财富、世界观、价值观及理想观的表达欲望等个人因素和内在因素。自由是人类在获得基本生存保障的前提下，渴求实现人生价值，提高生活质量进而提高生命质量的行为取向和行为方式。

人是社会中最基本、最活跃的细胞，个人是社会中最基本、最活跃的经济细胞，个人只有当他作为一个能够自由支配自己的意识和行为的时候，他才是一个市场经济的生产者。他有自由的思想、自由的言行，每个人的自由构成了生产组织（企业）的自由，生产组织的自由一定和必然建立在个人自由之上。个人的行动自由、思想自由、技术自由、财产自由是市场经济的原点，从这个原点出发，构成了自由的市场经济和市场经济的自由。市场经济是一个自由体进行交易的经济，所有的生产经营者都在市场上平等地、自由地交易。

第三，个性文化。个性是指个人的行为和思想的表现特点。行为思想的表现特点分为两个层次，一是行为层面，二是思想层面。行为是第一层面，较为表面，思想是第二层面，是深层，行为不一定形成思想，但思想必然指导行为。"尊重个性"、"解放个性"，在近代中国是一个具有根本意义的重大进步。在中国延续了两千余年的大一统中央集权的君主专制制度，和与其紧密相连的宗法制度，一律、一贯、残酷地抹杀、压制人们的个性，把任何展现个性的思想、言论、行为皆视为"异端"，视为大逆不道，必除之而后已。排斥个性、个人利益、个人主义，崇尚共性、集体主义和集体利益、国家利益，这是中国几千年的文化传统。纵观历史可以看到，由于个性长期被抹杀，中国人的创造能力越来越弱。

只有尊重个性，才能尊重个人的自由，才能尊重个人的权利；相反，尊重自由、尊重个人权利，就要尊重个性，就要允许每个人有自己的行为，有自己的思想，当然，这种行为和思想必须是在人们共同制定的法律约束之下，以不损及他人的行为和思想为条件。所以，个性在某种意义上就是个人主义，认定个人自主、自立，以及个人自由是近代民主国家的根本基础，个人不是国家的附属物，国家以保护其每个公民的权力、利益为根本使命。所以，真实的民主制度是以个人权利的保障为基础的。

尊重个性、崇尚个性文化、发挥个义主义，是一个国家保持持久创新能力的根本基础，而创新是一个国家强盛的动力。丰富性来自于差异性，创新性来自于差异性，没有每个生产者个体的差异，就不可能生产出不同个体所需求的不同的产品，市场也不可能不断地开发出新产品，不断地刺激和满足人们的新需求。

第四，法治文化。法治是人类政治文明的重要成果，是现代社会的一个基本框架。大到国家的政体，小到个人的言行，都需要在法治的框架中运行。对于现代中国，法治国家、法治政府、法治社会一体建设，才是真正的法治。法治与人治根本对立，是不同的治国理念。封建社会是人治社会，皇权凌驾于法律之上，资本主义、社会主义及现代民主社会是法治社会，法律在一切组织和个人权力之上。国家依靠法治并不是不要依靠人的力量和人的作用，再好的法律与制度都需要人来实现与执行。但是，不可以将"人的作用"与"人治"相等同，两者是根本不同的概念。法治是以民主自由为基础，需要民主自由的力量。只有民主自由才能建立和实施法治。

市场经济离不开法治，只有依靠法治才能维护市场经济的原则、规则和秩序。离开法治，市场经济就会混乱、倾斜、不公平，就不能有效地遏制腐败。法治是一种价值追求，是一种社会状态，是一种文化理想。实现现代化，中国人必须树立起法律至上、权利平等、权力制约、权利本位的法治思想。法治建设推进得越持久、越深入，其积极成效就会成倍放大。

第五，科学文化。科学是关于发现发明创造实践的学问，是人类探索研究感悟宇宙万物变化规律的知识体系。科学是一个建立在可检验的解释和对客观事物的形式、组织等进行预测的有序的知识的系统。它涵盖三方面含义：观察：致力于揭示自然真相，而对自然作理由充分的观察或研究（包括思想实验）；假设：通过这样的过程假定组织体系知识的系统性；检证：借此验证研究目标的信度与效度。一般认为科学具有如下特征：理性客观，可证伪，存在一个适用范围，普遍必然性。

科学的对立面是迷信、愚昧。全部科学分为自然科学和社会科学两大类。几千年来，中国崇尚人伦之学，鄙视自然之学，长于社会科学研究，短于自然科学研究。而所谓的社会科学主要是以儒家经典为代表的学问。中国人在思想上迷信圣贤，缺乏科学的怀疑精神和批判精神，而科学和真理正是建立在人们的怀疑和批判精神之上。中国人在思维上多概括、少精微，多模糊、少清晰，多定性、少定量，多情感、少思辨，多归纳、少演绎。欧洲人的科学思想、科学精神奠定了欧洲的科技进步，科技进步奠定了欧洲的社会进步。

人与世界有两大基本关系，一是人与人的关系，二是人与物的关系。人与人关系主要是在于和而谐，人与物关系主要在于真而实。真实就是要寻找事物的本来面目，抑即物质世界的规律。科学作为人类的学问就是要探寻物质世界的客观规律。科学技术是第一生产力，市场经济离不开这个第一生产力，只有科学技术的不断进步才能为市场经济的发展提供强大的支撑。自第一次工业革命以来，凡是科技发达（主要指自然科学）的国家都是经济和社会发达的国家，凡是科技落后的国家都是贫穷的国家。发展科学技术必先有科学精神，科学精神就是不畏权威、不惧强权、求真务实，科学精神就是敢于怀疑、敢于批判、追求真理。科学技术发展需要自由、宽松、宽容的阳光和空气。这需要政府的不懈努力，同时也需要人民群众的持之以恒。

第四节 公平正义和改善民生是出发点和落脚点

公平正义是人类社会的理想追求，是社会和谐发展的基本要求和目标，也是一个文明社会进步的标志。生存权和发展权是人类的基本权利，改善生存条件和追求生活质量是人类的基本追求。党的十八届三中全会提出，全面深化改革，必须以促进社会公平正义、增进人民福祉为出发点和落脚点。习近平总书记在 2014 年新年贺词中说："我们推进改革的根本目的，是要让国家变得更加富强、让社会变得更加公平正义、让人民生活得更加美好。"

十八大提出的公平正义，是要建立以权利公平、机会公平、规则公平为主要内容的社会公平保障体系，努力营造公平的社会环境，保证人民平等参与、平等发展的权利。《决定》用非常大的篇幅介绍了改善民生的措施，涉及教育、就业创业、收入分配、社会保障、医疗卫生、环境保护等方方面面，其主旨就是要下大力气解决好人民群众最关心、最直接、最现实的利益问题，让人民群众过上更加幸福的生活。牢牢把握促进社会公平正义和改善民生这一基本要求，对于彰显中国特色社会主义的价值优势、道义优势、制度优势，不断增强中国特色社会主义凝聚力、向心力、感召力，具有重大意义。社会主义经济制度与以往一切以私有制为基础的社会经济制度的根本区别就在于，它要消灭剥削和消除两极分化，实现共同富裕。中国共产党自成立之日起，就把实现和维护社会公平正义、让人民过上幸福生活作为始终不渝的价值目标。

何为公平正义？现代意义上的公平指的是一种合理的社会状态，它包括社会成员之间的权利公平、机会公平、过程公平和结果公平。所谓权利公平，是指公民的权利不因职业和职位的差别而有所不同，其合法的生存、居住、迁移、教育、就业等权利得到同等的保障与尊重。所谓机会公平，是指公民能普遍地参与社会发展并分享由此而带来的成果。所谓过程公平，是指公民参与经济、政治和社会等各项活动的过程公开透明，不允许某些人通过对过程的控制而谋取不当利益。所谓结果公平，则主要指在分配上兼顾全体公民的利益，防止过于悬殊的两极分化，以利于共同富裕的实现。正义的内涵与公平存在若干重叠，但它更多的指向是社会的是非观及荣辱观。公平正义是一个哲学和社会学中很宽泛的名词。它包括哲学、社会政治、经济、文化、法律、伦理等诸多方面的道德品质和要求，包含着公平、公正、正义、平等等概念和理念。这些理念相互依存，但又不能完全等同或相互代替。公平和正义从其本质上来讲，是人们的一种生存理念，是作为调节人们之间社会关系的一种价值的评价标准，是利益关系的衡量尺码。十八大报告提出，要"逐步建立以权利公平、机会公平、规则公平为主要内容的社会公平保障体系"。

何为民生？现代意义上的民生概念有广义和狭义之分。广义上的民生概念是指，凡是同民生有关的，包括直接相关和间接相关的事情都属于民生范围内的事情。狭义上的民生概念主要是从社会层面上着眼的。从这个角度看，所谓民生，主要是指民众的基本生存和生活状态，以及民众的基本发展机会、基本发展能力和基本权益保护的状况。教育就学是民生之基，就业创业是民生之根，收入分配是民生之本，医疗卫生是民生之急，社会保障是民生之盾。民生问题不仅事关广大人民群众的根本利益，而且影响到整个国家改革发展的大局，是我们党工作的重中之重。着力改善民生，是我们党践行全心全意为人民服务宗旨的必然要求。坚持全心全意为人民服务的宗旨，就要坚持发展为了人民、发展依靠人民、发展成果由人民共享，就要关注人民的生活质量、幸福指数，把发展的目的真正体现到满足人民需要、实现人民利益、提高人民生活水平上。

古今中外，历史上大的社会动荡乃至改朝换代，大部分是因为社会不公、贫富差距过大、民不聊生引起的。根据国际经验，世界上许多国家在人均GDP达到3000美元进入中等收入行列后，都会出现收入差距扩大的趋势，在这一阶段，如果没有有效的调节手段和措施，就有可能掉入所谓的"中等收入陷阱"，出现因社会不公引发的矛盾冲突甚至社会动荡。我国人均GDP已超过

6000 美元，进入了中等收入国家行列，已进入社会矛盾多发期和凸显期。前事不忘，后事之师。我们要吸取历史和现实的教训，高度重视解决社会贫富差距过大、社会不公的问题，防止引发大的社会矛盾和冲突。

社会主义新中国的建立，为实现社会公平正义奠定了根本的政治前提和制度基础。改革开放以来，公平正义变得实在了，民生得到了极大改善，取得的成绩举世瞩目。同时，公平正义和民生方面也存在着诸多问题，有的问题还非常严重：

第一，贫富差距扩大。改革开放打破了平均主义，解放和发展了生产力，中国人民由站起来变成了富起来，但同时也产生了贫富差距扩大的问题。衡量居民收入差距的指标基尼系数，1978 年农村为 0.21—0.24，城市居民为 0.16—0.18，这种平均主义在改革开放中被迅速打破，随着市场经济的发展，基尼系数逐渐扩大。国家统计局 2013 年年初首次发布的全国基尼系数表明，从 2003 年到 2012 年，全国居民基尼系数在 0.47 到 0.49 之间，2008 年达到最高的 0.491 后，开始逐步回落。0.47 以上，不仅高于欧美发达国家，且高于日本、韩国等亚洲国家，仅低于一些拉美和非洲国家。而根据西南财经大学中国家庭金融调查于 2012 年年底发布的数据，中国的基尼系数为 0.61，相比收入不均，两级分化问题可能更严重。在态度和观念调查中，贫富差距也被不同背景人群一致认为是当今中国社会最严重的民生问题。世界银行认为，中国基尼系数上升速度创下世界纪录。此外，我国城乡绝对贫困人口有 1 亿，其中 8000 多万农村人口处于年人均纯收入 2300 元以下，城市居民有 2000 多万人依靠各种救济生活。北京大学中国社会科学调查中心发布的"中国家庭追踪调查"数据显示，中国家庭收入两极分化严重，2012 年收入最低的 5% 的家庭收入累计占所有家庭总收入的 0.1%，而收入最高的 5% 家庭的收入却占所有家庭总收入的 23.4%，是前者的 234 倍。调查表明，2012 年全国家庭人均纯收入均值为 13033 元。但收入最低的 5% 的家庭人均收入只有 1000 元，5%—10% 范围内的家庭人均收入只有 2000 元，而收入最高的 5% 家庭的人均收入则高达 34300 元。城乡之间、东西部之间、行业之间、城乡内部等等，贫富差距普遍存在。

第二，阶层流动滞涩、固化。社会学把由于经济、政治、社会等多种原因而形成的，在社会的层次结构中处于不同地位的社会群体称为社会阶层。各阶层之间流动受阻的情况称为阶层固化。大学收费高、毕业工作难找，农村家庭的子女通过教育实现向上流动的成本越来越高，动力越来越小。教育是现代社会实现不同层面流动的关键渠道。《南方周末》2011 年的一篇报道说，北京大学教育学院副教授刘云杉统计 1978—2005 年近 30 年间北大学生的家庭出身发现，1978—1998 年，来自农村的北大学子比例约占三成，20 世纪 90 年代中期开始下滑，2000 年至今，考上北大的农村子弟只占一成左右。中国人民大学学生处的有关负责人介绍说，20 世纪 90 年代初，该校学生中约有一半家在乡镇农村，21 世纪这个比例明显下降。此前，中国农业大学对新生城乡比例的调查显示，1999—2001 年农村新生均在 39% 左右，2007 年已跌至 31%。教育学者杨东平对比研究了中国高考扩招前与扩招后，寒门子弟获得优质高等教育机会的变迁。几组抽样调查数据均显示，2000 年后，省属地方院校新生中农村学生的比例高达六成以上，而在重点研究型大学里，农村生源比例一路走低。高等阶层的子女比低等阶层的子女有更多的受教育机会和更优越的受教育条件，弱势阶层的子女获得的教育机会要少得多，受教育的条件要恶劣得多。教育条件好，上大学和名校的机会必然增多，反之则减少。上大学特别是名校，就业和寻找好工作的机会必然增多，反之则减少。教育不公平致使低阶层的下一代很难向上流动，社会不平等向下一代传递和延展，"穷二代"就是这样形成的。

就业过程中的家庭"背景"成为重要的砝码，高校毕业生中的农民和农民工子女在就业质量上明显处于弱势。中国社科院一份名为《当代中国社会流动》研究报告表明，父辈具有社会资本的那些人比一般人更易于成为干部。在父亲受教育程度这个自变量固定的情况下，干部子女成为干部的机会，是非干部子女的 2 倍多。由于权力在配置资源中发挥着决定性作用，官员的子女亲属及有关系的人员，可以通过权力迅速获得财富。农民工进城了，但其农民身份却无法改变，不仅在职业选择方面，无法与城市居民享受同等地位，而且在住房、医疗、劳动保险、就业稳定性、孩子教育等一系列方面，都根本无法和城市居民相比。

第三，社会保障公平性不足，覆盖面有欠缺。目前全国还有 1 亿多人没有参加基本养老保险，主要是部分非公有制经济组织员工、城镇灵活就业人员、农民工以及部分农村居民等。还有部分群体没有参加基本医疗保险制度，建筑业等高职业风险行业，农民工参加工伤保险的比例比较低。社会救助制度覆盖面还不够，特别是失能、半失能老人护理和事实无人抚养儿童的基本生活保障问题比较突出。适应流动性不够，特别是跨地区流动就业的农民工多达 2.6 亿人，而现行社会保障管理体制和方式对这一特征的适应性不足。养老保险关系跨地区、跨制度转移接续还存在不及时、不顺畅的问题，导致部分群体中断参保。异地劳务派遣人数较多，造成劳动关系和社保权益认定复杂化，农民工在流入地一旦发生职业风险或面临突发性、临时性困难，很难获得必要保障和救助。可持续性不强。社会保障筹资渠道仍偏窄。目前各项社会保险缴费比例已经较高，财政投入大幅度增加，但面对老龄化高峰的迫近，养老抚养比持续增高，医疗费用上涨，给社保基金长期收支平衡带来了很大压力，急需进一步拓宽筹资渠道。

第四，公共产品供给不足。大中城市相对较好，城市郊区、小城市、城镇等供给较差，广大农村则是匮乏。多年来政府对农村公共产品供应投入太少，投入和管理体制十分落后。过去，政府对农村公共产品供给主要限于中小学义务教育、少量的农村水利设施，近年来，国家增加了农村电网改造、公路建设、广播电视转播等方面的投入，但农民急需的基础教育、农村公共卫生医疗、农民贫困群体救助、农民就业再教育、农村水利设施建设和维护等公共产品供给仍属于"盲点"。

第五，权利公平、机会公平、规则公平缺失。不同身份、不同背景、不同出身、不同性别、不同民族等，所有这些载录符号的不同的人，在权利上应该平等，但事实上不平等，权贵身份、权贵出身、权贵家庭背景，或者富豪阶层比平民阶层拥有更多的权利和机会。这些权利和机会包括教育、就业、晋升、资源、关系、信息等诸多方面。拥有权力的人及子女和关系人员可以绕着规则走，规则约束不了这部分人，他们形成了一套"潜规则"，并按"潜规则"办事。权利公平、机会公平既要有规则公平作保证，又要有规则公平作支撑，没有规则的公平就没有权利公平和机会公平。一般而言，规则是经过一定的程序并经相关人员讨论而产生的，用于规范人们的行为，包括大到法律、政策，小到具体的制度、规定等。这样的规则应该和必须有权威，对任何人都不能例外，否则规则就成了儿戏。法治社会的一个基本命题就是规则平等，规则对于任何人都不能有例外。在规则之外另行一套规则就是"潜规则"，"潜规则"严重地破坏了社会公平正义，破坏了权利公平和机会公平。

公平正义是人民之所求，民生也是人民之所求，两者缺一不可。民生问题即是基本公共服务，基本公共服务的界定是基于公民的基本权利，平等和公平的实质是基本权利的平等。2014 年，李克强总理在《政府工作报告》中提出了改善民生的目标任务的四个方面，一是教育，二是医疗，三是文化，四是社会治理。教育方面的重点是，促进教育事业优先发展、公平发展。继续加大教育资源向中西部和农村倾斜，促进义务教育均衡发展。全面改善贫困地区义务教育薄弱学校办学条件。贫困地区农村学生上重点高校人数要再增长 10% 以上，使更多农家子弟有升学机会。加强农村特别是边远贫困地区教师队伍建设，扩大优质教育资源覆盖面，改善贫困地区农村儿童营养状况。发展学前教育，实施特殊教育提升计划。继续增加中央财政教育投入。

医疗方面的重点是，城乡居民基本医保财政补助标准提高到人均 320 元。在全国推行城乡居民大病保险。加强城乡医疗救助、疾病应急救助。县级公立医院综合改革试点扩大到 1000 个县，覆盖农村 5 亿人口。扩大城市公立医院综合改革试点。破除以药补医，理顺医药价格，创新社会资本办医机制。巩固完善基本药物制度和基层医疗卫生机构运行新机制。人均基本公共服务补助标准增加到 35 元。

文化方面的重点是，促进基本公共文化服务标准化均等化，发展文化艺术、新闻出版、广播电影电视、档案等事业，繁荣发展哲学社会科学，倡导全民阅读。

社会治理方面的重点是，推进社会治理创新。注重运用法治方式，实行多元主体共同治理，健全村务公开、居务公开和民主管理制度，更好发挥社会组织在公共服务和社会治理中的作用。加强应急管理，提高公共安全和防灾救灾减灾能力，做好地震、气象、测绘等工作。改革信访工作制度，及时就近化解社会矛盾。加强行政复议工作。深入开展普法教育，加大法律援助。加强社会治安综合治理，坚决打击暴力恐怖犯罪活动，维护国家安全，形成良好社会秩序。

党的十八大以来，党中央、国务院坚持发展和民生优先的方针，从人民群众最关心、最直接的医疗、教育、户籍、社会保障等问题入手，加大民生改善，着力攻坚克难，基本民生保障安全网正不断织就织密。努力实现"学有所教、劳有所得、病有所医、老有所养、住有所居"，一项项举措回应着民生关切。透过国务院常务会议这扇窗，不难发现，民生议题如此集中。两年来，从住房、医疗、教育，到物价、就业、社保等，只要是群众关心的焦点问题，就会成为政府工作部署和解决的重点。根据党中央、国务院部署，在过去5年改造各类棚户区1260万户基础上，2013—2017年将再改造各类棚户区1000万户，重点是中西部地区、资源枯竭型城市及独立工矿棚户区、三线企业集中地区的棚户区。987.7亿元用于城乡低保补助。221.52亿元支持农村危房改造补助。2014年政府工作报告提出再解决6000万人饮水安全问题，根据此前发改委、水利部、卫生部和环保部2012年共同发布的《全国农村饮水安全工程"十二五"规划》要求，解决全国2.98亿农村人口（含国有农林场）的饮水安全问题和11.4万所农村学校师生的饮水安全问题，使全国农村集中式供水人口比例提高到80%左右。

2013年在诸多推动价格上涨因素的干扰下，经济运行稳中向好，国内生产总值达到56.9万亿元，比上年增长7.7%。居民消费价格涨幅控制在2.6%。城镇登记失业率为4.1%。城镇新增就业1310万人，创历史新高。进出口总额突破4万亿美元，再上新台阶。居民收入和经济效益持续提高。城镇居民人均可支配收入实际增长7%，农村居民人均纯收入实际增长9.3%，农村贫困人口减少1650万人，城乡居民收入差距继续缩小。规模以上工业企业利润增长12.2%。财政收入增长10.1%，取得显著成效。

推进社会公平正义必须依靠全面深化改革，必须立足于全面深化改革。我国的国情是社会主义初级阶段，面临的主要矛盾，是人民日益增长的物质文化需要同落后的社会生产之间的矛盾。我们不能像改革开放以前那样采取平均主义和实行计划经济的方式来实现公平正义，更不能以阶级斗争为纲的手段来促进公平正义。必须坚定地走改革开放的路线来逐步实现社会公平正义，这是中国实现公正正义的唯一途径。在改革开放初期，我们实行"效率优先、兼顾公平"的发展原则，有一定的合理性和必然性。经过30多年的改革开放，我们已经奠定了较为丰富的公平正义的物质基础。今天，中国经济社会发展应该把效率和公正放在同等重要的位置，既要注重效率，也要注重公平正义。要实现两者的统一就要全面深化改革，只有深化改革才能做大蛋糕，只有深化改革才能公平地分配蛋糕，才能促进社会公平正义。

维护和实现社会公平正义不是一个抽象的口号，必须具备现实的社会经济条件和切实可行的政策措施。满足公民对社会公平的要求，增加公民的幸福感和满意度，必须具备较高的经济发展水平和较好的物质条件。因此，在新世纪新阶段，维护和实现社会公平的根本途径，仍然是努力发展社会经济，最大限度地提高社会物质生活水平，为实现更高水准的社会公平奠定必要的物质基础。没有蛋糕的或小蛋糕的公平正义是贫穷的公平正义，不是社会主义需要的公平正义。有大蛋糕但贫富两极分化、社会不公、缺少正义，也不是社会主义需要的公平正义。社会主义需要的是人民既享有大蛋糕，又享有公平正义。人活得富足、体面而有尊严，社会处处有公平正义。

人民群众的公平正义集中体现在五个方面：即权利公平、机会公平、规则公平、分配公平和社会保障公平。要实现这五个公平，必须推进法治中国建设，实现依法治国；必须进一步推进司法制度改革；必须进一步推进行政立法和执政等各项改革，也就是说社会公平正义要通过全面深化改革才能逐步实现。

推进法治中国建设，促进权利公平、机会公平。十八届四中全会提出，加强重点领域立法，依法保障公民权利，加快完善体现权利公平、机会公平、规则公平的法律制度，保障公民人身权、财产权、基本政治权利等各项权利不受侵犯，保障公民经济、文化、社会等各方面权利得到落实，实现公民权利保障法制化。

在现代社会，社会公平首先意味着社会权利上的公平，它承认并保证社会主体具有平等的生存权、发展权。十八届四中全会提出"法治中国"建设目标，就是要实现社会的制度安排和非制度安排给每个社会主体的生存、发展的机会是平等的，劳动的权利、受教育的机会、职业的选择等不能受家庭背景、种族、性别以及资本占有状况等因素的限制和影响。社会主体参与社会活动，要求社会确保机会公平，这是实现权利公平的前提。这一方面要求社会多提供机会，另一方面社会制度安排要保证所有机会是公平的。随着法治中国建设的逐步推进，权利公平、机会公平的阳光将普照中国大地。

推进法治中国建设，促进规则公平。规则公平就是制度上公平，即由制度来确立各种规则，并且这种规则是公平的。制度是人们所创造的用以限制人们行为的框架，规则制定和程序执行的公正直接关系到制度本身的公正。制度上的公正是政治上、经济上公正的保证。要按照十八届四中全会的要求，积极推进依法治国。要拓宽和健全监督渠道，把权力运行置于有效的制约和监督之下，加强社会监督，保障公民的检举权、控告权、申诉权，保障公民参与有关切身利益的各种决策。社会主体参与社会活动，要求规则必须是公平的，只有在规则公平的前提下，才能实现机会公平、权利公平，才能保证效率的提高。即是说，政府不仅要保证在制度和规则面前所有社会主体一律平等，还要保证社会主体享有平等的规则。

推进法治中国建设，促进分配公平和社会保障公平。在当代，人们通常以社会财富（包括物质财富和精神财富）的分配是否合理作为评判社会公平程度的直接依据，所以，分配公平是社会公平的根本内涵和最高层次。分配是否公平，不仅关系到效率的高低，对社会制度的变革和社会秩序的维护与稳定也起着决定性作用。实现分配公平，有赖于合理的社会分配机制的建立，其中分配制度和分配政策起着极为重要的、直接的作用。当前和今后，要按照十八大提出的要求，千方百计增加居民收入；努力实现居民收入增长和经济发展同步、劳动报酬增长和劳动生产率提高同步，提高居民收入在国民收入分配中的比重，提高劳动报酬在初次分配中的比重；初次分配和再分配都要兼顾效率和公平，再分配更加注重公平；完善劳动、资本、技术、管理等要素按贡献参与分配的初次分配机制，加快健全以税收、社会保障、转移支付为主要手段的再分配调节机制；深化企业和机关事业单位工资制度改革，推行企业工资集体协商制度；多渠道增加居民财产性收入；规范收入分配秩序，保护合法收入，增加低收入者收入，调节过高收入，取缔非法收入。

改善民生，重在保障人民的生存权和发展权。在现代社会，人的生存权、发展权必须得到尊重和保护。生存权和发展权的基础是公平、健全、完善的社会保障体系。要按照十八届四中全会提出的要求，依法加强和规范公共服务，完善教育、就业、收入分配、社会保障、医疗卫生、食品安全、扶贫、慈善、社会救助和妇女儿童、老年人、残疾人合法权益保护等方面的法律法规，从法律法规上保障社会保障公平。

站在保障和改善民生的新起点，必须建立健全长效体制机制。要在落实好现有政策措施的基础上，进一步创新体制机制、思维方式、工作思路、政策举措，完善民生领域基础性制度；完善民生工作决策机制和投入制度，健全监督和约束机制，实施重大民生工程征询民意的制度，确保群众的知情权、参与权、表达权、监督权；要坚持全覆盖、保基本、多层次、可持续方针，以增强公平性、适应流动性、保证可持续性为重点，全面建成覆盖城乡居民的社会保障体系；要不断完善困难群体动态帮扶机制，创新帮扶方式方法，提高帮扶实效，使困难群体尽可能多地共享改革发展成果；要把解决好民生问题作为对各级领导干部政绩考核的重要内容，明确目标，量化指标，落实任务，责任到人，使改善民生工作成为各级各部门的自觉行动，成为各级各部门的常态工作。

第七章

中国大厦根基的未来

中国经济正处于一个特殊的时期，这个时期是经济增长速度的换挡期，是经济结构调整的阵痛期，是改革开放进入了攻坚期，在这"三期"交汇的特殊阶段，我们应该以什么样的思维和战略应对各种挑战、走向未来？中国最高领导人习近平的"新常态"思维，为其指明了方向。新常态是人们对这一时期经济运行状态的基本判断，预示着我国经济发展正在进入新的阶段，需要以新的思维和行为去适应这种改变，并不失时机地构建新的体制机制。从某种程度上说，新常态不但在经济领域里来临，而且几乎全方位地迫近中国的方方面面。对中国经济的新常态大体上有了共识，现在需要在其他领域里对新常态的认知和形成共识。如果说把 1979—2014 年的 35 年视为中国的旧常态，那么，2014—2049 年的 35 年可看成中国的新常态。未来 35 年，将是中国在新常态中，以一种新思维、新战略、新路径引导中国进入发展的新阶段。

由威权主义而生成的"裙带资本主义"，在经济发展的某个阶段，政商合作可以把整个国家的力量引到最有利于经济发展的途径上，但随着经济和社会的发展，其固有的弊端必然产生严重的腐败和社会不公，降低市场配置效率，损害社会稳定基础。共产党反腐利剑使过去鲜为外人所知的特殊利益集团和权贵资本主义，充分暴露在国人面前，其严重性、危害性、腐蚀性、危险性令国人震惊。任由特殊利益集团和权贵资本主义这样肆意妄为，共产党必将遭受灭顶之灾。

中国经济经过了四个地带，即河边地带、山谷地带、丘陵地带，现正处于沼泽地带。沼泽地带情况最为复杂，一旦走过这个极易使经济和社会陷入僵持或停滞的地带，前方就是一望无际的平原地带。平原地带的中国市场经济是一个法治的市场、自由的市场，因而也是一个成熟的市场经济。经过漫长而艰难的跋涉，中国经济从此将进入一个长期稳定的、健康良好的发展状态。跟随着起根本性决定作用的经济变化而变化，中国的政治将走向成熟的民主政治，中国社会将走向自由、民主的社会，那时，中华民族将迎来一个长期的、稳定的、理想发展的新时代。

第一节 以新常态思维谋划实施

　　中国经济正处于一个特殊的时期，这个时期是经济增长速度的换挡期，是经济结构调整的阵痛期，是改革开放进入了攻坚期，在这"三期"交汇的特殊阶段，我们应该以什么样的态度应对各种挑战、走向未来？中国最高领导人习近平的"新常态"思维，为其指明了方向。2013年5月，中共中央总书记习近平在河南考察时首次提出"新常态"，他指出，中国发展仍处于重要战略机遇期，我们要增强信心，从当前我国经济发展的阶段性特征出发，适应新常态，保持战略上的平常心态。同年7月29日，在中南海召开的党外人士座谈会上，习近平问计当前经济形势，又一次提到适应"新常态"。

　　什么叫新常态？新常态最初是为描述金融危机后发达国家经济走势提出的概念，近来也被用来表述国内经济形势特点。新常态之"新"，意味着不同以往；新常态之"常"，意味着相对稳定。新常态是指中国经济增速迎来换挡期，从前30多年的高速增长期向中高速和中速平稳增长期过渡进入常态。以新常态来判断当前中国经济的特征，并将之上升到战略高度，表明中央对当前中国经济增长阶段变化规律的认识更加深刻，正在对宏观政策的选择、行业企业的转型升级产生方向性、决定性的重大影响。

　　中国经济在2008年之前保持着年均接近两位数的增长，从1978年到2007年，我国国内生产总值由3645亿元增长到24.95万亿元，年均实际增长9.8%，是同期世界经济年均增长率的3倍多，其中增长超过10%的有13个年头，增长最高的1984年达到了15.2%。从2008年开始，GDP增长呈现缓慢的波浪式下降走势，当年为9.6%，2011年为9.2%，2012年缓慢下降变成了

陡然下降，GDP 增长率降到 7.8%，2013 年再降至 7.4%，2014 年前三季度为
7.4%。在国内外各种因素的作用下，中国经济潜在增速趋于下降，是新常态
的一个内涵。虽然学界对目前中国经济潜在增速具体水平有不同估计，但大家
普遍认为目前潜在增速已从早先长期年均接近两位数下降到一位数水平，并且
未来仍将持续缓慢下降。新常态是人们对这一时期经济运行状态的基本判断，
预示着我国经济发展正在进入新的阶段，需要以新的思维和行为去适应这种改
变，并不失时机地构建新的体制机制。

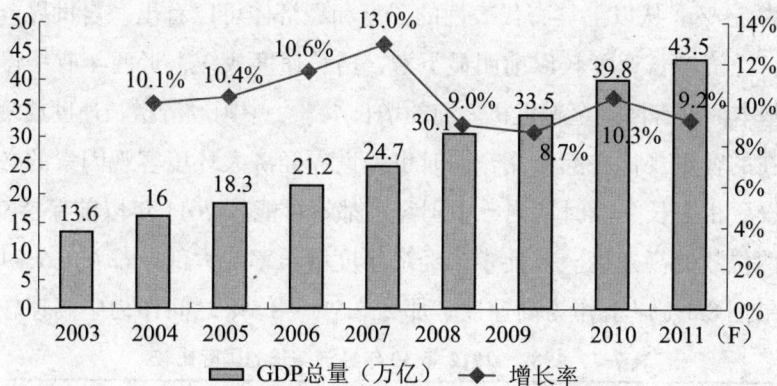

图 7-1 2003—2011 年中国 GDP 增长状况图

图 7-2 2006—2012 年中国 GDP 增长曲线

什么样的速度是高速度，什么样的速度是中高速，什么样的速度是中速？

中央并没有明确的说法和定论，世界上也没有一个统一的标准和说法。著名经济学家厉以宁认为，中国经济转入新常态，经济增长率降至 7% 左右甚至 6% 至 7% 之间，都属于中高速增长。世界头号经济大国美国 1980—2009 年 30 年间年均增速为 2.54%，其中头 10 年年均增速为 2.58%，中间 10 年年均增速为 3.21%，近 10 年年均增速为 1.82%。2002 年以来欧盟 28 国经济增长以金融危机为界可以分为两个时期，2007 年头 6 年年均增长率为 2.36%，2008—2013 年年均增长率为 –0.41%。同期，日本头 6 年年均增长率为 1.6%，近 6 年年均增长率为 0.1%。印度 2003—2007 年年均增长率为 9.0%，2008—2013 年年均增长率为 7.0%。从以上具有代表性的国家和经济体可以看出，自世界金融危机以来，经济增长速度较以前明显下滑，增长速度放缓，近两年有缓慢的回升，但基本都没有回到金融危机之前的增长水平。中国经济增长速度放缓既有自身内在的客观规律在起作用，同时也是世界经济大环境客观因素的必然结果。在以后相当长一段时期内，中国经济都不可能像 2011 年以前保持 9% 以上或近两位数的高速度。此前中国经济年度增长率绝大部分都在 8.5% 以上，据此如果把 8.5% 以上作为高速度，那么 7.5%—8.5% 之间作为中高速较为合

表 7-1　1982—2012 年 30 年经济增长的国际比较

国家、地区或国家组合	1982—2012 年间人均 GDP 平均年增长率（%）	1992—2012 年间人均 GDP 平均年增长率（%）	2002—2012 年间人均 GDP 平均年增长率（%）
中国	9.12	9.34	9.87
印度	4.41	5.08	6.18
美国	1.92	1.58	0.96
全世界	1.48	1.47	1.50
高收入 OECD 国家	1.86	1.46	0.94
低收入国家	1.38	2.25	3.48
中等收入国家	3.08	3.95	5.18
拉美和加勒比地区国家	1.21	1.73	2.42
撒哈拉以南非洲国家	0.45	1.49	2.64

数据来源：世界银行"世界经济指标数据库"。

适，7.5%以下作为中速较为合适。在世界经济范围内，不要说7.5%，即使4%以上也是高速度。但4%以上、7%以下，对中国2020年以前的现阶段来说是不合适的，不是合理的区间，合理的区间应该在7%—8%之间。低于7%，2020年国内生产总值和城乡居民人均收入比2010年翻一番的目标可能实现不了。高于8%，环境、资源、财政、信贷、物价、人力等将承受巨大的压力。

在经历了30多年的高速增长之后，国内外对中国经济高速运行已经形成了思维定势，一旦增速放缓，便显得很不习惯，甚至作出一些危言耸听的判断，认为中国经济存在着硬着陆乃至崩溃的论调再度泛起。在中国经济或高或低的波动中，国外对中国经济有过各种论调，唱盛的有强大论、崛起论，唱衰的有硬着陆论、崩溃论，名为唱盛实为唱衰的有威胁论。新常态的提出，有利于调整思维、增强信心、保持政策的定力，也有利于以新的视角实施眼前、谋划未来。

在中国经济持续30多年的高速发展中，生态环境承受着巨大的压力，城市公共基础设施和公共品供给、社会保障、社会治理等方面都因发展速度过快，而不适应、滞后、缺失，亟待放慢脚步，进行整理、完善、加固；政治制度改革缓慢、滞后，需要提速；文化改革和建设需完善、调整、突破；外交面临着中国在崛起过程中过去不曾遇到的新问题、新挑战。国家的发展不再是单兵突进，不再是各个突破，而是进入到一个系统发展、整体发展、全面发展的新阶段，在这个新阶段需要新思维进行战略谋划，这个新思维就是新常态战略思维。因此，新常态绝不仅仅是经济发展的新思维，同时也是社会、文化、外交和政治发展的新思维。不仅是经济，社会、文化、外交乃至政治的发展进程都不同于以往，要对以往的高速发展进行修正、调整，扬其长避其短，增其缺补其漏，让跑得过快的部分慢下来，让跑得慢的部分跟上去，把基础打得更牢更实，把配套的部分建得更完善合理，把数量压一压，把质量提一提，为以后国家全面更好发展奠定前期的全部物质条件、制度条件和意识形态条件。

经济仍然是摆在第一位的任务，必须用新常态谋划实施中国经济未来。新常态有三个核心内容，即增长速度的新常态、结构调整的新常态和宏观政策的新常态。相对于新常态的是过去的旧常态，旧常态的显著特点是用低消费、高投资支撑的高速度。低消费表现为城乡居民收入增长低于GDP增长。2012年，城镇居民人均可支配收入24565元，比1978年增长71倍，年均增长13.4%，扣除价格因素，年均增长 7.4%；农村居民人均纯收入 7917 元，增长 58 倍，年均增长 12.8%，扣除价格因素，年均增长 7.5%。1979—2012 年，我国国内生产总值年均增长 9.8%。城镇居民和农村居民收入比同期 GDP 增长分别低 2.4 和 2.3 个百分点。消费对 GDP 的拉动作用小于投资和出口。低消费还表现为中国高储蓄率、低消费率。20 世纪 90 年代以来，我国储蓄率大体维持在 38%—40% 左右，同期韩国的储蓄率处于 31%—32% 左右。低消费的根源之一是农民工工资增长缓慢，而正是主要依靠农村转移出来的新增劳动力这一人口红利，支撑了工业化的高速度。全社会固定投资增速年均超过 20%，统计局发布的《固定资产投资建设成就斐然》报告显示，2003—2011 年，中国累计完成全社会固定资产投资 1448711 亿元，年均增长 25.6%。1978—2005 年，投资对 GDP 的贡献率平均为 37.6%，而市场经济发达国家的投资率一般不超过 20%。但投资的拉动作用逐渐呈现递减效应。2008 年发生金融危机，中国政府实施了 4 万亿元投资的强刺激政策，2009 年 GDP 增长曾经维持过三个季度以上的增长率，然后就进入了下降的通道。从 2010 年的第三季度下到了 10% 以上，一直到 2014 年的第三季度降到了 7.3%，中间都实施了程度不同的若干次宏观经济的刺激政策，但对 GDP 的回升都只是起到了短暂的支持作用，而且越来越短。2014 年从第二季度开始，又实施了一轮新的力度不大的刺激政策，第二季度 GDP 增长率提高了 0.1 个百分点，第三季度接着下行。这说明，投资对 GDP 的拉动效应呈现递减效应。同时也说明采取过去那种主要依靠投资的方式来刺激经济发展的路子，在经济和社会发展到新阶段已经受到阻力，旧常态已不能维持，需要另辟蹊径。

过去的增长是一种结构性的普涨，好的差的、高的低的等各个行业、产业、产品都在增长，这种增长在市场经济的初期或早中期有其必然性和合理性，但进入到中期，由于需求质量上升，使一些产业、产品出现了供大于求的现象，即企业的生产是无效的生产。马克思在《资本论》里，详细分析了当时资本主义国家这样一种"投资率不断提高"的增长方式，它必然引起严重的经济和社会问题。首要的一个问题就是产能增加而消费率下降，使得最终需求不足，这就造成了所谓"产能过剩"的经济危机。产能过剩式的增长只能增加 GDP 的数字，而对经济本身只有消极作用而无积极作用。这种以数量型、普涨型为主的增长的旧常态不可持续。

在旧常态下，当经济出现过快增长或过快下滑时，政府宏观调控往往采取急刹车的调控方式。物价上涨以至通胀、GDP 上涨过快或高于两位数，这时，政府的调控方式主要是：控制减少投资、上调准备金率、提高利率、控制信贷规模等，往往是多措并举，且力度较大。典型的如 2006 年 GDP 增长 11.6%，2007 年上半年 GDP 增长达到 11.5%，其中第二季度达到 11.9%，创造了近 10 年来的同期最高增速。同时，物价上涨，2006 年 9 月以来，受食品价格等因素的带动，居民消费价格指数 CPI 结束了此前连续 15 个月保持在 1%—1.5% 的稳定运行，出现了新一轮物价上涨态势，2007 年 3 月进入黄灯区后，仅相隔 4 个月时间就于 7 月发出红色预警信号，8 月 CPI 达到 6.5%，已经超过上一轮物价周期的峰顶（2004 年第三季度达到 5.3%），并且有进一步上扬的势头，通货膨胀的压力明显增大。央行从年初到年尾共 10 次上调准备金率，由年初的 9% 上调到年末的 14.5%。同时 6 次上调利率，存款基准利率和贷款基准利率分别由年初的 2.79% 和 6.39%，上调到年底的 4.14% 和 7.47%。当 GDP 下滑过快（一般以低于 7.5% 为下滑标准线，以 7% 为下滑底线）、物价下降，这时，政府马上扩大投资、下调准备金率和下降利率，刺激投资，几个药方一齐下，典型的如 2008 年遇到汶川大地震和世界金融危机，在 2008 年上半年连续 5 次上调准备金率之后，下半年掉转方向连续 5 次下调准备金率。同时，央行在百日内 5 次降息。此外，中国政府宣布投放 4 万亿元大投资和 9.56 万亿元的信贷，以及强刺激房地产政策等措施。这种频繁的、密集式的、急刹车式的、超强度的宏观调控方式的计划经济色彩、行政命令色彩过于浓厚，不可持续。

在宏观调控中，还有一个中国独有的现象，就是调控的部门多、手段多，有多达 10 多个政府部门被赋予或自称为宏观调控部门，有几十种政策工具手段作为宏调措施采用。这些宏调手段既有像准备金率、利率、公开市场操作、发行国债等其他市场经济国家也会采用的政策工具，也包括信贷数量控制、银行窗口指导、投资审批核准、特定行业投资资本金差异化要求等更为接近产业政策的调控手段，还包括冻结建设用地供应、价格管制、重大案例查处等力度更大的行政干预措施。这些政策工具在设计原理、目标对象、使用频率上多有差异，上则一起上，下则一起下，于是出现了"一放就热就乱，一收就冷就死"的恶性循环现象。

用经济手段进行宏观调控是政府的职责，但长期以来，中国政府习惯于运用行政性、管理性、准入性、数量性的手段，且大放大收，调控过于频繁，宏观调控变成了微观化调控，不利于市场稳定性、连续性，甚至延长、产生、加剧了市场波动。此外，这种调控方式本身会支持过度管制与转型期体制内非市场性因素，不利于市场化改革深化与推进。运用何种机制、采用什么工具调节总需求，涉及如何界定政府权力与市场作用范围，属于长期体制安排问题。频繁采用产业干预与数量准入管制手段进行宏观调控，与深化改革完善市场体制目标具有内在矛盾。

经济本身有涨有落，有波动的周期性，但宏观调控过多、过急、过频无疑加剧了经济的波动乃至失衡。应对2007年高通胀为调整新世纪初年宏观失衡提供了一次机会。然而令人遗憾的是，当时紧缩政策未能改变长期以来形成的宏观调控思路，并且在美国金融危机冲击下急速转向，由强收缩迅速地变成强刺激，宏观失衡调整的时间窗口随之关闭。超常经济刺激在很快消除经济下行风险的同时，也在客观上加剧了业已存在的宏观失衡，为后续调整埋下了难题和隐患。

一是货币信贷扩张过度。刺激高潮阶段政府三个多月连发三份文件改变信贷政策配合刺激计划，执行过程出现信贷大扩张短暂盛宴。二是通胀压力加大和资产泡沫化因素加剧。三是推高地方债务率和杠杆率。地方政府债务余额从2007年年底约4.6万亿元飙升到2010年年底的10.9万亿元，地方政府性债务余额占GDP比率从2007年年底的17.3%上升到2010年年底的27.3%。四是急速推出的产业振兴计划使此前几年持续高涨后一些行业对产能偏快扩张的调整过程戛然而止，其中既包括像钢铁、电解铝、房地产等多年抑制的传统行业，也包括风能、光伏等政策强力支持的新兴行业。五是对市场预期产生不利影响。不利于确立市场硬预算约束和保持必要财金纪律的严肃有效性。

虽然2014年中国经济增速回落至7.5%左右，但中国经济增速仍处在合理区间和预期目标内，经济基本面是好的，总体上实现了平稳过渡，而且增速有所趋缓是中国主动调控的结果，即使只要7%的中速增速，也能够实现到2020年国内生产总值和城乡居民人均收入比2010年翻一番的目标。中国属于中等收入国家，我国仍处于城市化和工业化较快推进阶段。无论从经济发展一般规律看，还是从我国经济运行的实际表现看，未来较长时期仍具有较快速发展的潜力。

伴随经济发展阶段的变化，中国目前和未来经济增长动力结构将发生新变化，构成经济运行新常态的具体内涵。一是产业增长结构方面，第三产业将超过第二产业，成为增量最重要的部门。二是中国作为新兴经济体，资本形成较快增长是中高速增长的关键条件，不过同时消费增长的相对重要性将进一步持续提升。三是区域分布方面，中西部增长速度将超过东部地区，对推动全国经济增长发挥越来越重要作用。四是随着改革深化，国有企业和政府在投资中相对低位将趋于回落，各类民营企业的作用将持续提升。五是随着汇率、地价、工资成本趋势性上升，经济增长将在市场机制作用下逐步改变早先比较粗放的发展模式，生产率与技术进步以及提质增效因素对经济增长贡献度将逐步增强。

从旧常态到新常态，党中央、国务院转变经济发展方略。2013 年 4 月中央政治局常委会提出微观要活，宏观要稳，社会政策要托底的方针，此后再三重申，传达避免过度刺激，避免竭泽而渔，避免频繁变动等内涵。本届政府的做法是主要依靠改革释放市场活力，强调消费对经济的拉动作用，而不再强调投资的作用。2014 年，国务院共出台了 20 多个文件政策，涉及简政放权、工商登记制度、户籍制度、医疗卫生体制、促进资本市场和市场秩序、扩大对外开放等 20 多个重要的领域或方面，通过制度改革激发市场活力、调整结构。在经济下滑的情况下，并没有在投资上大量开闸，而是进行微刺激。2013 年以来，战略性新兴产业较快增长，高技术制造业、装备制造业继续保持两位数增长，光伏、造船等行业调整成效初显。消费结构升级加快，2013 年全社会消费品零售总额 237810 亿元，比上年增长 13.1%，汽车销售连续 5 年位居世界第一。以互联网为载体的新消费节点、新消费热点和新支付体系层出不穷。2013 年电子商务交易规模约为 10 万亿元，增长 25%。投资结构进一步优化，民间投资积极性不断提高，全年增长 23.1%，快于整体投资增速，占全部投资比重达到 63%。产能过剩行业投资明显放慢，保障性安居工程积极推进。

新一届政府着力创新宏观调控理论和方式，提出了经济运行合理区间，并以此调控政策的走向和力度。当经济运行接近设定合理区间下限时，政策的着力点是稳增长；当接近区间上限时，政策的着力点则转化为防通胀。同时，实行宏观调控需求、供给双向调节，也是一个创新。2013 年上半年中国出口大幅波动，经济持续下行，财政收入一度负增长，而对跌宕起伏的经济形势，中国政府保持宏观调控政策定力，没有采取短期刺激政策，而是加大信息公开和发布力度，明确了稳增长、保就业的下限和防通胀上限。实施稳健中性货币与金融政策，通过 SLF（常设借贷便利—Standing Lending Facility，SLF，是央行在 2013 年创设的流动性调节工具，主要功能是满足金融机构期限较长的大额流动性需求）向金融机构定位放水、定向降准（降低准备金率）、定向贷款等多种货币政策创新工具，保证足够流动性，同时避免货币扩张刺激并利用市场出清机制和财经纪律挤水分。本届政府宏观调控运用经济预期理念，进行了预期创造和需求创造，为社会公众和企业提供稳定的预期目标和行为导向，收到了较好效果。

新常态并非坐等守成之态，并非按部就班之态。经济运行中的矛盾、问题和风险并没有因新常态的出现而消失，相反，在一些领域和环节甚至更加突出复杂，因而不能有丝毫的懈怠。从短期看，应谨慎观察新常态下的各种矛盾，既要保持政策定力、避免手忙脚乱，也要主动作为、相机抉择，实行更加务实的政策，防止经济运行偏离合理区间。从中长期看，应以科学的历史观、时空观和内外观，从战略性、系统性、整体性高度推进改革。在应对国内外复杂局势变化时要保持平常心、保持定力，绝不走宏观经济追求短时效果而急功近利、微观经济难测政策变动而无所适从的老路，保持宏观政策连续性和稳定性。

适应新常态不是无所作为，而是大有可为。习近平总书记强调在战略上保持平常心的同时亦指出，战术上要高度重视和防范各种风险，早作谋划，未雨绸缪，及时采取应对措施，尽可能减少其负面影响。要在全面深化改革中探索新常态的规律，要坚持顶层设计与摸着石头过河相结合，既要胆子大又要步子稳，要做到"五个到位"，即实施方案要抓到位，实施行动要抓到位，督促检查要抓到位，改革成果要抓到位，宣传引导要抓到位。让人民群众感受到实实在在的改革成效，引导广大干部群众共同为改革想招、一起为改革发力。

仔细观察分析中国的经济、社会、政治乃至对外关系，人们可以发现，从某种程度上说，新常态不但在经济领域里来临，而且几乎全方位地迫近中国的方方面面。2014 年正好是中国改革开放 35 周年；再过 35 周年，恰好是 2049 年，亦即中华人民共和国建国 100 周年。无论是国内的经济问题、社会问题还是政治问题，抑或是对外关系中的许多矛盾，都在过去35年里经历了一个从量变到质变的过程。时至今日，这些问题都到了需要转型的临界点。比如中国人的素质，这是一个大问题，联合国公布2014年全球国民素质道德水平调查及排名，排在前十名的国家分别是：日本、美国、法国、荷兰、瑞士、加拿大、澳大利亚、德国、俄罗斯、新西兰，排在后十名的国家分别是：印度、中国、阿富汗、刚果、泰国、乌克兰、朝鲜、墨西哥、斯里兰卡、东帝汶。国民素质是综合概念，内容包括精神面貌、文化素质、道德修养、礼仪素养、全民教育、经济条件、身体素质、民族的向心力凝聚力等等共计118项指标。它是一个国家包括思想、修养、礼仪、文化、政治、体能、道德、教育等等在一个个中国人身上的具体体现。中国国民素质让人非常堪忧，中国连续几十年排名世界160位以后或者倒数第二，而日本国民素质连续30多年排名世界第一。

在社会领域，贫富差距过大、阶层相对固化、群体事件高居不下、社保不健全等问题，都不可能一夜之间解决。在政治领域，民主建设，反腐常态化之后如何步入法治化，法治中国建设，意识形态多元化并管理较严，人权状态改善等问题，更为艰难复杂。在外交领域，中国和平崛起受到了一系列挑战，中美、中俄、中欧、中日以及中国和周边、双边、多边关系都需要确立新战略、新思维、新定位。对中国经济的新常态大体上有了共识，现在需要在其他领域里对新常态的认知形成共识。如果说把1979—2014年的35年视为中国的旧常态，那么，2014—2049年的35年可看成中国的新常态。未来35年，将是中国在新常态中，以一种新思维、新战略、新路径引导中国进入发展的新阶段。

第二节　谨防特殊利益集团和权贵资本主义的危害

2014 年中国反腐利剑出鞘，当年 6 月，原中共中央政治局委员、中央军委副主席徐才厚被开除党籍，案件移送司法机关处理。当年 7 月，原中共中央政治局常委周永康被立案审查，随后被开除党籍。当年 12 月，原十二届全国政协副主席，中央统战部部长令计划涉嫌严重违纪，接受组织调查。此前的 2012 年，原中共中央政治局委员、重庆市委书记薄熙来被立案调查和开除党籍。党的十八大以来，中共顺应民意重拳利剑出击腐败，共有 60 多位副部级以上干部被立案调查和开除党籍，为建国以来特别是改革开放以来最严厉的反腐之举。其雷霆之威、万钧之力，昭示了中国共产党坚决清除腐败的决心和勇气。同时，大力整治各种歪风邪气，党风、政风、民风清风扑面，民心民意高昂振奋。共产党反腐利剑使过去鲜为外人所知的特殊利益集团和权贵资本主义，充分暴露在国人面前，其严重性、危害性、腐蚀性、危险性令国人震惊。任由特殊利益集团和权贵资本主义肆意妄为，共产党必将遭受灭顶之灾。

所谓特殊利益集团就是一些有共同政治目的、经济利益、社会背景的团体和个人为了最大限度地实现其目的、利益而结成的同盟。利益集团是一种客观存在，并非所有的利益集团都是社会的消极力量。美国经济学家曼库尔·奥尔森在《国家兴衰探源》一书中，对"分利集团"或"特殊利益集团"作了认真的探究。他认为，并不是所有利益集团的作用都是消极的，一种是"广泛性利益集团"，在追逐个人或集团利益的同时，也促进了社会总收入的增长；一种是"特殊性（亦称狭隘性、分利性）利益集团"，它们孜孜以求的不是竞争而是瓜分，不关心提高社会生产率只希望坐收渔利，本质上是一种寄生性质的"分利集团"。所谓权贵资本主义是指权力与资本合谋以霸占和垄断社会的财富。特殊利益集团的特点是：垄断性，几个托拉斯集团垄断一个行业，左右市场价格。排他性，为了自己的利益，掠夺和损害别人特别是广大百姓的利益。狭隘性，为了实现自身利益不惜破坏他人利益和社会公平正义。权贵资本主义又叫裙带资本主义、关系资本主义、朋党资本主义等，其特点是：血缘性，以血亲、姻亲为纽带；朋党性，以朋友和志同道合者为左右；仆从性，以权贵人物的下属、追随者、效忠者为触角，三部分串成一条线，结成一个利益体，通过权力获取不正当利益。

著名经济学家保罗·克鲁格曼认为，由威权主义而生成的"裙带资本主义"，在经济发展的某个阶段，商界和政府合作固然可以把整个国家的力量引到最有利于经济发展的途径上，但随着日积月累，它会造成监管不力和贪污盗窃的"道德风险"，降低市场配置效率，损害金融稳定基础。东南亚许多国家正是经历了这样一种发展过程。二战后，东南亚威权主义国家如韩国、泰国、印度尼西亚等把经济增长作为第一要务，由于保持了政治稳定，实施专家治国和出口导向战略，一些国家迅速摆脱了落后的状态，加速推进了国家的现代化进程。这些原来落后的实行了资本主义制度的国家，有一个共同的特点，即与政府领导层有密切联系的利益集团控制着经济命脉。这些家族依靠与政府的密切关系牟取暴利。政府主导经济增长而引致的政企勾结，使企业不注重经营管理，不注重经济效益，只注重与政府官员拉帮结派，只注重市场和资本份额的最大化而盲目扩张。从20世纪60年代起，韩国的银行就成了政府经济政策的影子，金融机构按照官员的"明言"或"暗示"贷款给企业，企业再把巨额利润输送给这些官员。由于银行的滥放，到20世纪90年代，韩国每年不良债权总额至少有7万亿韩元，约占政府年财政预算的70%。最大30家财团负债加总占全国财富的1/3，有近10家大企业负债比率超过500%。在1997年亚洲金融危机爆发前，韩国已有1/5的企业处于隐性倒闭状态。超借超贷导致信贷膨胀，诱发泡沫经济。

权贵资本主义在政治上任人唯亲，在经济上渗透到商业世界，极易形成商业垄断，它要断掉非权贵（尤其指广大中小企业）通过勤劳与智慧公平获得财富的出路。权贵资本的肆意妄为，极易导致社会形成少数人的暴富和绝大多数人的贫困，由此形成两个阶层的对立。1996 年联合国人力发展报告指出：马来西亚 20% 最富有人口的财富与 20% 最贫穷人口的财富之比率，是东盟国家甚至是亚洲最高的，达 11.7 倍。政府主导的"新经济政策"带来的大部分好处落到为数不多的马来人公司手里，尽管一些马来商人跻身东南亚富豪之列，但大量的马来人仍旧生活在贫困之中。分配正义所涉及的不只是物品和金钱的多寡，而是社会成员之间共存的基本原则。一旦这个原则遭到破坏，社会群体就无可避免地分裂为相互对立、相互敌视、甚至相互暴力冲突的集团。权贵资本主义由此对这些国家直接带来两大影响，一是政局不稳定，国内时常发生各种群体之间的冲突，穷人与富人、学生与政府、本邦人与华人等。20 世纪 50 年代至世纪末，印度尼西亚曾发生多次针对华人的群体暴力事件。其中最近的一次是 1998 年 5 月 13 日至 15 日，一场本是反对苏哈托政权的政治运动，在印度尼西亚首都雅加达等地演变为严重的排华骚乱。期间，仅雅加达就有 5000 多家华人工厂、店铺、房屋、住宅被烧毁，约 150 名华人妇女被强暴，近 1200 名华人被屠杀。二是经济不稳定。权贵资本不仅大量侵吞国家财富，还在国家经济岌岌可危之际，利用掌握信息优先的特权，先行大量向境外转移资产，导致"羊群效应"，直接引发金融危机，或加速金融危机的到来。1997 年爆发的亚洲金融危机直接产生于泰国，很快席卷亚洲，但对泰国、马来西亚和印度尼西亚等典型权贵资本主义国家的动荡和危害要大于其他国家。

在中国，著名经济学家吴敬琏是最早提出权贵资本主义及其危害性的学者之一，早在 1999 年，他就提出过权贵资本主义对改革的危害：如此巨大的"寻租"利益，会培育起一个人多势众的既得利益集团，他们会力图在我国制度变迁的过程中，利用权力不但进行"寻租"，而且进行"设租"活动，以便造成新的"寻租"可能性。如果政府不能采取坚定而正确的措施制止事态的发展，弄得不好，由"寻租"到"设租"，会构成腐败泛滥的恶性循环。他多次提醒国人：当这种权贵资本在一个国家居于统治地位时，大量社会财富被少数人鲸吞，广大群众则陷于普遍的贫困之中。这种情况在某些原来的社会主义国家已经发生了，我们决不能听任它在中国重演。

一个赫赫有名的大经济学家在步入晚年仍然不停地呼喊：警惕权贵资本主义，权贵资本主义在吞噬国家！但在强大的权力政治面前，一个或几个或一群学者、知识分子的声音是微弱的。最为不幸的是，先生的担心和提醒，在 21

世纪前 10 年，演变为一场特殊利益集团和权贵资本主义肆无忌惮地攫取国家财富的盛宴。

特殊利益集团存在于党政部门的一些领导阶层和国有垄断企业，一些掌握土地、矿产、规划、建设和项目审批等行政权的官员和商人结成利益联盟，以低价获取国家资源，以高价出售谋取高额利润。国有垄断企业把大量靠垄断获取的利润，通过奖金、福利、补贴等方式发给内部员工，而企业管理层则得到比员工高几十倍的收入。一些房地产商和地方政府结成利益共同体是国人皆知的事实。据全国工商联在 2009 年全国政协会议上的一份大会发言《我国房价为何居高不下》中称，一项针对上一年全国 9 城市"房地产企业的开发费用"调查显示，在总费用支出中，流向政府的部分（即土地成本＋总税收）所占比例为 49.42%。中国的房地产行业是世界上最典型的政府与民争利产业之一，而且是腐败高发领域。从征地拆迁、土地出让、调整用地性质、规划审批，到银行贷款、项目选址、施工监理、工程验收、调整容积率、产权登记等环节，都充斥了权钱交易。矿产等资源性行业也是一个典型的利用政府权力资源谋取暴利的行业。改革开放以来，房地产行业和矿产资源性行业中的许多企业和部分政府官员结成了中国典型的特殊利益集团，制造出一大批富豪阶层，也倒下了一大批与这些企业进行权钱交易的官员。

国有垄断性企业的高收入是中国一大怪现象，一直被国人所诟病。据国家统计局统计，2008 年全国职工平均工资最高的三个行业中，证券业平均 17.21 万元，是全国平均水平的 6 倍，其他金融业人均 8.767 万元，是全国平均水平的 3.1 倍，航空业人均 7.58 万元，是全国平均水平的 2.6 倍。而电力、电信、石油、金融、保险、水电气供应、烟草等国有行业的职工不足全国职工总数的 8%，但工资和工资外收入总额却相当于全国职工工资总额的 55%。同样是劳动所得，但国有垄断企业和其他企业平均收入的差距是如此之大，这不关乎劳动者的能力和素质问题，而是由劳动者所在的企业性质所决定的。对劳动者来说，这显然是社会不公。在这些垄断性企业内部，也存在着严重的分配不公。近几年来，大企业特别是金融业领域高管与广大职工的收入差距明显扩大，特别是国企央企管理层自己给自己定的天价薪酬而造就的暴富者群体，已经引起国人的强烈不满。据统计，我国现有央企 155 家，央企管理层年薪动辄数十万、数百万甚至上千万，月收入几千元的普通员工与之相比有天壤之别。

反对特权、反对贫富差距是党始终追求的一个目标。1949 年建国以来，党致力于消除党内的腐败特权和社会的贫富差距，至 1978 年，中国一方面贫穷落后，另一方面贫富差距小，权贵资本主义和特殊利益集团没有生存的土壤。改革开放的大门一打开，这两只苍蝇就飞进来了。市场经济使中国富强起来的同时，也造就了权贵资本主义和特殊利益集团。中国权贵们和特殊利益集团攫取财富的阶段，大体上分为五个时期：一是 20 世纪 80 年代中期以后，利用价格"双轨制"的漏洞倒买倒卖，把计划内物资转化为计划外物资，获取巨额差价；倒买倒卖进出口物资批文，卖"条子"掘金。二是 20 世纪 90 年代初以后，利用国有企业改制的漏洞，以低价收购或占有股份，或低价进高价出，低估资产，把企业包袱甩给国家。有的再改造上市，牟取了更大的利益。三是 20 世纪 90 年代中期以后，在国家工程承包、土地出让、大型设备进口等过程中，官商勾结，非法牟利。四是 20 世纪 90 年代末以来，在国家大型工程承包、房地产开发、矿产资源开发、企业上市中权钱交易，牟取暴利。五是 20 世纪 90 年代中期以来，官场日益腐败，买官卖官现象日益严重。

权贵资本主义和特殊利益集团牟利的主要途径有：（1）倒卖国家批文牟利，包括计划内物资、进出口配额、各种国家指标。（2）通过办理政府审批，获取佣金，如土地、规划、建设、矿产、安全、环保、卫生、立项等。（3）通过办理检查评估手续等获利，如质检、安检、消防、年检、上牌照、办户口等。（4）通过财政、金融信贷牟利，包括不符合条件，却可以无偿获取财政资金，无抵押贷款、低息贷款、大额贷款等。（5）国有企业改制过程中，低价收购、入股，或把国有改私有，或贱卖资产，或进行关联交易等。（6）利用掌握信息和政策等权力，操控证券市场。（7）制假造假上市，不符合条件上市，发布虚假信息非法牟利等。（8）走私、逃税。（9）打着合作、合资、引进技术等旗号，通过低价入股控股、高价进原料和技术等转移国有资金，强取豪夺个体、民营和外资等财富。（10）以权钱交易获得大型工程。（11）购买大型成套设备、大额采购等过程中的权钱交易。

权贵资本主义和特殊利益集团具有五大典型特点，即裙带关系、权力私有化、官商勾结、利益同盟、集体腐败。

裙带关系。裙带是指妻女、姐妹的亲属，裙带关系是指相互勾结攀援的妇女姻亲关系。现在一般意义上的裙带关系常被用于指那些给和自己有关系的人图私利的官员的腐败行为。权贵资本主义和特殊利益集团的一个最主要特点是利用权力，为与自己有血缘、朋友、同学、下级等关系的人牟利。在周永康案件中，主要角色有其长子周滨，周滨之妻黄婉及黄婉之父黄渝生、之母詹敏利，其二弟周元兴及其子周晓华，其三弟周元青及妻子周玲英、儿子周峰，周永康之妻贾晓晔及其妹贾晓霞，周的直系血亲全部参与到这个典型的、中国最高的权贵集团之一当中。在国家发改委原副主任、国家能源局原局长刘铁男案件中，老子办事儿收钱，刘铁男一审被控受贿的3558万余元中，竟有3400余万是其儿子刘德成收受的。

权力私有化。把国家的公权变成为自己及与己有关系的人牟取不正当利益的舞台。权力是权贵资本主义和特殊利益集团的魔杖，其魔力来自于公权。周永康在石油系统、四川省和公安部当过主要官职，在当主要官职和当上中央政治局常委后，这三个地方成为他化公权为私权的自由独立王国。已部分披露的事实表明，他插手中石油、陕北油田、采油设备销售、四川水电、买官卖官等，为周滨等人制造出一个庞大的商业帝国。这还只是人们已知的，而其插手的不为人知的业务还有多少？中石化原董事长陈同海受贿1.9573亿余元，一审被判死缓后，陈同海不再提出上诉。中石化富如油，媒体报道其大楼大堂中间的一个吊灯价值1200万元（相关部门公开应答，称该吊灯实际价格为156万元）。陈同海的"名言"是"每月交际一二百万算什么，公司一年上缴税款二百多亿。不会花钱，就不会赚钱。"

官商勾结。在中国，凡是有权力的地方，多有官商勾结。官员要通过商人给他带来金钱，商人通过给权贵们金钱而获取更大的利益。在薄熙来案件中，薄熙来与大连富豪徐明相勾结。在周永康案件中，周滨与四川富豪刘汉相勾结。1999年发生的厦门远华特大走私案，其涉案金额之巨，案件涉及官员之多前所未有，当时堪称建国以来第一经济大案，涉及的高官有：公安部原副部长李纪周，福建省委原副书记、厦门市委原书记石兆彬，厦门市委原副书记张宗绪，福建省公安厅原副厅长、福州市公安局原局长庄如顺，厦门海关原关长杨前线等，共有近300人被追究了刑事责任，其中省部级干部3人，厅级干部8人。

利益同盟。经济利益是串起权贵资本主义和特殊利益集团的一根红线，没有利益就不会结成什么同盟。在远华案中，从1994年成立到1999年案发，远华集团从事走私犯罪活动达五年之久，走私货物总值人民币530亿元，偷逃税额达人民币300亿元，造成国家损失合计830亿元，以赖昌星为利益纽带，编织成一个涉及党政、公安、海关、银行等许多要害部门众多领导干部的利益同盟。周永康案件中利益同盟更上一层楼，级别更高，人员更多，数额更大，给国家造成的损失也更多。

集体腐败。近年来，我国集体性的腐败案件明显增多。原铁道部部长刘志军巨额受贿被查后，铁道部先后有原铁道部副总工程师兼运输局局长张曙光、原铁道部运输局副局长兼营运部主任苏顺虎、呼和浩特铁路局原局长林奋强、南昌铁路局原局长邵力平、昆明铁路局原局长闻清良等10多位铁道部高官被立案调查，且受贿金额都特别巨大，呈现出典型的集体性腐败。周永康案发后，中石油和四川省一批高官被查。山西省委原副书记、纪委书记、省人大原副主任金道铭案件发生后，山西省共有6位现任副省级官员被查，23名局处级干部被立案。2014年6月，受国务院委托，审计署审计长向第十二届全国人大常委会第九次会议作了《国务院关于2013年度中央预算执行和其他财政收支的审计工作报告》（以下简称《报告》），《报告》显示：一些部门违规收费举办培训牟利，超标准分配财政资金128亿，扶贫资金、保障性安居工程等民生工程存在资金使用问题，11户央企不合规问题损失134亿，大量贷款规避监管投向房地产，审计移送重大案件涉案1100人。《报告》认为，群体性腐败问题严重，家族化犯罪问题突出。

权贵资本主义和特殊利益集团对国家机体的影响和破坏是极其严重的，它阻碍了资源的正常流动与合理配置，破坏了市场经济公平竞争的原则和秩序，提高了社会交易成本而降低了社会经济效益，阻碍了技术进步，是市场经济和社会的毒瘤。他们不是要从社会经济成长中"分蛋糕"，而是在从事有破坏性后果的"抢瓷器"。不仅破坏了市场公平和社会公正，而且严重打击了中国社会的创新动力，扭曲了人们的价值取向，毒化了社会风气。

权贵资本主义和特殊利益集团为了维护自己的既得利益，寻找各种理论上和意识形态上的依据，竭力给不正当性涂抹一层闪光的合法性外衣，比如把其垄断性与执政党的执政基础紧紧捆在一起，把控制力看作是党和政府执行力的表现，打着保卫"国家经济安全"、"产业安全"等冠冕堂皇的口号，对上要求国家提供财政补贴、巨额优惠信贷等政策性保护，对下则玩弄"国际惯例"和

"市场特色"，高价出售产品。号称为国为党服务，却少缴税少缴利，内部大肆分肥。据世界银行 2006 年报告称，中国内地拥有百万美元以上金融资产的家庭数量仅占中国家庭总量的 1‰，却掌握了全国 41.4% 左右的财富。全球咨询业巨头波士顿咨询公司（BCG）发布的另一组数据表明，在中国，0.4% 的家庭占有 70% 的国民财富；而在日本、澳大利亚等成熟市场，一般是 5% 的家庭控制国家 50%—60% 的财富。中国的财富集中度超过了西方发达国家。

权贵资本主义和特殊利益集团在中国有着悠久的历史，它们是专制主义、集权主义的必然产物，是高度人治、人身依附的专制、集权的寄生物，和专制、集权如影随形，只要有专制、集权的地方，就必然有权贵资本主义和特殊利益集团。权贵资本主义和特殊利益集团是一种性质的两种表现形式，都是社会的毒瘤，两者互相缠绕，盘根错节，可以互相转化，有时表现为特殊利益集团，有时表现为权贵资本主义。中国两千多年封建社会的鲜明特点是专制、集权，在此基础上，中国偏偏又是一个人情社会，专制、集体加人情，于是中国便有了权贵资本主义和特殊利益集团的深厚土壤。

要铲除权贵资本主义和特殊利益集团必铲除其产生的土壤，而铲除其产生的土壤绝非易事。但要发展市场经济，又非去除这个毒瘤不可，权贵资本主义和特殊利益集团是市场经济的天敌。因为市场经济是市场配置资源，当权力配置资源，必然要破坏市场经济的原则和规则。只要权力配置资源的状况不改变，只要权力在配置资源中仍然起决定性作用，那么市场中的活动主体，无论是国有，还是民营、股份制、合作制，抑或是外资，都必然会选择买通权力的捷径，通过买通权力而获取最优、最低价的资源配置。在权力决定的经济中，权力可以决定资源的价格和配置方式。那些不愿走买通权力捷径者，只能在市场途径获取资源配置，这时候的市场途径已经因失去公平、公正而倾斜，获得的资源一定价格高。而资源价高，生产成本必然高，产品的竞争力必然下降。在权力干预的市场里，资源和产品的价格是不公平的，市场的原则是不公平的，市场规则和秩序是倾斜的。

经济中的权力来自于政治上的威权，威权主义在落后和发展中国家的工业化过程中，在开始阶段起到了正面的积极作用，但随着政治分肥的贪婪（政治分肥是人性贪婪的本性决定的，同时政治集团本身有其自身利益，任何政治集团都无一例外有自身利益），威权主义逐渐显露出负面的消极作用。于是，我们便找到了铲除权贵资本主义和特殊利益集团的药方：

——民主政治是根本。政治专制、集权、威权的对立面是民主，民主政治是制约专制、集权、威权的根本。要推进民主政治建设，运用民主政治实现对权力的制衡、制约、监督。民主的核心是民众参与政治，实行民主选举，而后才有民主政治。必须真正实现宪法所赋予的公民的选举权和被选举权。

——现代公民社会是必要途径。公民社会是存在于政府、市场之外的"第三力量"。实践证明，公民社会以个人主义与多元主义、公开性与开放性以及法治等为原则，可以有效制衡政治权贵滥用国家权力、妨碍市场经济发展。

——法治社会是基本保证。权贵资本主义和特殊利益集团行为的非法与合法、不正当与正当，不能由最高的统治集团判定，最终要由法律裁决。法治，只有法治才能维护社会的公平正义。

——政府明确权力边界、依法行政是必要条件。政府要明确在经济活动中的权力边界，对越界行为要约束和处罚，建立严格的官员职业行为准则，严格依法行政。

——公开、公平、公正的市场制度是重要措施。不透明的市场必然会有暗箱操作，必然产生腐败。没有制度的市场必然是混乱的市场。现代市场经济必须建立公开、公平、公正的制度。

第三节 自由、法治的社会主义市场经济

建国以来，中国经济经过了四个地带，即河边地带、山谷地带、丘陵地带，现正处于沼泽地带。沼泽地带情况最为复杂，一旦走过这个极易使经济和社会陷入僵持或停滞的地带，前方就是一望无际的平原地带。平原地带的中国市场经济是一个法治的市场、自由的市场，因而也是一个成熟的市场经济。经过漫长而艰难的跋涉，中国经济从此将进入一个长期稳定的、健康良好的发展状态。跟随起根本性决定作用的经济变化而变化，中国的政治将走向成熟的民主政治，中国社会将走向自由、民主的社会，那时，中华民族将迎来一个长期的、稳定的、理想发展的新时代。

一个社会是关系社会还是契约社会是区划市场经济和非市场经济的分水岭。一切非市场经济都是权力干预经济，权力配置资源，生产者之间崇尚血缘、尊卑、主从、人情等关系，是一个关系的社会；而市场经济一定是市场配置资源，一切以市场的原则和规则为行为准则，生产者之间崇尚自由、平等、契约关系，是一个契约社会。

计划经济不需要契约。中国市场经济的前身是计划经济，其间有价格双轨制的计划经济，双轨制是计划经济的一种变种，其本质是计划经济。计划经济不需要契约，因为计划经济的特点是，中央政府制订计划，各地政府和各个企业分解实施中央计划，按计划采购，按计划生产，按计划销售，按规定制定价格。企业之间、生产者之间的买卖行为听从于政府的计划，不需要签订合同，违约行为、违约成本概由政府负责，企业只是一个生产者，不承担生产之外的经济责任。企业及生产者只是中央政府的一个生产工具，一个生产工具的效

应、效率，不是由工具本身所决定的，与工具本身的好坏没有直接关系，所以它无需承担任何经济责任，亏损的责任、效率低下的责任，甚至污染、破坏环境的责任。因而，在计划经济下的企业及生产者不存在所谓的经济法律责任，换句话说，它无需承担法律责任，它也就不需要法治（与经济有关的法律）。

市场经济需要契约。在市场经济中，任何经济组织或个人都是自主决定生产经营行为，其采购、运输、储存、生产、销售等一切行为，皆由自己负责，皆要与其他组织或个体发生买卖行为。为了保证自己的生产经营行为正常有序，保证自己的利益最大化，它必须说服买卖另一方，从另一方获得最大的价格优势、产品性能优势等。小农社会口头承诺即可，因为低头不见抬头见，大家都在一个小圈子里，道德的力量、世俗的约束力在起作用。市场经济不行，组织和个人都在不停地流动变化中，生产经营中固定的圈子不复存在，经常要和陌生者打交道，道德的力量、世俗的约束已不起作用，因而必须要有契约，要签订合同。白纸黑字，把双方谈定的价格、产品、性能、规格、型号、到货时间等等全部规定好，表述清楚，不得违反。所以市场经济必须要有契约。离开契约，市场经济就不能进行正常的交易，离开契约，市场经济就必然混乱。

中国的市场经济缺乏契约精神。契约精神从人性上来说，是一种自律，是对自我行为的约束和要求，不管这种行为给自己带来的利益是获得还是损失，都要自觉地履行，即制定契约的时候，就要想到必须履行契约。从文化上来说，契约是一种自我保护的意识和观念，契约具有强烈的财产和利益保护的功能，而财产只有当其成为私有的时候，个人才有强烈的归属意识和保护意识。中国人的私有财产观念随着 20 世纪 50 年代中期公私合营、"大跃进"等一系列政治经济运动，而被消灭殆尽，并作为资本主义的标志之一打上了耻辱的印记。没有对私有财产强烈的保护冲动，就不会产生强烈的契约观念。在经济和社会中具有决策权的领导者在长期的计划经济体制中，形成了以文件、讲话、行政命令等方式领导管理经济工作，这一至关重要层面的人群的契约精神比普遍人群更为淡薄。

契约是市场经济中交易的依据和凭证，是约束双方行为的依据和凭证。当一方不遵守契约的时候，必给另一方带来损失，同时也破坏了游戏规则，而违约的一方必须受到赔偿被违约方的损失等处罚，如果不会受到处罚，获得利益的一方随时都可能违约。买卖无君子，买卖是逐利行为，买卖要讲道德，但本质是逐利的。一旦发生违约行为，违约一方必然要受到处罚。只有受到处罚，契约才有价值，否则，契约就只是一张废纸。而契约本身就约定了双方或相关方的权利和责任。如果没有对责任承担的约定，契约就没有意义。同时，当契约不能遵守，违约方没有得到相应的处罚，契约也没有意义。而契约的遵守，仅靠道德力量和世俗压力是不够的，唯一可依赖的是法治的力量。因为道德和世俗虽然有力量，但没有强制性。一切没有强制性的力量，在利益面前都是软弱的、微小的。法治，只有法治，才能保证契约的履行。

与契约相比，中国人的法治观念意识更淡，法治履行状况较差。在社会最强势的领导层面，以文件代法、以讲话代法、以行政命令代法的现象比比皆是，更改合同、撕毁合同、不按合同办事的现象随处可见，各地都曾经流传一种现象：一番热情和承诺引进外地企业前来投资，一旦项目落地生根，许多承诺即成一张废纸，谓之"关门打狗"。在法律执行层面，地方法院随意解释法律、歪曲法律、不执行法律、不受理和保护本地生产经营者、保护关系生产经营者、保护强势生产经营者的现象十分普遍。当法律不公开、不公平、不公正，人们就不会相信法律，也不愿意通过法律解决争议、纠纷。法律诉讼过程中，法律成本过高，程序过多，时间过长，一般的生产经营者难以承受，在这种情况下，一些生产经营者选择宁愿受经济损失，也不愿意打官司。对生产经营者来说，由于上述种种原因，他们从现实中深刻地感受到领导大于法律，权力高于法律，法律有时有用、有时无用，不信法律不行，过于依赖法律也不行。

市场经济是法治经济，市场经济离不开法治，依靠人治的经济不是市场经济。人治强调个人权力在法律之上，而法治正好与其相反。要法治就不要人治，要人治就没有法治。法治是人类政治文明的重要成果，是现代社会的一个基本框架。法治包含两个部分，即形式意义的法治和实质意义的法治，是两者的统一体。形式意义的法治，强调以法治国、依法办事的治国方式、制度及其运行机制。实质意义的法治，强调法律至上、法律主治、制约权力、保障权利的价值、原则和精神。形式意义的法治应当体现法治的价值、原则和精神，实质意义的法治也必须通过法律的形式化制度和运行机制予以实现，两者均不可或缺。在中国这样一个13亿人口的大国，封建专制统治长达两千多年，人治有着悠久传统和深厚的文化沉淀，实行市场经济不过短短二三十年时间，要实现经济持续稳定发展、社会公平公正、民心稳定、政治清明、长治久安，最根本的还是要靠法治。

市场经济必须建设法治政府。没有法治政府就没有市场经济，没有法治政府，市场经济的发展必然产生障碍和阻力，必然会在沼泽地带停滞僵持。深入推进依法行政、加快建设法治政府是全面推进依法治国的重大任务，是发展社会主义民主政治的迫切需要，也是实现社会公平正义的重要保障。党的十八大提出到 2020 年基本建成法治政府，十八届四中全会通过的《中共中央关于全面推进依法治国若干重大问题的决定》（以下简称《决定》）用了八分之一的篇幅部署法治政府建设，法治政府建设在中国特色社会主义法治总体系中属于法治实施体系，对于法治总目标的实现具有关键作用。法治政府建设是促进国家治理现代化的重要途径。国家治理现代化的基本内容和基本特征是国家治理法治化，而国家治理法治化包括科学立法、严格执法、公正司法、全民守法。行政机关作为国家权力机关的执行机关，负有严格贯彻宪法法律的重要职责，是实施宪法法律的重要主体。行政机关的执法水平直接关系人民群众的切身利益，直接关系市场经济的发展质量，直接关系党和国家的公信力，依法治国目标的实现很大程度上决定于法治政府建设的进程和质量。

《决定》明确提出了法治政府建设的基本标准，有六个层面，即建设职能科学、权责法定、执法严明、公开公正、廉洁高效、守法诚信的法治政府。一是职能科学要求政府职能的设定应正确处理三大关系：正确处理政府和市场的关系，凡是能由市场调节的事项，政府不要越俎代庖，要保证市场在资源配置中起决定性作用；正确处理政府和社会的关系，凡是能由公民个人决定和社会自律处理的事项，政府应尽量不予干预，以调动社会公众的积极性和激发社会的活力；正确处理政府内部的关系，包括上下级政府的纵向关系和政府部门间的横向关系。在纵向关系上要科学配置上下级政府的职能，使之既保证上级政府对下级政府的有效领导，充分发挥基层政府的治理作用；在横向关系上，要协调好各部门的相互关系，稳步推进"大部制"改革，以减少相互扯皮、相互掣肘的现象，发挥政府的整体效用。二是权责法定要求用法律明确规定政府的职权和职责。职权法定意味着给政府权力设定边界，政府不能越过法定边界行事，越过了就不仅其行为无效，还要被追究法律责任。职责法定意味着确定政府应该做和必须做的事项，政府不做或不用心做好就是不作为，不作为同样要被追究法律责任。三是执法严明要求政府严格执法。对违反社会秩序、经济秩序和行政管理秩序的人和事应严肃查处，依法应监督检查的必须监督检查，依法应给予行政处罚的必须给予行政处罚，依法应对之采取行政强制措施的必须对之采取行政强制措施。四是公开公正包括公开和公正两项要求。公开是法律对政府行政行为程序的要求，公开的宗旨首先在于保证行政相对人对政府行为的知情权，以保护公民、法人和其他组织的实体合法权益。公正主要是法律对政府行政行为实体的要求，政府实施行政行为不得偏私，不得歧视，不得同样情况不同对待、不同情况同样对待。五是廉洁高效包括廉洁和高效两项要求。六是守法诚信包括守法和诚信两项要求。诚信要求政府机关和政府官员行使职权应遵循法律的目的、宗旨，善意对待相对人，对相对人讲信用。诚信还要求政府机关和政府官员行使职权遵守信赖保护原则，不得随意改变或撤销其已作出的行为或承诺，不得反复无常。如果因为法律法规修改、客观情况变化、公共利益需要，政府必须改变其行为或承诺，则应当给因此受到损失的相对人予以公正的补偿。

《决定》明确提出了法治政府建设的基本措施，也是六个层面，即依法全面履行政府职能、健全依法决策机制、深化行政执法体制改革、坚持严格规范公正文明执法、强化对行政权力的制约和监督、全面推进政务公开。一是依法全面履行政府职能是建设法治政府的基础和前提，要完善行政组织和行政程序法律制度，推进机构、职能、权限、程序、责任法定化，做到法律责任明确；推行政府权力清单制度，按照职权法定的原则，对行政权力进行全面梳理，明确政府及其各部门依法能够行使的职权范围，坚决消除权力设租和寻租空间；推进各级政府事权规范化、法律化，完善不同层级政府特别是中央和地方政府事权法律制度，合理、清晰界定政府间事权。二是健全依法决策机制，要把公众参与、专家论证、风险评估、合法性审查、集体讨论决定确定为重大行政决策法定程序，要建立重大决策终身责任追究制度及责任倒查机制，坚持"谁决策、谁负责"的原则，强化各类决策主体的责任。三是深化行政执法体制改革，改革行政执法体制是提升行政执政水平的制度动力，要减少层次、提高效率、重心下移，推进综合执政，严格执行罚缴分离和收支两条线管理制度，健全行政执法和刑事司法衔接机制。四是坚持严格规范公正文明执法，这是加快建设法治政府的重点任务，要依法惩处各类违法行为，维护市场经济秩序，维护法律尊严；完善执政程序，要建立执法全过程记录制度，严格执行重大执法决定法制审核制度，建立健全行政裁量权基准制度，细化、量化行政裁量标准，加强行政执法信息化建设和信息共享，全面落实行政执法责任制。五是强化对行政权力的制约和监督，没有监督的权力必然产生腐败。加强党内监督、人大监督、民主监督、行政监督、司法监督、审计监督、社会监督、舆论监督制度建设，加强对政府内部权力的制约，完善纠错问责机制，健全责令公开道歉、停职检查、引咎辞职、责任辞职、罢免等问责方式和程序。六是全面推进政务公开，公开是最好的消毒剂，完善政务公开和各领域办事公开制度，坚持以公开为常态、不公开为例外原则，依据权力清单，向社会全面公开政府职能、法律依据、实施主体、职责权限、管理流程、监督方式等事项，重点推进财政预算、公共资源配置、重大建设项目批准和实施、社会公益事业建设等领域的政府信息公开，要推行行政执法公示制度，推进政务公开信息化，将涉及公民、法人或其他组织权利和义务的规范性文件，按照政府信息公开要求和程序予以公布，未经公布的不得作为行政管理的依据。

法治是建立现代市场经济的重要基石，完备的法律制度和法治理念是市场良好运作的前提。市场经济需要市场经济法律制度，没有健全的市场经济法律制度，就不可能有完善的市场经济体系。党的十八届四中全会《决定》强调，要完善社会主义市场经济法律制度，并从产权保护、创新激励、公平竞争、市场建设等各方面作出了全面部署。在市场经济条件下，企业自主经营、公平竞争，消费者自由选择、自主消费，商品和要素自由流动、平等交换。市场经济活动中各个主体、各种行为都必须以法律的形式得到规范，经济法律制度对市场经济关系发挥着确定、引导、促进、规范、保护和制约的作用。完善社会主义市场经济法律制度重点是：第一，健全完善产权保护法律制度。各种形式的产权是市场经济的基础，产权保护是社会主义市场经济健康发展的制度基础，要以公平为原则，加强对各种所有制经济组织和自然人财产权的保护，清理有违公平的法律法规条款；要以平等为原则，创新适应公有制多种实现形式的产权保护制度，进一步完善保护国家、集体、私人产权的法律法规。修改完善《企业国有资产法》等法律法规，保护国有财产权，防止国有资产流失和内部人控制。要加强对集体资产所有权、承包权、经营权保护。要突出保障农民的土地承包权、经营收益权和宅基地使用权。要加强对非公有制经济产权保护。要进一步强化私有财产权保护，修改完善保护私有财产权法律法规，确保私有财产权不可侵犯。第二，健全完善激励创新的法律制度。经济的生命在于创新，创新需要知识，知识需要法律保护。加快完善激励创新的知识产权保护，重点完善专利权、商标权、著作权、版权等法律法规及配套的行政法规等。推进知识产权法院建设，加强知识产权类民事、刑事和行政案件的审理，探索建立知识产权侵权惩罚性赔偿制度。加强科技立法，修订完善《科学技术进步法》、《促进科技成果转化法》等法律法规，研究制定商业秘密保护法、职务发明条件等，完善促进技术创新和科技成果转化的法治保障。第三，健全完善市场法律制度。要按照反映市场经济规律的过错责任原则、所有权不可侵犯原则和契约自由原则，编纂统一、完备的民法典，修改完善《民法通则》、《担保法》、《合同法》等民事法律。要制定和完善土地管理、能源和矿产资源、金融、发展规划、投资管理、房地产等方面的法律法规。尽快制定农村集体经营性建设用地流转条例、农村集体土地征收补偿安置条例等，推动建立城乡统一的建设用地市场。要重视能源领域法律法规立改废工作，修改完善《节约能源法》、《矿产资源法》、《电力法》等。修改完善《商业银行法》等法律法规，放宽市场准入，推进利率和汇率市场化改革。完善企业破产制度，健全市场主体市场化退出机制。第四，健全完善促进公平竞争的法律制度。市场经济的灵魂是公平竞争、自由竞争。要公开、公平、公正地推进市场监管，反对垄断。加快制定发展规划法，健全以国家战略和规划为导向的宏观调控体系。要尽快提高财税立法级次，要落实立法法关于财政、税收的基本制度属于全国人大的专属立法事项，只能制定法律的有关规定。要严格遵守修订后的《预算法》。加快制定《遗产税》、《赠与税》等税种立法，修改完善《税收征收管理法》、《消费者权益保护法》、《产品质量法》、《食品安全法》、《反垄断法》、《反不正当竞争法》等法律法规，促进商品和要素自由流动、公平交易、平等使用，保证各种所有制经济依法公开公平公正参与市场竞争。

市场经济以自由为基础，自由是市场经济的前提，没有人的自由就没有市场经济。在市场经济中，个人是最活跃的经济细胞，个人的行动自由、思想自由、技术自由、财产自由是市场经济的原点，从这个原点出发，才有市场经济。市场经济是一个自由交易的经济，所有的生产经营者都在市场上平等地、自由地交易。生产经营者的基本单位是个人，个人是一切生产经营者的基本细胞，离开这个基本细胞，一切生产经营者都不复存在。个人有选择自己职业和劳动的自由，只有能够自由选择职业和劳动的个人，才能组织起来进行生产并进行交易，这样的生产和交易才能反映真实的生产水平和产品价格，否则就是扭曲的产品和价格。在计划经济下，个人的职业选择和劳动选择都由计划来决定，个人没有自由，这样生产出来的产品和价格都不能真实地反映生产者个人的水平和意愿。在监狱里，狱犯的生产行为是受到强制的，且毫无个人所得，这样生产出来的产品和价格更不能反映个人的水平和意愿。

只有作为自由者的个人，其生产出来的产品及价格才是真实地反映了生产者的水平和意愿，其产品（性能、质量）及价格才是真实的。作为生产者中的普遍形式——企业，必须是自由的。企业按照自身的能力、水平、状况等自主生产、自由生产，其产品和价格反映了这个企业的真实水平和意愿，因而产品（性能、质量）和价格是真实的。只有当所有市场中的生产者按照自己的喜好选择职业和劳动时，按照自身的能力、实际自主、自由生产时，并且所有的交易行为是平等自由的时候，产品（性能、质量）和价格才能真实地表现出来。

价格是消费者需求的信号，生产者根据这个信号来调整自己的生产行为。只有当这个信号是真实的时候，生产者的调整行为才可能是正确的，即调整行为产生了最大的效率、利益。作为劳动个体的个人的价格也在交易中真实地反映出来。

当个人和企业的生产行为和交易行为不自由（在法律规范内的自由）、受到限制的时候，产品（性能、质量）和价格就不能真实地表现出来。生产者不能从市场获得可靠的产品，其生产效应、效率将受到影响；生产者不能从市场获得真实的价格，其产品的价格也会受到影响，而不能真实地反映出来。当这种不真实普遍存在于生产者之中，市场必然出现混乱，比如中国在 20 世纪 80 年代、90 年代的价格双轨制，出现了畸高的物价、严重的通货膨胀和权力寻租现象。这种不真实存在于局部或重要的系统，也会对经济运行造成不平衡、不稳定、不公正。比如国家对铁路运输、电力、油气、城市水电等价格实行严格管制，定价权由国家或地方政府掌握，造成这些垄断企业只负盈不负亏，把亏损或其中的一部分亏损（总体盈利）的包袱甩给国家，盈利则将其中的一部分转化为集团的高消费和职工的高福利。

　　由于国有垄断企业的价格只对国家或地方政府负责，不对市场负责，价格和产品销售不能真实地反映企业的盈利能力和水平。尽管国家对企业有盈利等经济指标的考核要求，但这种考核要求并不能变成每个员工的内在动力。因而企业和生产者都不可能最大限度地关心、追求盈利能力，也不可能最大限度地发挥自己的水平和能力。任何一个劳动生产者除了对收入的诉求之外，还有个人价值、个人能力的诉求。

　　一个身体自由、能够自由选择职业和劳动的生产者，能够创造出技术，同时拥有自主决定使用技术的权利，这就是技术自由。生产者的技术自由能够创造最好的产品、最大的效益，当生产者被迫或被动选择技术的时候，生产出来的产品只有共性、缺少个性，而共性的产品显然没有个性的产品具有市场竞争力。产品是在展现个性和性能的时候，才具有竞争力。市场竞争的魅力就在于，市场能够不断创造这样的产品。市场的这种创造力来源于生产者的技术自由，只有技术自由，才能实现技术创新。

　　技术自由的背后是思想自由，如果说人身自由是第一个层次，那么技术自由就是第二个层次，思想自由则是最高的第三个层次。思想自由能够指导人作出最好的人身自由选择，人根据自己的思想作出的选择是最可靠的选择，是最理性的选择，也是对自己最负责任的选择。他人的指导、建议乃至思想只能作为参考，而不能作为选择的依据和条件。市场经济中的一切行为后果都要靠自己承担，当听取他人的建议而发生错误结果的时候，他人并不能为你承担损失。

　　思想自由能够激发最强的技术创新活力。当思想没有禁区，人的思维是最活跃的；当思想设立了禁区，人的思维只能限定在禁区内思考、寻找出路。活跃的思维在热情地奔跑，它敏锐地感知、发现，但突然之间一道高压线拦住了去路，兴奋的思维之火便瞬间退缩了、熄灭了。思想自由，身心便会放松。思想自由，会自动地引导思维创新，思维创新会产生技术创新。众多或所有的生产者都拥有思想自由，那么他们之间的思想交流便能碰撞出思想的火花，在思想火花迸发的氛围中，技术创新便会源源不断地诞生。

　　伟大的思想家、科学家、艺术家云集的时代都是思想自由、思想无禁区的时代。中国历史上的春秋战国时代、唐朝中期之前的盛世、大宋王朝，国外历史上的文化复兴时期、资产阶级大革命时期、第二次世界大战之后的美国时代。在这种思想自由，新旧交替思想无禁区，或对思想文化管控相对宽松的时代，官方的、民间的、主流的、个性的，各种思想之花竞相生长绽放，生长在思想自由活跃的土壤里，天下人沐浴着阳光雨露，优秀人才必然蜂拥而出。

没有不受约束的自由，不存在不受约束的绝对自由。人们之所以会追求某种自由，就是因为人们感觉到某种不舒适的约束，但是如果你感觉不到这种约束，那么你也就不会产生渴求自由的意识和行为。自由有两种，一种是绝对的自由，一种是相对的自由。人总是现实的、具体的，作为现实的、具体的人只有相对的自由，没有绝对的自由，即有约束的自由，没有不受约束的自由。因为，每一个个体的自由都不能妨碍他人的自由，在不妨碍和尊重他人自由的基础上，才能实现自我的自由。妨碍和不尊重他人的自由，自我的自由必然不能实现。个体与个体之间的这种相互约束，保证了个体实现自由。这种相互约束形成了道德和法律，道德和法律是保证个体自由的保证。同时，道德和法律是有界限的，二者不能无边界地侵入个人领域，必须给个人以其应该享有的空间，这个空间就是个人自由的空间。

自由必须与法治结合，才能保证每个人的自由，才能保证社会的自由；法治必须与自由结合，才能保证法治是平等、公平、正义之法，才能谓之良法，才能保证人人遵守和整个社会遵守。让法治之盾为我们护佑，让自由、民主之花绽放，让市场经济之舰载着古老的中华民族辟浪远航。

参考文献

[1] 李佐军.第三次大转型 [M].北京：北京中信出版社，2014 年 5 月.

[2] 迟福林.第二次转型 [M].北京：中国经济出版社，2010 年 3 月.

[3] 曹立.中国经济新常态 [M].北京：新华出版社，2014 年 9 月.

[4] 辛向阳，陈建波等.2014 政策热点面对面 [M].北京：中国言实出版社，
2014 年 5 月.

[5] 厉以宁.中国经济双重转型之路 [M].北京：中国人民大学出版社，2013
年 11 月.

[6] [英] 罗纳德·哈里·科斯，王宁.变革中国 [M].北京：中信出版社，
2013 年 1 月.

[7] 吴晓波.历代经济变革得失 [M].杭州：浙江大学出版社，2013 年 8 月.

[8] 中共中央关于全面推进依法治国若干重大问题的决定 [M].北京：人民出
版社，2014 年 10 月.

[9] 世界制造业发展现状与趋势研究课题组.世界制造业的现状与趋势 [J].
《江苏管理》，2007 年第 3 期.

[10] 周瑞金.中国的政治体制改革错过了三次良机 [EB/OL].财经网，2014
年 11 月 7 日.

[11] [美] 道格拉斯·诺斯，钟正生、刑华等译.理解经济变迁过程 [M].北
京：中国人民大学出版社，2008 年 1 月.

[12] 江泽民.江泽民文选 [M].北京：人民出版社，2006 年.

[13] 江泽民.论社会主义市场经济 [M].北京：中央文献出版社，2006 年.

[14] 四川省委宣传部，四川省社科院，四川日报社.敢为天下先［M］.成都：四川人民出版社，2008 年.

[15]［英］罗纳德·哈里·科斯，王宁著，徐尧，李哲民译.变革中国［M］.北京：中信出版社，2013 年.

[16] 邓小平.邓小平文选［M］.北京：人民出版社，2001 年 4 月.

[17] 许正中.新常态下国有企业改革再定位.中央直属机关学习网，2015 年 2 月 28 日.

[18] 刘再复，林岗.传统与中国人［M］.北京：生活·读书·新知三联书店，1988 年 5 月.

[19] 彭芳春.西文产权思想史研究［M］.北京：中国经济出版社，2009 年 12 月.

[20] 沈越.政治经济学与社会主义经济研究［M］.北京：经济出版社，2007 年 7 月.